Sanar una pérdida

Martha Whitmore Hickman

Sanar una pérdida

Meditaciones diarias para sanar la pérdida de un ser querido

EDICIONES OBELISCO

Si este libro le ha interesado y desea que le mantengamos informado
de nuestras publicaciones, escríbanos indicándonos qué temas son de su interés
(Astrología, Autoayuda, Ciencias Ocultas, Artes Marciales, Naturismo,
Espiritualidad, Tradición...) y gustosamente le complaceremos.

Puede consultar nuestro catálogo en www.edicionesobelisco.com

Colección Espiritualidad y Vida interior
SANAR UNA PÉRDIDA
Martha Whitmore Hickman

1.ª edición: octubre de 2021

Título original: *Healing After Loss:
Healing Meditations for Working Through Grief*

Traducción: *Alejandro Pareja*
Corrección: *Sara Moreno*
Diseño de cubierta: *Enrique Iborra*

Edita: Ediciones Obelisco, S. L.
Collita, 23-25. Pol. Ind. Molí de la Bastida
08191 Rubí - Barcelona - E-mail: info@edicionesobelisco.com

ISBN: 978-84-9111-784-1
Depósito Legal: B-14.226-2021

Impreso en los talleres gráficos de Romanyà/Valls S. A.
Verdaguer, 1 - 08786 Capellades - Barcelona

Printed in Spain

Para Bill y Sudie

Introducción

Tras la pérdida de un ser querido hay, en los primeros momentos, mucha agitación y actividad; tenemos que organizar muchas cosas y se reúnen la familia y los amigos. Nos aporta consuelo la presencia de los amigos, las lágrimas y los abrazos compartidos, los obsequios de comida, los recuerdos comunes. Los actos religiosos nos dan sentido y esperanza, mientras la comunidad se reúne a nuestro alrededor para darnos amor y apoyo.

Pero por fin terminan los actos, los parientes y los amigos se vuelven a su casa, y nosotros nos quedamos solos, para entrar en un país nuevo y extraño, en un país donde falta una de las personas que había dado sentido a nuestra vida.

Ahora quedan espacios vacíos en la mente, espacios vacíos en los días y en las noches. El dolor y la inquietud regresan con frecuencia, cuando menos los esperamos, una y otra vez; a veces como una gran ola que rompe sobre nosotros; otras veces, como la lenta filtración del agua y de la arena para ocupar su lugar en el hoyo que hemos dejado al levantar un trozo de madera traído por la marea.

Este proceso perdura durante mucho tiempo. Si se trataba de un ser querido muy allegado, puede durar años enteros, más que días o meses. Hay quien pierde a un hijo, a un cónyuge, y no «lo supera» nunca. Pero si tenemos prudencia y suerte, si tenemos el valor y si contamos con el apoyo necesarios para volver a pisar una y otra vez ese suelo bendito, entonces la pérdida empezará a perder su capacidad para controlarnos. Podremos elegir. Seremos capaces de retirarnos de una zona de peligro en caso necesario, o de dejarlo para cuando nos sintamos más fuertes. Seremos capaces de sentir la espuma del mar en el rostro sin miedo a ahogarnos, e incluso de saborear la sal en los labios; porque, además de por la amargura de la pérdida, nos sentimos bañados también por el amor del que hemos perdido, y quizá percibamos que, dentro del misterio del universo, seguimos habitando juntos este mismo universo y seguimos vinculados el uno al otro en un amor que no se puede soltar nunca.

Thornton Wilder escribió: «Lo que es esencial no muere; se esclarece». Y también: «El mayor homenaje que podemos hacer a los difuntos no es nuestra aflicción, sino nuestro agradecimiento». Con el tiempo, acabaremos encontrando el camino a través de este «valle de las sombras» nuestro; y si bien nos quedará siempre un regusto triste, también nos asistirá un sentido de nuestra propia fuerza interior y de nuestra capacidad para regocijarnos en la vida que hemos compartido y para volver la mirada hacia un futuro en el que el ser amado, aunque no estará físicamente presente, seguirá bendiciéndonos.

Cada uno de nosotros hablamos y escribimos de nuestra propia historia de penas y alegrías. Mi vida como escritora y como ser humano se ha visto enormemente afectada por mis vivencias de duelo; más concretamente, por la muerte de una hija de dieciséis años que, una tarde soleada de verano, cuando estábamos de vacaciones en Colorado con toda la familia, sufrió una caída de un caballo y se mató. Ha pasado mucho tiempo. El duelo lleva su tiempo, y durante una temporada ocupa todo nuestro tiempo. Lo sé por experiencia. Así pues, con esta noción especial de estar en el lugar adecuado, de coherencia con mi propia vida, me puse a escribir este libro de meditaciones para los que están afligidos por la pérdida de un ser querido. Las meditaciones siguen el curso de un año, pero se puede empezar a leer en cualquier punto, por cualquier día de cualquier mes. Son breves porque nuestro plazo de atención es breve, sobre todo en las primeras etapas del duelo, y nos conviene más un solo pensamiento profundo que una disertación extensa.

Estoy agradecida a las muchas personas que han hecho posible este libro; a la familia y amigos que me apoyaron cuando estaba más vulnerable; a las comunidades espirituales y religiosas que me quieren y que me recuerdan quién soy, quién he elegido ser.

Y más especialmente, en estos momentos, a mi editora, Lisa Considine, que fue la primera persona que me planteó la posibilidad de emprender este proyecto; y a los centenares de personas cuyas palabras (en conversaciones informales, en cartas o en las páginas de sus libros) sirven de puntos de partida a estas meditaciones. Ha sido una aventura muy enriquecedora para mí conocer o recordar la sabiduría de esas personas. Y espero que, juntos, podamos ayudar a los que están de duelo a avanzar con decisión y valor, y con confianza en la luz que nos guía por el largo camino que conduce a la recuperación y a la reocupación de la vida.

NASHVILLE, ESTADO DE TENNESSEE, AGOSTO DE 1994

SANAR UNA PÉRDIDA

1 de enero

Voy a dejar por escrito estas notas sobre mis afectos
en homenaje a la sensibilidad;
en homenaje a todos los que se han encontrado afiliados
a la cofradía de la pérdida [...].

EDWARD HIRSCH

Cuando nos encontramos afiliados a la cofradía de la pérdida, parece que nuestro estado natural es la sensibilidad. Estamos muy vulnerables. Cualquier cosa (un movimiento de cabeza, una risa, una manera de andar, un contacto, una conversación determinada) nos roza la herida reciente de nuestro duelo, nos recuerda lo que hemos perdido, nos desencadena unos recuerdos. Estas imágenes son como las cuentas de un collar, del collar de la pérdida. Doloridos, las repasamos una a una, sin cesar. No somos capaces de soportarlas. Tampoco somos capaces de soltarlas.

Después, paulatinamente, poco a poco, de alguna manera, el hilo en el que está ensartado el duelo se va transmutando, se va reconstituyendo en un hilo de recuerdos preciosos: un movimiento de cabeza, una risa, una manera de andar, un contacto, una conversación determinada..., que son regalos que nos dejó la vida que compartimos con la persona perdida, regalos que no nos puede quitar nadie.

Quiero respetar los procesos del duelo y de la sanación y confiar en ellos, sabiendo que, con el tiempo, amanecerá un nuevo día.

2 de enero

> La mente no tiene más que una noción confusa de haber perdido algo muy grande. La mente y la memoria tardan meses enteros, años quizá, en recopilar todos los detalles y llegar a entender la pérdida y hacerse cargo de ella en toda su extensión.
>
> MARK TWAIN

Si sentimos el impulso de «ir terminando de una vez» con nuestro duelo («si lo hago más deprisa, quizá tarde menos tiempo en sentirme mejor»), recordemos que hay muchas experiencias profundas de la vida (tales como hacer el amor, comer, beber...) que no necesariamente son mejores por hacerlas más deprisa. El proceso del duelo tiene una característica que quizá sea tranquilizadora: que no hay manera de saltárselo. Tardará el tiempo que tenga que tardar. Nuestra tarea consiste en estar atentos cuando nos lleguen los mensajes de la mente y de la memoria. Si los dejamos pasar de largo la primera vez que se presenten, lo más probable es que nos cuesten más a largo plazo.

Si soy capaz de dejar de resistirme, de tener calma en el alma, mi duelo me irá diciendo lo que necesita de mí a cada paso del camino.

3 de enero

Ama el momento, y la energía de ese momento se extenderá hasta más allá de todas las fronteras.

CORITA KENT

Una de las cosas más sanadoras que podemos hacer cuando vivimos un duelo profundo es intentar aislar del flujo del tiempo algunos momentos maravillosos.

Aunque nos estemos preguntando «¿Cómo voy a soportar todos los años que me quedan por delante sin él, sin ella?», la verdad es que vivimos nuestra vida por momentos, por horas, por días. El futuro tendrá su algo de vacío. Pero si este preciso momento (esta reunión de seres queridos, este paseo por el bosque, esta conversación con un niño, este bocado de manzana, esta taza de té) es maravilloso..., saboreémoslo.

Una vez participé en un taller de relaciones humanas sobre el tema de «establecer límites»; tarea que, como tantas mujeres, no domino ni entiendo bien. El ejercicio consistía en pasearse por la sala, entre los demás participantes, imaginándote que estabas encerrado en un globo transparente, cuyas dimensiones determinabas tú mismo. Aquel momento imaginado de estar-sin-conexiones era una aventura maravillosamente liberadora. Quizá podamos aplicar este mismo sistema para estimar los momentos buenos de nuestra vida. En vez de pensar: «Antes de esto, estaba triste. Después de esto, estaré triste»; podemos probar a pensar: «De momento, voy a estar sólo en este momento y voy a saborear su bondad».

A veces, lo que me hace falta no es ver a largo plazo. Necesito este momento, sin ser rehén del pasado ni del futuro; vivirlo por sí mismo y nada más.

4 de enero

> La gracia, por su propia naturaleza, siempre tiende a llenar los espacios que estaban vacíos.
>
> GOETHE

No es que no notemos la diferencia. No es que seamos desleales. Pero, si la vida nos otorga la posibilidad de hacer alguna otra cosa con nuestros impulsos hacia el que ya no está con nosotros, ¿cómo no sentirnos agradecidos? Es como un legado más; como una bendición, incluso, que el que hemos perdido concede a otra persona que necesita aquello que nosotros podemos dar. Así, el recuerdo del ser querido nos refresca, y al mismo tiempo ofrecemos un regalo al crear una nueva relación.

Que no se me pase por alto la presencia de alguien que me necesite ahora.

5 de enero

Cuando necesitamos esos momentos sanadores, nada mejor que darnos un gran paseo. Es maravilloso el ajustado modo en el que el movimiento rítmico de los pies y de las piernas está conectado con los limpiadores de telarañas del cerebro.

ANNE WILSON SCHAEF

A veces, salir y hacer actividades físicas es lo que menos nos apetece del mundo. Aparte del esfuerzo necesario para levantarse y moverse, ¿qué importancia puede tener que mantengamos el cuerpo en buena forma?

Ésta es una de las ocasiones en las que el raciocinio tiene que poder más que el sentimiento. Sabemos que hacer ejercicio «nos sienta bien». Cuando nuestros músculos están trabajando vigorosamente, cuando estamos dedicando nuestra atención a recorrer más distancia o a desplazarnos por el agua, nos resulta difícil seguir sintiéndonos deprimidos. A medida que liberamos energía física con esos movimientos rítmicos, también nos quitamos de encima una parte de la energía del duelo. Tengo la impresión de que el valor psíquico de estas actividades estriba, en parte, en el hecho de que presenciamos nuestra propia habilidad, nuestra capacidad para movernos de manera rítmica, para estar «al mando» de nuestro cuerpo. Se nos irá extendiendo el sentimiento de confianza en nosotros mismos. Puede que, a fin de cuentas, no vayamos a estar presos del duelo para siempre. La vigorización física del ejercicio también nos vigoriza el espíritu.

A veces, cuando me siento abatido, soy mi peor enemigo. Quiero ser amigo mío.

6 de enero

> La manera mejor de conocer a Dios es amar muchas cosas.
>
> VINCENT VAN GOGH

Después de una pérdida importante, resulta difícil aventurarse a un nuevo amor; cuánto más alimentar con buen sentido los amores que ya tenemos. Nuestra pérdida nos consume. ¿Qué podemos dar de nosotros? Y si nos aventuramos a un nuevo amor, ¿cómo protegernos de que nos vuelva a suceder lo mismo?

De ninguna manera. Pero la sabiduría de los siglos nos dice que para encontrar la vida debemos verter nuestro amor sobre el resto de la creación.

Recuerdo que, cuando era niña, después de mi primer encuentro con la muerte, pensé que la mejor manera de protegerme de que las pérdidas ulteriores que tendría que sufrir a lo largo de mi vida me dejaran devastada consistía en querer a tantas personas como pudiera. Así, cuando se muriera una, me quedarían todas las demás para seguir queriéndolas Ahora no estoy segura de que la geometría del amor funcione de esta manera, pero ¡no estaba mal para una principiante!

❋❋

Ser vulnerables es ser humanos, al más profundo y al más enriquecedor de los niveles.

7 de enero

> El remordimiento es un derroche de energía lastimoso. No sirve de base ni de apoyo para nada. Sólo sirve para revolcarse en él.
>
> KATHERINE MANSFIELD

Está claro que hay cosas que nos producen remordimientos. Cosas de las que nos arrepentimos. Aunque hayamos tenido tiempo de decir todo lo que teníamos que decir, nos vendrán a la mente imágenes que desearíamos fervientemente poder cambiar. Nuestro ser querido ya nos habrá perdonado, sin duda. ¿Seremos capaces de perdonarnos a nosotros mismos?

❋❋

Lo siento. Quiero que sepas que te amé. Yo sé que tú me amaste.

8 de enero

> La esperanza es ese ser con plumas
> que se posa en el alma
> y canta una melodía sin palabras
> y no calla nunca más.
>
> Emily Dickinson

A veces conocemos la esperanza por su ausencia tanto como por su presencia. Cuando estamos deprimidos, la esperanza nos parece inaccesible, una mera ilusión. Nos sentimos aplastados por dentro, incapaces de movernos, o nos parece que nos limitamos a hacer mecánicamente lo que tenemos que hacer. Ese canto de esperanza de que habla la poetisa está silenciado. No obstante, lo que desea el espíritu, y lo que desea el cuerpo, es vivir; incluso vivir con entusiasmo. Entonces pasa algo: nos llama un amigo y nos movilizamos, esforzándonos por servirnos de algo a nosotros mismos o a alguna otra persona. La energía se aviva. Como mínimo, el momento vuelve a significar algo, y empieza a zumbarnos en la mente esa nota constante de la esperanza, sin la cual no somos capaces de vivir.

❋❋

A veces, mi única esperanza es tener más esperanzas mañana.

9 de enero

Ha sucedido una cosa muy inesperada. Ha sido esta mañana, temprano. Por diversos motivos, que tampoco tienen nada de misteriosos de suyo, tenía el corazón más ligero que desde hacía muchas semanas. [...] Y, de pronto, precisamente cuando menos lloraba la falta de H, fue cuando la recordé mejor. En realidad, fue algo (casi) mejor que un recuerdo; fue una impresión instantánea, indiscutible. No diré que fue como un encuentro; no llegó a tanto. Pero tenía algo que me tienta a describirla con esas palabras. Fue como si al despejarse la pena se hubiera levantado una barrera.

C. S. Lewis

A veces tememos inconscientemente que, si empezamos a distanciarnos de nuestro duelo, perderemos el contacto que mantenemos con aquella persona a la que tanto echamos en falta. Pero puede que sea más bien como dejar partir a nuestros hijos cuando ya están preparados para vivir su vida. Si los soltamos con suavidad, es mucho más probable que vuelvan a nosotros, y de modo congruente con su personalidad actual. Es posible que al desistir de nuestro duelo más intenso abramos un espacio en el que pueda desenvolverse una relación nueva con el ser querido. Al fin y al cabo, a quien queremos es a la persona, no al duelo.

❋❋

Quiero sostener mi duelo en la mano con delicadeza, para que sea capaz de remontar el vuelo. Mi conexión con el ser que he perdido es inviolable; no se puede romper.

10 de enero

> La tierra es mi hermana. Me encanta su elegancia diaria, su osadía callada, y lo amada que soy yo. Cómo admiramos la fuerza de los demás, lo que hemos perdido, lo que hemos sufrido, lo que sabemos. Esta belleza nos deja atónitos; y yo no olvido lo que es ella para mí, lo que soy yo para ella.
>
> SUSAN GRIFFITH

La tierra nos ayudará. El suelo, los árboles, el agua…, contienen una gran fuerza. El aire que respiramos nos inunda de vida nueva. El agua se eleva en la atmósfera y vuelve para llenar los ríos y los cursos de agua. Las montañas surgen, se erosionan y vuelven a surgir. En las frías tundras brotan florecillas invisibles. El ciclo de las estaciones está cargado de promesas de renacer. La creación es un misterio, como es un misterio la muerte. Pero tenemos pistas y promesas. Somos criaturas de Dios.

En la vida y en la muerte la fuerza nos llega de una misma fuente.

11 de enero

> El sentido del pecado original se podría expresar de esta manera: si nos dieran a elegir, preferiríamos seguir enfurruñados que volver a la fiesta.
>
> Robert Farrar Capon

Con las pérdidas, sobre todo si han sido repentinas y prematuras, suele suceder que sintamos la tentación de atrincherarnos en el último momento anterior a la pérdida. Nos resistimos. No lo aceptamos.

Es un modo de intentar aferrarnos al ser querido, a la persona que conocíamos antes de que se produjera la tragedia. Es, también, una forma de negación. Volver a participar en la vida equivale a aceptar lo sucedido. Pero esto es inaceptable. Nos disponemos a contener el aliento, viviendo en estado de suspensión, de no aceptación, hasta que el universo ceda y cambie de opinión… o, al menos, hasta que se disculpe y reconozca su delito.

Eso no va a pasar. Los que nos quedaremos atrás seremos nosotros. Es mejor que nos demos cuenta lo antes posible de que las condiciones actuales son distintas, y que empecemos a vivir en esta realidad cambiada.

La ira es aceptable. La negación no me hará daño más que a mí mismo y a mis seres queridos.

12 de enero

> En los meses posteriores a la muerte de mi hija llené de anotaciones cuatro cuadernos, en los que escribía una o varias veces al día, o en otras ocasiones sólo una vez cada varios días. Describía mis sentimientos; los hechos del día; las situaciones de recuerdo, de pena y de esperanza. Me servía para apartar de mí el duelo, para dejarlo en otro sitio, para descargarlo.
>
> MARTHA WHITMORE HICKMAN

Puede que lo que a ti te sirva no sea escribir. Puede que consigas ese mismo efecto hablando con tus amigos. O pintando, o esculpiendo. La pintora Kathe Kollwitz realizó una serie completa de dibujos tras la muerte de su hijo.

Lo importante, para la mayoría de nosotros, no es que hayamos creado una producción con valor artístico, sino que hayamos tomado un duelo que teníamos junto al corazón, como un bulto, y lo hayamos apartado de nosotros.

La ventaja de dejar por escrito nuestros sentimientos en unas páginas (a diferencia de hablar con nuestros amigos) es que las páginas podemos volver a consultarlas si lo deseamos. Puede que no lo deseemos nunca; pero así se nos alivia la presión de tanto barullo sin resolver que tenemos en la cabeza. Prueba a ponerlo sobre el papel. Quizá te sirva para aclararte las cosas, y así quedarás libre para pasar a los momentos siguientes de tu vida.

Quiero estar abierto a nuevos modos de resolver mi duelo.

13 de enero

Creo que estos tiempos difíciles me han ayudado a entender mejor que antes la riqueza y hermosura infinitas de la vida en todos los sentidos, y que muchas de esas cosas de las que nos preocupamos constantemente no tienen la menor importancia.

ISAK DINESEN

Esta sabiduría nos cuesta muy cara, y bien sabe Dios que habríamos preferido quedarnos sin ella. Pero también es verdad que pasar un gran dolor nos puede hacer más fuertes, nos puede enseñar lo que tiene verdadera importancia.

Pero sobrevivir a la muerte de un ser querido no nos garantiza alcanzar más sabiduría. También podemos volvernos amargados, retraídos, codiciosos. Es entonces cuando necesitamos amigos, comunidades de fe o incluso ayuda profesional. Pero si somos capaces de capear el temporal, tendremos una noción mejor de quiénes somos y de qué es lo que más queremos en la vida. Y habremos aprendido a saborear y a gozar del agua fría, del sol y del viento, del aroma de las rosas... y del amor y de la amistad que tenemos ahora.

Voy a tomarme el tiempo necesario para advertir los regalos que me brinda la vida y para agradecerlos.

14 de enero

El llanto es, quizá, la medida de alivio más humana y más universal.

DR. KARL MENNINGER

¿Sabes una cosa? ¿Una cosa que las mujeres sabemos desde hace mucho tiempo, y que los hombres quizá estén empezando a descubrir? Que es verdad que llorando se siente uno mejor. Y no sin razón. Ahora empezamos a descubrir que el llanto tiene efectos positivos fisiológicos, además de psicológicos.

Unos científicos de la Universidad de Minnesota han descubierto que las lágrimas que derramamos por una emoción (a diferencia de las que se nos saltan con el viento, por ejemplo, o al cortar una cebolla) contienen dos sustancias químicas importantes, la leucinencefalina y la prolactina, y que se considera que la primera está relacionada con una de las sustancias naturales que emplea el organismo para aliviar el dolor. Nos dicen que las lágrimas son una sustancia exocrina (como el sudor, o como el aire que expulsamos); y una de las funciones de estos procesos es contribuir a limpiar el cuerpo de las sustancias que se acumulan con el estrés.

Entonces, ¿por qué nos avergonzamos tanto de nuestras lágrimas? ¿Por qué tememos que incomoden a los demás? Suele suceder que el trabajo de sanación puede empezar a partir del momento en que la persona es capaz de llorar.

Se acabaron las disculpas. Se acabó la vergüenza. Mis lágrimas me sirven para sanarme. Y puede que sirvan también para otorgar a otros el permiso de llorar cuando sientan la necesidad de hacerlo.

15 de enero

No cerréis la puerta de acceso a su vida.

EDITH FOGG HICKMAN

¿Cuántos conocemos a personas que, por duelo, casi nunca vuelven a pronunciar el nombre de una persona querida que ha muerto? Como si por sólo decir ese nombre se les fuera a echar encima el duelo con una fuerza insoportable. Y como si evitar el nombre equivaliera de alguna manera a evitar el duelo.

Ese sistema no funciona.

Cuando murió mi hija, su bisabuela, que también había sufrido la pérdida de un hijo adolescente, nos dijo en una carta: «No cerréis la puerta de acceso a su vida». Yo creo que, aun sin este consejo, habríamos seguido hablando de ella, cada vez con menor pesadumbre con el paso del tiempo; pero en aquellos momentos nos vino bien contar con la sabiduría de aquella gran mujer.

Aunque la persona querida ha muerto, no ha muerto su recuerdo, el sentido de la presencia de la persona; ni tampoco ha muerto la posibilidad de regocijarse, al cabo de algún tiempo, no sólo con los recuerdos del pasado, sino con la participación del espíritu de la persona en nuestra vida, que sigue adelante.

Invito a entrar en el misterio nebuloso y continuado de la vida, como por una puerta abierta, al espíritu de la persona a la que he querido.

16 de enero

> Quien supera una prueba, sea la que sea, debe contar su experiencia. Es su deber.
>
> ELIE WIESEL

La pérdida de un ser querido es una prueba, sin duda alguna. Entonces, ¿es que tenemos el deber de contar nuestra experiencia?

Contar nuestra experiencia es una manera de reafirmar la vida del ser que hemos perdido: las vivencias que hemos compartido, las historias familiares que más apreciamos. Contar la experiencia es, además, una manera de hacer avanzar nuestro duelo; por ello, contribuye a nuestra propia sanación.

Pero también estamos dando algo a los demás al relatar no sólo la experiencia común de la vida que ha pasado, sino nuestra propia historia en relación con el hecho y cómo lo hemos superado. ¿Cuáles han sido nuestros miedos, nuestros terrores? ¿Qué nos ha ayudado? ¿Qué fue lo que vino a salvar la situación? Si hubo un momento dado en que nos pareció ver la luz al final del túnel, ¿cómo fue?

A nuestros amigos les tocarán, tarde o temprano, sus propias crisis de pérdida. Quizá podamos facilitarles nosotros el camino. Mirad: podéis llorar. Podéis confiar en otras personas. Podéis estar confundidos, sin saber qué hacer. Y si hay momentos de luz y de esperanza, de apoyo y de fe maravillosa, también tenemos que contarlos.

Al contar mi experiencia, comparto con los demás lo que es más precioso para mí.

17 de enero

Ahora somos amigos de verdad porque hemos podido contarnos algunas vivencias dolorosas de nuestra vida privada.

MAY SARTON

¡Con qué facilidad se forja una amistad cuando se comparte el duelo con otra persona! Una vez que fui al hospital a visitar a mi madre, poco después de la muerte de mi hija, entablé conversación con una de las enfermeras de su planta. No sé si fue ella la primera que tocó el tema o si fui yo. Pero el caso fue que ambas éramos madres en estado de duelo por la muerte reciente de un hijo adolescente. Nos quitamos de en medio en un instante esa danza lenta, reticente, de toma y daca, que se produce cuando se empieza a conocer a una persona. Ya nos conocíamos. Conocíamos el dolor, las preguntas que tenía la otra en el corazón.

Yo me mudé de aquella ciudad y dejé de ver a mi nueva amiga. Seguimos felicitándonos por Navidad durante algunos años. Y aunque vivimos a más de mil kilómetros de distancia, si nos reuniésemos mañana, proseguiríamos con la amistad como si nos hubiésemos visto ayer mismo.

A veces, a las personas que no han pasado por una experiencia como la nuestra les resulta difícil saber cómo tratarnos. Nosotros podemos ayudarles, hablándoles de quiénes somos ahora, en este aspecto nuevo de nuestras vidas. Pero... ¡qué bendición encontrar amigos que saben lo que sentimos desde el primer momento!

Contigo, querido compañero de penas, puedo encontrar consuelo y descanso.

18 de enero

Morir es una noche loca y un camino nuevo.

EMILY DICKINSON

Una de las cosas que más nos asombran y más nos cuestan de la pérdida de un ser querido es que, mientras el sol sigue saliendo y poniéndose, mientras siguen publicándose los periódicos, mientras los semáforos siguen pasando de verde a rojo y de rojo a verde, toda nuestra vida está del revés, trastornada.

¿Acaso es de extrañar que nos sintamos desorientados, confusos? A pesar de lo cual, la gente que nos cruzamos por la calle va a lo suyo, como si a nadie se le hubiera agitado el mundo hasta la médula, como si la tierra no se hubiera abierto a nuestros pies y no nos hubiera tragado dejándonos caer en un mundo de incertidumbre y de cambios.

Es «un camino nuevo», como dijo Emily Dickinson, tanto para nosotros como para la persona que hemos perdido. Tardaremos algún tiempo en aprender a seguir ese camino. Además de tiempo, necesitaremos mucha ayuda para no tropezar y caer irremediablemente. Nuestros guías más valiosos serán, probablemente, las personas que también han pasado por experiencias de pérdida: sabrán cuándo deben decir la palabra justa, cuándo deben callar y caminar a nuestro lado, cuándo deben acercarse a nosotros y darnos la mano. Con el tiempo, nosotros mismos ayudaremos a otros.

He llegado a un país nuevo. Tendré paciencia conmigo mismo. Buscaré compañeros de camino.

19 de enero

Comercia con los dones que te ha entregado Dios.

HILDA DE WHITBY

Cuando estamos de duelo es cuando más atención debemos prestar a la persona que somos. Se nos ha quitado algo de enorme importancia. ¿Qué nos han dejado? ¿Qué nos queda que siga teniendo importancia para nosotros?

Un hombre de duelo pregunta a un guía espiritual:

—¿Qué puedo hacer para recuperar el equilibrio?

El guía le responde:

—Estás cansado. Siéntate en una tumbona, al sol, y ponte en contacto con las sensaciones de tu cuerpo. Escucha lo que te dice tu respiración. Siente los músculos de tus piernas. Y, después, deja vagar la mente. Escucha tus pensamientos. ¿Qué es lo que sale a relucir? ¿Qué es lo que te llama la atención?

Una conversación interior como ésta puede ayudarnos a los que estamos de duelo a «encarrilarnos» una vez más. ¿Tenemos aficiones que valoramos y a las que llevamos tiempo sin prestar atención? ¿Proyectos que hemos dejado para «más adelante»? ¿Alguna labor de servicio a los demás que nos agradaba pero que hemos ido dejando? Volver a tomar algunos de los hilos importantes que podemos haber dejado de lado equivale a adelantar la labor de volver a tejer nuestra vida siguiendo una pauta coherente.

Hoy voy a buscar modos de aplicar los dones singulares que me ha entregado Dios.

20 de enero

> El dolor es el elemento más individualizador que existe en el mundo. También es cierto que es, al mismo tiempo, nuestro gran vínculo común; pero sólo caemos en la cuenta de esto cuando ya ha pasado. Sufrir es estar solos. Ver sufrir a otro es conocer la barrera que nos aparta de los demás y nos aísla a cada uno. Sólo los individuos pueden sufrir.
>
> EDITH HAMILTON

Está muy bien hablar de la universalidad del duelo; pero cuando la pérdida es nuestra, tenemos la sensación de ser la única persona del mundo que alberga esos sentimientos…, y es verdad. Si un amigo bienintencionado nos dice: «Sé exactamente cómo te sientes», nos ponemos de uñas por dentro, sin querer aceptarlo: «No, no. Tú no puedes saber lo que es esto».

Hasta nuestros familiares más cercanos tienen una vivencia distinta de la nuestra, y hay veces en las que tropezamos unos con otros, nos hacemos daño unos a otros y nos sentimos dolidos porque damos por sentado que, dado que nuestro duelo es por la misma persona, nuestro dolor debe ser el mismo.

Sin embargo…, sin embargo… No hay momento en que necesitemos a los demás más que en éste. Es preciso encontrar un equilibrio delicado entre nuestra necesidad de respetar el carácter sagrado de nuestro espacio interior y nuestra necesidad de la presencia de otros, para que nos den amor, compañía, apoyo y comprensión.

❋❋

Yo les diría a mis amigos: cuando no sea capaz de salir de esta casa de duelo, acercad la mano a la ventana abierta y yo os la asiré con todas mis fuerzas.

21 de enero

Bienaventurados los que lloran, porque ellos serán consolados.

MATEO 5, 4

En la breve lista de nueve enseñanzas que impartió Jesús a sus discípulos sobre la manera mejor de vivir la vida, ésta figura en segundo lugar. Llorar, en el sentido amplio de estar de duelo, es una parte integral de la vida, forma parte de la vida de todos, y su resultado es seguro. Llorar equivale a ser consolados.

Pero ¡cuánto nos gustaría dejar de hacerlo si pudiésemos! El duelo, de suyo, no es nada agradable.

Y Jesús no nos prometió que lo fuera.

Lo que nos prometió es que, los que tengan el valor de llorar, encontrarán, tras el llanto, una bendición inesperada: encontrarán que, después de haber expresado la tristeza, después de que el aire que lo acoge haya dado al dolor salida, es como si un amor que reside en el corazón de la vida abrazara al que está de duelo y le dijera: «Ya, ya..., estoy contigo, te escucho, te entiendo. Todo va a ir bien».

En esta oscuridad, voy a tender la mano, confiando en que la vida me tenderá la suya para darme consuelo y fuerza para seguir adelante.

22 de enero

> Forma parte del proceso del renacer el desarrollo de una relación nueva con el muerto [...] con ese fiel *ami mort* del que nos habla Saint-Exupéry. Es un proceso lento, oscuro, sin palabras, como todas las gestaciones. Mientras tiene lugar, tenemos una vulnerabilidad dolorosa. Debemos custodiar y proteger a la nueva vida que nos está creciendo dentro, como un niño.
>
> ANNE MORROW LINDBERGH

Este viaje desde la relación que teníamos con la persona cuando estaba viva hasta la que hemos llegado a tener con la persona muerta transcurre por un terreno incierto. No sabemos lo que podemos esperar; ni siquiera sabemos qué es lo que buscamos. ¿Nos estaremos engañando al aceptar la posibilidad de que podemos mantener una relación con una persona que ha muerto?

Puede que esto se parezca un poco al padre y la madre primerizos que, llenos de temor de que pueda pasar algo malo, tienen que volver a mirar al niño constantemente. ¿Está bien? ¿Sigue respirando? ¿Sigue dormido tranquilamente?

Al cabo de un tiempo, el padre y la madre se tranquilizan. El recién nacido sigue allí, en efecto, y está a salvo; pero el nacimiento es uno de esos milagros a los que se tarda uno en acostumbrar. Es posible que nos llegue del mismo modo, poco a poco, esa confianza en que, en el misterio de la vida, es posible mantener una relación continuada con los muertos.

Voy a abrir mi corazón a la confianza en que, de maneras que yo no entiendo por ahora, mi ser amado seguirá estando presente en mi vida.

23 de enero

La vida no te exige más fuerza que la que tienes. Sólo hay una hazaña posible: no haber huido.

DAG HAMMARSKJÖLD

A veces nos increpamos a nosotros mismos: ¿por qué no lo estamos haciendo mejor? Sobre todo cuando somos personas que supuestamente tenemos algo de fe. ¿Por qué no somos capaces de acceder a los recursos que nos brinda la fe y ser unos modelos de aceptación tranquila y de serenidad interior?

Porque somos seres humanos y sentimos dolor.

Nadie que sea digno de ser tenido en cuenta va a tener peor concepto de nosotros porque reconozcamos el dolor desgarrador que nos ha producido esta pérdida. Si manifestamos una calma fuera de lo común, es posible que la gente nos vea con cierto asombro o admiración; pero si perciben que estamos siendo sinceros, se sentirán más próximos a nosotros y, por otra parte, podrán afrontar mejor su propio duelo cuando les llegue el momento. Debemos dejar que fluya el duelo a través de nosotros, sin dejar al mismo tiempo de procurar ser conscientes de la vida que prosigue a nuestro alrededor.

A veces se trata de eso mismo precisamente: de dejar que fluya el duelo a través de nosotros. No sólo es lo único que se puede hacer, como dice Hammarskjöld, sino que es un acto de la mayor valentía.

❋ ❋

Voy a dejar la carga de querer encajar con una imagen del supuesto modelo de conducta del que está de duelo. La fuerza que tengo es la fuerza para ser quien soy.

24 de enero

Día sin reír, día perdido.

Refrán francés

Necesitamos el humor en nuestra vida, ahora también..., y puede que ahora más que nunca. Un poco de distensión cómica puede aliviar la tensión, puede arreglarnos el día.

Recuerdo una vez que estaba sentada con mis hermanas y mi hermano en una estrecha sala de espera, mientras mi padre se iba deslizando hacia la muerte, y mi hermano nos entretuvo refiriéndonos una conversación divertida que había oído por casualidad. Así, no sólo nos aligeró aquel momento, sino que puso de manifiesto la fortaleza del vínculo que nos unía, gracias al cual, en una situación tan extrema, había entre nosotros la confianza suficiente como para reírnos.

Recuerdo que, algún tiempo después de un fallecimiento, nos trajeron a casa una tarta...; una tarta tan densa que nuestro hijo, que es científico, dijo que era «una tarta de estrella de neutrones». Y nos la comimos con afecto y con agradecimiento; no sólo agradecíamos el haber recibido la tarta, sino aquel momento de alivio y de ligereza que nos había proporcionado.

Recuerdo cuando un sobrinito nos representó, de manera involuntariamente cómica, cómo se había puesto de pie, tembloroso y entre gemidos, un tío que había enviudado.

¿Faltas de respeto? ¿De sensibilidad? No. Fueron unos momentos benditos de risa salvadora dentro de un día cargado de duelo.

¡Viva la risa! ¡Que me la traigan!

25 de enero

El tiempo es una costurera especializada en arreglos.

FAITH BALDWIN

El cambio es ley constante de nuestra existencia, pero ¡cómo nos resistimos a él!

A veces, al volver la vista atrás, comprendemos que tuvimos que soltar lo antiguo para poder seguir adelante y conocer nuevas aventuras, nuevas ideas y nuevas satisfacciones.

Una viuda había vivido a la sombra de su marido, cumpliendo con el papel tradicional de buena esposa y madre. Pero, tras la muerte de él, empezó a brillar como conferenciante en muchas reuniones de tipo civil y religioso. Una vez me dijo: «¿Verdad que es una pena que haya tenido que esperar a la muerte de él para empezar a hacer lo que me llena a mí?».

Vivimos nuestra vida por capítulos. Está claro que lo que le venía bien a aquella mujer en los primeros años de su matrimonio no le había convenido en años posteriores. Y, por otra parte, tampoco le interesaba dejar su casa y a sus hijos al cuidado de otra persona mientras éstos eran pequeños.

Se encuentra algún consuelo en saber que los cambios, aunque sean difíciles, nos traen consigo unos dones sorprendentes. Aunque de momento no nos atraiga nada la idea, no nos apresuremos demasiado a cerrar la puerta a algo bueno que podría estar esperándonos en la habitación de al lado.

Voy a mantener los ojos abiertos. Puede que me suceda algo sorprendente y bueno, mañana mismo… o pasado mañana.

26 de enero

Si ayudas a la barca de tu hermano a cruzar el río…, ¡mira!, la tuya también habrá alcanzado la otra orilla.

REFRÁN HINDÚ

Una de las causas de la gran eficacia de los grupos de autoayuda y de recuperación es que nos enrolan en la labor de ayudarnos los unos a los otros, de manera que en cada interacción se están ayudando dos personas, y el ejercicio de ayudarnos mutuamente a sortear los escollos bien conocidos nos desarrolla los músculos de la capacidad para salir adelante.

Ayudarnos los unos a los otros equivale a olvidarnos, al menos por unos instantes, de nuestra propia necesidad que nos consume. Así ganamos un poco de perspectiva, al darnos cuenta de que no somos los únicos.

Y como nuestras necesidades son semejantes, nos entendemos mutuamente, establecemos unos vínculos que sólo están al alcance de los que han recorrido este mismo camino. No nos hace falta explicarnos. El otro ya lo sabe. Ya ha pasado por allí.

Al principio, nosotros seremos el miembro más necesitado de la pareja de personas que se ayudan mutuamente. Otro que ya ha pasado por allí puede ser nuestro guía, nuestro modelo que nos inspira esperanza.

Después, al cabo de algún tiempo, nos tocará a nosotros ser guías de otros. Pero, aun así, se nos irá reduciendo la pena perdurable a medida que comunicamos a otra persona la esperanza vivificadora. «Mira: yo he conseguido superarlo. Tú también podrás».

Doy gracias a los que me tienden la mano, y agradezco también las oportunidades que tendré de tender la mano a otros.

27 de enero

¡Y es posible que en un mundo tan poblado y tan activo, la pérdida de una sola criatura débil deje en algún corazón un vacío tan amplio y tan hondo que sólo lo pueda llenar la amplitud y la hondura de la eternidad!

CHARLES DICKENS

¿Cómo es posible? Tenemos muchos amigos, muchos conocidos. Pasábamos una buena parte de nuestro tiempo sin mantener un trato exclusivo con esa persona amada que ya no está.

Pero ahora… Parece como si toda la creación nos recordara a gritos la ausencia de ese ser. Hasta los mismos lugares y actividades a las que nos gustaba retirarnos para estar solos (una salida de compras a solas, o un paseo por el parque) nos evocan ahora ausencia y soledad. Vemos a personas que caminan juntas, alegremente, y pensamos: «¿Por qué no yo?».

Cuando emprendemos actividades como éstas, no podemos dejar nuestro duelo en casa. ¡Pero, al menos, podremos evitar multiplicar el duelo no echando de menos algo que nunca existió!

Antes, me conformaba con estar a solas en muchas ocasiones, y a veces incluso lo prefería. No quiero sucumbir al influjo del duelo hasta el punto de que mi imaginación no acepte la posibilidad de estar solo y satisfecho.

28 de enero

> Al sentirme mejor [...] tenía también una sensación de estar traicionando a mi marido, aunque yo sabía racionalmente que el duelo prolongado puede llegar a ser morboso. Teniendo en cuenta que el duelo puede convertirse en sustituto de la persona fallecida, renunciar al duelo puede ser el mayor de los desafíos del que ha perdido a un ser querido.
>
> MARY JANE MOFFAT

Esto puede desconcertarnos al principio. ¿Acaso no tenemos clara la diferencia entre nuestro duelo y la persona cuya pérdida lloramos?

Pero confundir lo uno con lo otro es más fácil de lo que nos figuramos. Nuestra persona amada ya no está; no podemos recuperarla a base de pensar en ella constantemente.

Pero el duelo... El duelo constituye la totalidad de nuestro programa de actividades durante una cierta temporada. Podemos dedicarle una atención ilimitada. Buscamos a la persona perdida repasando la película de nuestro duelo omnipresente. Nos acostumbramos a ello y nos cuesta trabajo dejarlo. Pero es necesario que lo dejemos; de lo contrario, nos quedaremos atascados allí, en la muerte de nuestro ser amado, incapaces de gozar de la vida que vivió esa persona. Una mujer joven dijo, muchos años después de la muerte de su padre: «Por fin soy capaz de recordar la vida de mi padre, y no sólo su muerte».

Espero con ilusión el día en el que las imágenes de la vida de mi ser querido ya no estarán asociadas al hecho de la muerte de mi ser querido.

29 de enero

La desolación misma es otro mundo que hay que explorar.

SYLVIA TOWNSEND WARNER

Es un mundo en el que no queremos entrar, un mundo que no nos apetece en absoluto. Lo rehuiríamos si pudiéramos. Pero nos encontramos metidos en él. Y somos multitud.

Se cuenta que una mujer que había perdido a su hijo acudió a ver al Buda para pedirle ayuda, y el Buda le dijo que, para sanarse, le bastaría con encontrar una semilla de mostaza en una casa en la que no se hubiera conocido la desgracia. Según el relato, la mujer viajó por todo el mundo en vano, sin encontrar una casa como aquélla; pero lo que sí encontró fue comprensión, solidaridad, amistad y sinceridad.

El mundo de la desolación nos llama a muchos. No tenemos ningún modo de esquivarlo. Si queremos encontrar la sanación y una vida nueva, tenemos que atravesarlo. Es un mundo digno de ser explorado, y que nos ofrece esas mismas cualidades que encontró la madre que había perdido a su hijo: comprensión, solidaridad, amistad, sinceridad.

Con dar la espalda a la verdad no consigo nada. Cuando las circunstancias de mi vida sean oscuras, haré frente a la oscuridad, aprenderé lo que me tiene que enseñar y seguiré adelante.

30 de enero

Es imposible sanarse en soledad; la soledad es lo contrario de la sanación. La camaradería es sanadora. Para sanarnos, debemos acudir con todas las demás criaturas al banquete de la Creación.

WENDELL BERRY

Resulta difícil dar crédito a estas palabras, porque cuando estamos de duelo solemos tener el impulso de retraernos de las demás personas. «Míralos: ellos siguen haciendo su vida habitual, mientras mi mundo se me ha desmoronado. ¿Cómo van a entenderlo? Además, mi tristeza los haría sentirse incómodos, ¿no?».

Claro está que necesitamos ratos de soledad para estar a solas con nuestros pensamientos, para tomar la medida de nuestro duelo, para descansar. Pero estar a solas sirve de poco consuelo, y debemos recuperar nuestro lugar dentro de la familia humana, darnos cuenta de que no somos el centro del mundo, dejarnos envolver por el amor y el cariño de los amigos.

Si hay personas a las que nuestra tristeza incomoda, podemos buscarnos a otras. O bien, si somos valientes, podemos reconocer la situación: «Soy consciente de que ahora mismo no soy el jardín de la alegría precisamente. Pero tenía la necesidad de salir y estar con gente».

Esto suele bastar para tranquilizar a muchas personas. Si había una situación incómoda, era sobre todo porque había una idea que flotaba en el aire sin que nadie la expresara en voz alta; es como cuando se presenta un desconocido en una fiesta y nadie lo presenta.

A veces me cuesta trabajo integrarme en grupos. Pero mis contactos con las demás personas son para mí el flujo de la vida.

31 de enero

Dios se toma en serio lo de saber cómo marchan nuestras cosas.

WILLIE S. TEAGUE

El rabino Harold Kushner cuenta en su célebre libro *Cuando a la gente buena le pasan cosas malas* que cuando su hijo pequeño contrajo una grave enfermedad y murió, él tenía la sensación de que Dios estaba presenciando su sufrimiento y el de toda su familia. De que Dios no había sido la causa de aquel sufrimiento, pero, de alguna manera, lo compartía, y estaba presente para dar consuelo y apoyo.

Un amigo me contó que una vez, viajando en su coche, le sobrevino como un relámpago la convicción de que Dios se ocupaba de él... «Que Dios me quería de verdad a mí, a David. Bajé la ventanilla del auto y me puse a cantar», cuenta, con una sonrisa de humor y de agradecimiento.

Escuchándolo, yo también siento agradecimiento. Sí; pienso que yo también he sentido eso a veces.

En la medida en que nos parece que la creación es algo más que un hecho casual fruto del azar, podemos afirmar con alguna certeza que Dios se ocupa de nosotros. Si yo hubiera creado una cosa de tal magnitud, le prestaría mucha atención. Querría saber cómo le va.

A veces, dentro de mi oscuridad, soy capaz de creer que me abraza un amor que sustenta a toda la creación. No siempre, pero sí a veces.

1 de febrero

> El hombre que movió las montañas empezó moviendo piedrecillas pequeñas.
>
> PROVERBIO CHINO

Cuando hemos sufrido una grave pérdida, ¿cómo empezamos a recoger lo que queda, a reconstruir nuestra vida?

Lo más probable es que no seamos capaces de abordar proyectos nuevos de cierta envergadura durante algún tiempo. Pero dar aunque sea un solo paso nos vendrá bien, transmitirá a nuestro yo interior el mensaje de que estamos comprometidos con la vida, no con un duelo interminable.

Una amiga me ha contado que se puso a hacerse ropa nueva y empezó a sentirse mejor. Era un compromiso con la vida.

Aunque no era más que un comienzo, recuerdo aquel momento, en el supermercado, cuando decidí «alegrar la cara» en vez de seguir luciendo el rostro triste que llevaba puesto desde hacía varias semanas. Era muy poca cosa, pero salta a la vista que tenía su importancia. Si no la tuviera, no lo recordaría ahora que han pasado casi unos veinte años.

Voy a dar un paso pequeño, sólo uno. Quizá vea con los ojos de la mente que mi ser querido me hace un gesto de ánimo. Sí. Adelante. Tú puedes. Estoy contigo.

2 de febrero

> Ella pensaba que no había tenido nunca hasta entonces la posibilidad de poner en juego esa fuerza que tienen los seres humanos, de aguantar; sentía amor y respeto hacia todos los que habían sufrido, incluso hacia los que no habían conseguido aguantar.
>
> JAMES AGEE

Es cierto que el duelo nos amplía la sensibilidad. Descubrimos de pronto que tenemos una relación de afinidad especial con los que han sufrido pérdidas semejantes a la nuestra. Como la mujer del relato de Agee, que había enviudado hacía poco, podemos quedarnos impresionados por esa fuerza que se encuentra dentro de nosotros y que nos capacita para seguir viviendo entre tanto sufrimiento. Comprendemos la suerte que hemos tenido de no habernos encontrado antes con un duelo como éste, y nos llenamos de solidaridad con los que son más jóvenes y han sufrido un duelo grave demasiado pronto, antes de haber podido gozar de unos años de despreocupación que pudieran atesorar en el recuerdo.

Todas estas cosas las descubrimos en el primer período del duelo no sin cierto asombro. Es como cuando nos arrojamos al agua fría: se nos corta la respiración. La impresión nos modifica todas las percepciones. Después, nos acostumbramos; nuestro cuerpo recupera la temperatura y nos ponemos a nadar.

❋❋

En mi capacidad para resistir, veo en mí una fuerza que no conocía.

3 de febrero

> El silencio es la fuerza de nuestra vida interior [...]. Si llenamos de silencio nuestra vida, viviremos con esperanza.
>
> THOMAS MERTON

Existe un punto delicado de equilibrio entre la vida social y el estar solos en silencio. Un exceso de vida social puede equivaler a un intento de huir de nuestra verdad difícil. Un exceso de soledad puede volvernos melancólicos y retraídos.

Pero... espera un momento. El silencio no tiene por qué ser siempre a solas. Las reuniones de los cuáqueros para el culto religioso son en gran parte experiencias de silencio colectivo. A veces, cuando nos sentimos más próximos a otras personas es cuando estamos con ellas en silencio.

Sin embargo, el silencio se produce principalmente cuando estamos solos, y nos conviene reconocer su valor. En los últimos años se ha hablado mucho del valor físico del silencio en meditación: baja la tensión arterial, reduce el ritmo cardíaco e incluso facilita la sanación en algunos casos. Sabemos que, en muchas circunstancias, unos momentos de silencio nos pueden alimentar el espíritu.

Así pues, al curarnos las heridas del duelo, una cantidad generosa de silencio nos ayudará a reposar en las profundidades de nuestra alma y a encontrar la paz.

No me dará miedo estar callado. Saborearé el silencio reconfortante. Puede que el espíritu de mi ser amado se reúna allí conmigo.

4 de febrero

No estoy loco, ¡pluguiera al cielo que lo estuviera! Pues entonces me olvidaría de mí mismo: ¡Ay, cuánto dolor olvidaría entonces!

WILLIAM SHAKESPEARE

El duelo, en efecto, ha arrastrado a hombres y a mujeres más allá del borde de la locura. A veces, nosotros mismos podemos haber pensado lo mismo: ojalá me volviera loco...; lo que sea, con tal de librarme de esta consciencia terrible de la pérdida.

Por fortuna, esos momentos pasan. Los que hemos conocido más o menos de cerca la vida de los enfermos mentales, sabemos que su enfermedad no los exime de sufrir.

Y si en momentos de suma tensión hemos tenido la sensación de que se nos empezaban a desvanecer los sistemas que nos conservan la razón y el sentido de la realidad, sabemos que apartarnos de la realidad no es un camino que conduzca a la paz mental y de espíritu, como tampoco, para sobrellevar la pena, el abuso de drogas o de alcohol es un sistema válido.

Pero entendemos ese impulso, y hacemos un gesto de reconocimiento y de gratitud cuando leemos el caso de otras personas que han albergado esos mismos sentimientos.

El saber que no estoy solo en mi lucha puede ayudarme a ver el camino.

5 de febrero

En lo que respecta a hacer cargar a los demás con nuestras penas, no es cuestión de estar quejándonos y llorando constantemente. Pero puede que podamos hacer a los demás el regalo de confiar en ellos lo suficiente como para hacerlos partícipes de nuestros sentimientos. Quizá les estemos ayudando de este modo a sobrellevar algunos de sus propios sentimientos.

MARTHA WHITMORE HICKMAN

El propósito de «ser valientes», de «poner al mal tiempo buena cara» y, en general, de mantener el control y la compostura ante el duelo, es un falso dios. ¿Cómo vamos a sentirnos cuando se nos ha roto el corazón?

A pesar de lo cual, seguimos alabando a las personas que no manifiestan su duelo en público, que reciben los pésames como si se tratara de una tranquila conversación de sobremesa un domingo por la tarde. Oímos comentar a la gente: «Qué valiente ha sido. Estoy orgulloso de ella. No ha perdido los nervios ni una sola vez».

¿A quién beneficia ese control férreo de las emociones? ¿Al que está de duelo? ¿A los que lo están consolando, que quizá teman verse arrastrados al duelo sin tener claro cómo lo llevarán ellos cuando les toque?

Un amigo mío me dijo: «Cuando alguien llora delante de mí, lo considero un regalo».

Voy a dejar de cargar con falsas prohibiciones de lágrimas.

6 de febrero

> Pero esa marea que parece moverse dormida,
> tan plena que ni suena ni suelta espuma,
> cuando la que surgió de las profundidades sin fin
> vuelve a recogerse a su casa.
>
> ALFRED TENNYSON

Estas palabras de Tennyson nos hablan con energía de los ritmos constantes de la creación. Estamos familiarizados con las corrientes marinas, con la atracción de la luna, con la rotación rítmica de las estrellas y de los planetas. Y nosotros, que determinamos por las fases de la luna y por el giro de la tierra alrededor del sol la fecha de algunas de nuestras festividades más sagradas (el ramadán, la Pascua cristiana y la judía), también formamos parte del flujo rítmico de la vida.

¿No podemos esperar y confiar en que esos ritmos que recorren con tanta resonancia el mundo natural sigan sustentando a ese ser querido que ha pasado, durante algún tiempo, más allá del alcance de nuestros sentidos y de nuestro conocimiento racional?

¿Y no podemos imaginarnos que en esa «casa» de la que habla Tennyson hay más protección, seguridad y posibilidades de desarrollo que lo que podamos haber conocido ni siquiera los más afortunados de nosotros?

En los ritmos que nos recorren a todos, encuentro esperanza y promesas.

7 de febrero

> Cuando oscurece lo suficiente, se pueden ver las estrellas.
>
> CHARLES BEARD

Cuando más fácil resulta ver las estrellas suele ser en las noches largas y frías del invierno.

Las personas que han pasado por una situación de peligro para su vida (un accidente, un tornado, una enfermedad grave) cuentan que la experiencia les ha cambiado la manera de ver las cosas. Del mismo modo, cuando pasamos por la pérdida de un ser querido, nos resulta más fácil ver lo que tiene verdadera importancia.

Algunos años después de la muerte de nuestra hija sufrimos un robo en nuestra casa. Se nos llevaron toda la plata de nuestro ajuar de bodas, así como algunas piezas antiguas que pertenecían a la familia desde hacía muchas generaciones.

Aquello nos disgustó, claro está. Pero me acudieron enseguida las palabras: «No son más que cosas». No puedo saber si habría tenido esta misma calma si el robo se hubiera producido antes de la muerte de mi hija, pero me da la impresión de que no.

Las estrellas no sólo son más claras, sino más hermosas. Los navegantes antiguos se orientaban en los mares observando las estrellas. Puede ser, por tanto, que la experiencia de la pérdida no sólo nos ayude a dejar claro qué es lo que tiene verdadera importancia para nosotros, sino que nos ayude también a saber dónde estamos y el rumbo que debemos seguir.

En lo más profundo de la oscuridad, levantaré la vista y veré las estrellas.

8 de febrero

La recuperación no es un proceso que podamos seguir con sólo proponérnoslo. Consiste en vivir muchas muertes pequeñas, en pasar por aniversarios importantes, hasta que tenemos nuestra identidad bien sólida y natural en el pronombre «yo».

MARY JANE MOFFAT

¿Recuerdas cómo fueron esas primeras semanas y meses tras la muerte de tu ser querido? ¿Cómo fue la primera vez que fuiste al supermercado? ¿La primera vez que cambiaste el filtro de la caldera? ¿La primera vez que fuiste al cine? Te fijabas hasta en lo más insignificante. Y, claro está, había hitos como los cumpleaños y la Navidad que te avisaban a gritos con varias semanas de antelación.

Y ahora que ya han pasado los meses, los años quizá, vuelves a sentirte de nuevo como una persona completa. El daño sigue allí, pero ha pasado a formar parte de tu ser interior. Ya no tienes la sensación de que te han arrancado una parte de tu propio ser y de que todo te choca contra la herida abierta.

Supe que se había producido un cambio significativo en mí cuando me preguntaban: «¿Cuántos hijos tienes?», y yo respondía: «Tengo tres hijos», sin sentir la necesidad de añadir «y una hija que murió». Aquello seguía formando parte integral de mí, pero ya no sentía la necesidad de decirlo siempre.

Voy a confiar en que este proceso se irá desenvolviendo a su propio ritmo.

9 de febrero

Las penas leves pueden hablar; las grandes son mudas.

SÉNECA

Nos animan, por nuestro bien, a que «hablemos de ello». Y unas veces podemos hablar de ello y otras no.

Sería una verdadera desgracia que esta incapacidad de hablar durase mucho tiempo. Pero, tal como sucede en otros muchos aspectos del proceso en un duelo, nuestra psique sabe lo que nos hace falta.

De modo que, si en nuestro dolor sentimos que «nos faltan las palabras», no es necesario que hablemos sin parar. Ni mucho menos tenemos que hablar sin parar para que los que nos rodean se sientan más tranquilos. Bien podemos esperar que sean ellos los que se adapten ahora a nuestras necesidades, en vez de al contrario.

Recuerdo una vez que fui a una fiesta, y aunque yo suelo estar deseosa de participar en las conversaciones, en aquella ocasión mi dolor me lo impedía. Y, como una madre que da permiso a su hija para que no intervenga en alguna actividad, me di permiso a mí misma para hacer de comparsa, para quedarme al margen de la conversación sin tener ningún «deber» de colaborar como animadora social. La tertulia funcionó perfectamente sin mí, y todavía recuerdo el suspiro interior de alivio que solté cuando pude refugiarme un rato en mi pequeña crisálida mental.

En estos momentos tengo derecho a ocuparme de mí mismo.

10 de febrero

En pleno invierno descubrí que tenía dentro de mí un verano invencible.

ALBERT CAMUS

Nos sorprende. Sabemos que es puramente accidental. Sabemos que no puede durar. ¿Felicidad? ¿Satisfacción? ¿Alegría?

Y no sólo es un breve destello de alegría, de satisfacción, como los que sentimos cuando flotamos en alas de una canción o de una oración, o al contemplar un cielo espectacular o una margarita que ha brotado en un prado. ¡Es una sensación de que, de alguna manera, después de todo esto, vamos a poder ser felices! ¿Quién lo iba a creer?

Y esa certidumbre también se puede perder. Pero volverá. Puede que cada vez que vuelva nos parezca que tiene menos de forastero sorprendente, de visitante disfrazado. No, esta fecundidad, esta amplia luz solar, este calor, esta hermosura de un atardecer de verano, son auténticos. Hasta sumidos en el invierno de nuestro dolor, creeremos en el verano.

El verano también tiene sus tormentas, pero son pasajeras. Pueden servir para despejar el aire y para que volvamos a dedicar nuestra atención a un mundo fresco y límpido. Es la vida que nos llama: «¿Lo ves? Eres mío. Te tengo preparadas maravillas, aunque no lo creas. Y te esperaré... bajo la nieve o más allá de la tormenta, si es preciso».

En pleno invierno, aceptaré la posibilidad de que ha de volver el verano.

11 de febrero

Lo malo de la muerte es la ausencia.

ROGER ROSENBLATT

Después de todos nuestros esfuerzos por consolarnos y por ver un sentido a la muerte, nos queda un gran agujero en el tejido de nuestra vida. «Te echo de menos. Te echo en falta. Te añoro».

Y después, ¿qué?

Después, la ausencia empieza a resultarnos familiar; los bordes de ese agujero psíquico se vuelven menos cortantes, puede que hasta empiecen a unirse de modo que podamos caminar sin correr constantemente el peligro de caernos al abismo alucinante de la muerte de esa persona.

Con el tiempo, la ausencia llega incluso a transmutarse en una presencia de otra clase. Alguien dijo que un niño que muere está contigo de una manera que no puede estar un niño vivo. Esto es cierto en algunos sentidos. Y sí, es un consuelo. Y no sólo lo es en el caso de los niños, sino en el de los padres y otros seres queridos que se nos han muerto y que pasan a formar parte de esa comunidad que llevamos con nosotros a todas partes.

Puede que se conviertan en nuestros ángeles custodios, en nuestros vínculos con el otro lado. Pero el primer paso de dejarlos marchar es uno de los acuerdos a los que tenemos que llegar con la vida, por necesidad; y la añoranza que sentimos por ellos, a veces hace que hasta la perspectiva de nuestra propia muerte no nos parezca tan mala.

❋ ❋

Soy, y seré siempre, una parte de todo lo que he conocido.

12 de febrero

Hace falta algo más que fuerza de voluntad para dejar de pensar en una persona a la que querías y a la que has perdido. Yo lo veía en él, en cómo tenía hundidos los hombros y en lo mucho que juntaba los pies. Lo había intentado, en un arrebato de decisión y energía. Pero no le bastaría con aquello para dejarlo. Durante mucho tiempo, o quizá para el resto de su vida, las nuevas cosas hermosas que fuera descubriendo en el mundo no le bastarían para apartar de sí sus recuerdos.

JOSEPHINE HUMPHRIES

Al principio no nos queda más opción que pensar casi constantemente en la persona que hemos perdido. No llega a transcurrir una hora entera sin que pensemos conscientemente en nuestra pérdida, recordando a la persona, evocando episodios y sentimientos de nuestra vida común, pensando en lo que ya no puede ser.

Después, un día, advertimos con sorpresa que hemos tenido el pensamiento puesto en otra parte varias horas seguidas, o incluso durante un día entero. Estamos empezando a sanarnos.

Pero no tenemos por qué preocuparnos de que vayamos a perder el recuerdo de nuestros seres queridos. Lo que tengamos que recordar, lo recordaremos. Y a veces, cuando lleguen nuevas «cosas hermosas», brillará todavía con más luz el recuerdo del ser querido, al imaginarnos que compartimos esta nueva dicha con la persona que hemos perdido. En esto hay dolor, pero también hay un sentimiento remozado de la existencia del ser querido.

El recuerdo de mi ser querido forma parte de mi vida para siempre.

13 de febrero

El duelo nos desafía a que volvamos a amar.

TERRY TEMPEST WILLIAMS

¿Verdad que sería fácil cerrar de alguna manera las válvulas del amor, para que así no pudiésemos volver a sufrir un dolor tan grande?

No, no sería fácil. Es probable que sintamos durante algún tiempo una especie de entumecimiento, un retraimiento como reacción ante el golpe que hemos sufrido. Pero no seríamos capaces de ninguna manera de superar esta época de duelo sin el amor de nuestros amigos y de nuestra familia.

Y amor llama a amor. El amor nos llama para hacernos salir de nuestro duelo, y el amor nos sanará.

Pero no nos sanaremos si no participamos, si no respondemos con nuestro amor al amor de los demás.

Sí, hace falta valor para arriesgarse a amar de nuevo. El valor de ser plenamente humanos. El valor que reafirma ese amor que compartíamos con la persona que hemos perdido.

Cuando llegue el momento, estaré dispuesto.

14 de febrero

> Todo tiene su tiempo y sazón [...]: tiempo de destruir, y tiempo de edificar; tiempo de llorar, y tiempo de reír; tiempo de cantos fúnebres, y tiempo de bailes...
>
> ECLESIASTÉS 3, 1-4

Los que estamos de duelo sabemos bien lo variables que pueden ser nuestros estados de ánimo. En un momento dado estamos relativamente en calma, controlados, manteniendo a raya nuestro duelo. Al cabo de poco rato estamos abrumados y absolutamente desequilibrados.

Nos puede alterar cualquier cosa: un aroma, la letra de una canción, un artículo del periódico que nos recuerda nuestra pérdida; las primeras señales de la primavera sin que esté con nosotros nuestro ser amado para compartirlas. Hasta fechas de importancia secundaria, como el Día de San Valentín, nos pueden hacer vacilar.

En otros momentos estamos libres de inquietudes y gozando del momento: de la belleza de la nieve, del calor del fuego, del sabor reconfortante del chocolate a la taza, de la presencia de amigos. Y nos preguntamos por qué sufrimos oscilaciones tan fuertes del estado de ánimo. Hasta podemos dudar si estaremos perdiendo el juicio: ¿cuándo tendré el ánimo más estable, para no estar constantemente en peligro de perder pie, de caerme por la trampilla de la desesperación?

La pérdida nos ha hecho pedazos la vida. Es lógico que las piezas tarden algún tiempo en reunirse para formar una pauta coherente.

Voy a tener paciencia conmigo mismo, respetando los tiempos y razones de mi duelo, confiando en que voy por el camino de la sanación.

15 de febrero

> La espiritualidad es ese lugar donde se reúne lo absolutamente íntimo con lo inmensamente infinito.
>
> Rick Fields

Entre las ocasiones de la vida humana en las que se puede producir tal reunión de lo íntimo con lo infinito destaca, sin duda, la experiencia de la muerte. En un momento dado, la persona está allí, viva, respirando; y al cabo de otro momento sólo queda el cuerpo, como una cáscara vacía; pero la persona que reía y lloraba, que hablaba y que amaba, se ha marchado.

¿Adónde?

Muchas personas cuentan que han percibido la presencia del espíritu de un muerto junto a ellos, o incluso que lo han visto. Los que han tenido experiencias próximas a la muerte cuentan que han flotado por encima de su cuerpo y han contemplado el trabajo frenético de los que intentaban reanimarlos. Ha habido personas que, a centenares de kilómetros de distancia de otra, han sentido una señal repentina al morir ésta: un dolor repentino, por ejemplo, que coincidía con el momento de la muerte del ser querido y que tenía que ver con la causa de su muerte.

Es posible que nuestra noción de estos misterios se deba a que sólo conocemos una parte muy pequeña de las buenas intenciones que tiene el Creador hacia nosotros. No nos quitan el dolor de la separación. Pero si somos capaces de concebir ésta como una separación temporal, no permanente..., ¡entonces, todo cambia radicalmente!

Procuraré estar abierto a todas las vías de la sabiduría y de la esperanza.

16 de febrero

> Le parece que, si se le partiera el corazón y se le derramara todo el dolor, inundaría toda la tierra; y, sin embargo, nadie lo ve.
>
> ANTÓN CHÉJOV

Es extraña la sensación de caminar por una calle concurrida, o de entrar y salir de las tiendas, con un dolor tan esencial y tan obsesionante que parece que define toda nuestra existencia, ¡mientras la gente pasa a nuestro lado sin darse cuenta de nada!

¿Nos extraña, y quizá nos enfada un poco, que el mundo siga adelante como si tal cosa? A nosotros nos parece que, de alguna manera, el mundo debería dejar de girar y reconocer nuestro duelo.

Pero cuando nos paramos a pensarlo, la verdad es que no queremos que el resto del mundo se desvíe de su rumbo sólo para hacernos compañía a nosotros. Necesitamos la seguridad que nos puede ofrecer un mundo que, por lo demás, está bien ordenado. Mejor, entonces, que esas personas con las que nos cruzamos no sepan la tristeza y la confusión que tenemos dentro cuando pasan a nuestro lado. Y ¿quién sabe lo que pueden llevar en el corazón, a su vez, esas personas?

No necesito que todos los demás sean absorbidos por mi duelo; me basta con disponer de mi espacio propio para mi duelo.

17 de febrero

> Todas las cosas maravillosas de la vida son tan sencillas, que nadie es consciente de lo maravillosas que son hasta que las tiene fuera de su alcance. Yo no había sentido la maravilla, la belleza y la alegría de la vida de una manera tan penetrante como las siento ahora, en mi duelo, cuando no está aquí mi Johnny para disfrutarlas.
>
> FRANCES GUNTHER

Puede que nos evoque esta misma sensación cualquier cosa que nos recuerda la fragilidad de la vida. ¿Cómo es posible que hayamos dejado de apreciar los dones de la vida?

Nos impresiona darnos cuenta de que nuestro ser amado está privado ahora de esos dones que empezamos a apreciar nosotros. Casi tenemos la sensación de que ahora tenemos que ver y conocer el mundo por dos: por él y por nosotros.

Quizá podemos considerar que esta nueva percepción agudizada de la belleza del mundo es un regalo que nos ha hecho nuestro ser querido. También podemos consolarnos recordando que, en las crónicas de las experiencias próximas a la muerte, aparece como tema constante el asombro ante la belleza y la luz del mundo de más allá. Puede que la belleza de este mundo no sea más que una muestra y un anticipo de lo que nos espera.

Al deleitarme con las maravillas de este mundo, percibo la presencia de mi ser amado.

18 de febrero

> Ésta es la Hora de Plomo
> que, si se sobrevive, se recuerda,
> como recuerdan la Nieve los que se congelan:
> primero, Frío; después, Estupor; después, abandono...
>
> EMILY DICKINSON

Apenas cabe imaginarse imágenes que representen la pesadez mejor que las de esta poesía de Emily Dickinson. Pero la sensación nos resulta familiar: una pesadez en nuestros pasos, en todo nuestro cuerpo; una pesadez de la mente y del corazón.

La imagen del Frío también es acertada: es una especie de letargo que nos invade. Nos puede resultar difícil pensar. Se nos olvida donde hemos dejado algo; no recordamos lo que pensábamos hacer. (Es buen momento para anotar las cosas por escrito).

Pero a la Hora de Plomo se sobrevive. El cuerpo y el espíritu tienen voluntad de recuperación, incluso de crecimiento; pues no hay recuperación sin crecimiento.

❋ ❋

Hasta cuando me sienta tragado por una Hora de Plomo, intentaré recordar que habrá un tiempo nuevo y un nuevo día.

19 de febrero

> Con la ayuda de estos objetos corrientes, y de otros; con la ayuda de los dos grandes olmos que daban sombra a la casa protegiéndola del calor del sol, y del jazmín de Virginia junto a la puerta trasera, y de las lilas blancas ante la ventana del comedor, y de los cómodos muebles de mimbre del porche, y de la mecedora del porche que aportaba sus chirridos rítmicos a los sonidos de la noche de verano [...], yo iba tirando de un día para otro.
>
> WILLIAM MAXWELL

A veces, cuando el duelo ha destrozado nuestro mundo, las únicas cosas que nos permiten ir tirando son los objetos y las rutinas cotidianas y familiares que nos dicen con su ser mismo: «Mira, no lo has perdido todo; hay cosas que siguen igual». Estos objetos familiares no nos exigen nada; se limitan a estar allí. Representan la estabilidad en un mundo que se ha sumido en el caos de pronto. Nos sentimos agradecidos hacia ellos de una manera irracional, afectuosa, como si fueran unos amigos queridos, y, en esta crisis, lo son.

En esta época de cambios y alteraciones, agradezco el consuelo de las cosas familiares.

20 de febrero

Trazar una historia interior de nuestro dolor nos lleva hasta el corazón mismo de él; y allí es donde tiene lugar, inevitablemente, el renacer.

SUE MONK KIDD

¿Cómo se hace esto? ¿Y por qué?

Algunas personas llevan un diario. El diario es un instrumento útil en cualquier circunstancia, pero puede que lo sea más que nunca ahora que nuestra vida tiende a encontrarse sumida en la agitación emocional. Recoger por escrito todo lo que nos inquieta (retazos de recuerdos, relaciones del duelo y la confusión diarios) no sólo nos ayuda a identificar lo que nos pasa y a ordenarlo, sino que lo deposita en un lugar seguro, accesible, donde podemos volver a consultarlo si queremos. Al guardarlo por escrito, se nos alivia la necesidad de llevarlo constantemente en la cabeza.

Algunos escriben crónicas de la vida de la persona amada. Un buen amigo mío, tras la muerte de su mujer, pasó varios meses escribiendo la historia de su noviazgo, más de sesenta y cinco años atrás. No sólo era un relato hermoso (y que podía ser un tesoro para sus familiares más cercanos), sino que, como me dijo él, «me ayudaba a mantenerme en contacto con ella».

Trazar la historia interior nos ayudará a poner orden en el caos en el que nos suele sumir el duelo, ¡e incluso nos puede premiar con tesoros!

21 de febrero

Me apunto a cualquier cosa que te sirva para superar la noche.

FRANK SINATRA

Todos tenemos nuestras maneras propias de hacer frente al dolor, y la diversidad de reacciones aceptables es amplia. A veces tienen poco que ver con la lógica. Una mujer cuyo querido esposo, que era ebanista, había muerto de manera repentina en lo mejor de su vida, dijo que había empezado a aceptar su muerte cuando se dijo a sí misma que Dios necesitaba al mejor ebanista del mundo. La mujer no pretendía sostener que aquello tuviera ninguna base lógica. ¿Qué importa? A ella le servía, y no hacía daño a nadie.

Cuando murió nuestra hija, una amiga cuyo padre había muerto poco antes nos dijo por carta: «Mi padre cuidará de Mary». Fue un consuelo maravilloso.

Todas las imágenes que se nos presenten en nuestro duelo y que nos aporten estabilidad y paz son un don, tan bienvenidas y tan útiles para salir adelante como los guisos, las cartas y las flores. Puede que no resistieran un análisis lógico; pero las experiencias de muerte y de duelo requieren dar saltos de intuición y de imaginación. Hemos entrado en un plano nuevo.

Ante este misterio, abro el corazón y la mente a todas las indicaciones del espíritu.

22 de febrero

Nuestro cometido es vivir con integridad, manifestar la verdad tal como la percibimos y confiar en que Dios sabrá dar uso a lo que nosotros podemos ofrecer.

ELIZABETH J. CANHAM

¿Y si lo único que podemos ofrecer, ahora mismo, es nuestro dolor? Pues bien, ofrezcámoslo. Si nuestra realidad más honda es el dolor y el duelo, entonces debemos reconocer esa realidad. Si intentamos pasarla por alto, mirando siempre hacia otro lado, no engañaremos a nadie, ni mucho menos a nosotros mismos. Esta herida será como una herida que no está expuesta al aire ni a la luz sanadora: tardará más tiempo en curarse, y a la larga nos hará sufrir más.

Esto no quiere decir que tengamos que pasarnos cada momento del día revolcándonos en el duelo; aunque habrá veces que prácticamente se podría describir así la manera en la que nos sentimos. Por nuestro propio bien y por el de los que nos rodean nos convendrá poner un tapón a nuestro duelo durante un rato y relacionarnos con el mundo de una manera más intrascendente.

Cuando el duelo es reciente y abrumador, es nuestra verdad, tal como la percibimos, y basar nuestros actos en la medida de esa verdad no sólo es una necesidad para nosotros, sino que también equivale a dar testimonio ante los que nos rodean de que la tristeza es honrosa y digna de confianza. El viaje a través del duelo tiene un paisaje variado, pero no tiene atajos permanentes.

Mi duelo ya es de suyo una carga pesada ahora mismo. No pienso añadirle encima la carga de intentar disimular quién soy.

23 de febrero

> Puede ser que viva aún una raicilla del árbol sagrado.
> Por tanto, nútrelo para que pueda echar hojas y flores y llenarse de pájaros cantores.
>
> ALCE NEGRO

¿Qué es esa lucecita de esperanza que se empeña en estar presente ante nosotros, entre nuestra oscuridad? ¿Será el espíritu perdurable de nuestro ser amado que nos dice «Estoy bien, no te preocupes»? ¿Será nuestra propia intuición de que en la vida (y en la muerte) hay algo más de lo que podemos entender, de que la muerte no es el final de un viaje, sino una puerta por la que se pasa?

¿O será el carácter insaciable de la vida, que bulle, que florece, que canta hasta en las horas oscuras?

Una amiga mía que había perdido a su hijo me contó que, cuando caminaba por un bosque, vio un pájaro de una especie desconocida en aquella región; y el pájaro se posó en una rama alta, iluminado por un haz de luz, y se puso a cantar. Y siguió cantando. Mi amiga me dijo que, aunque había seguido teniendo momentos de gran soledad, desde entonces no había vuelto a dudar del amor y la presencia constantes de su hijo, ni de que ella acabaría por reunirse con él algún día.

Ahora puedo ver el árbol sagrado y oír el canto de los pájaros.

24 de febrero

La gente, aunque con buena intención, nos da un triste consuelo cuando nos dice que el tiempo servirá para aliviarnos el duelo. Nosotros no queremos perder el duelo, porque nuestro duelo está vinculado a nuestro amor, y no podríamos dejar de llorar al ser querido sin quedar despojados de nuestro afecto.

PHILLIPS BROOKS

Está claro que el tiempo nos alivia el duelo, siempre que le dejemos seguir su curso y le otorguemos lo que es suyo. Pocas personas querrían mantener para siempre la intensidad y la desolación de los primeros momentos del duelo. No es eso lo que tememos.

Pero sí tememos perder la intensidad del amor que sentíamos hacia la persona querida.

Al principio, las dos cosas (el duelo y el amor) están tan vinculadas entre sí que no somos capaces de separarlas. Puede que nos aferremos desesperadamente al duelo para estar seguros de que no vamos a perder el amor.

Es posible que el duelo y el amor queden vinculados entre sí para siempre en cierto grado, como las dos caras de una moneda. Pero también puede suceder que, al cabo de un tiempo, cuando arrojemos la moneda al aire, casi siempre quede hacia arriba la cara del amor.

Mi ser amado forma parte de mi vida tanto como el aire, el agua y los alimentos que nutren mi cuerpo. No temeré perder a una persona que ha sido parte de mí y lo sigue siendo.

25 de febrero

> Soltaba con facilidad la risa, una risa juvenil, más bien estridente, que le hacía saltar las lágrimas, y que después lamentaba por incompatible con su dignidad de madre que tenía que ocuparse de cuatro hijos y de sus problemas económicos. Dominaba sus arrebatos de risa y se reñía a sí misma con severidad: ¡Basta, ya basta!, y después rompía a reír de nuevo hasta que le temblaban los anteojos en la nariz.
>
> COLETTE

Uno de los máximos regalos que podemos hacernos a nosotros mismos (y que nos harán saber que hemos superado un hito) es recordar con agrado y con sonrisa los momentos divertidos que hemos compartido con nuestro ser amado.

Al principio tendremos pocas ganas de reírnos. Más adelante, cuando nos riamos, nos puede parecer que estamos faltando al respeto al muerto. Hasta puede que nos sintamos culpables.

Pero ¡piénsalo! ¿Qué preferiría tu ser amado? ¿Verte triste, o ver que disfrutas del recuerdo de los momentos maravillosos y divertidos que pasasteis juntos?

❋❋

El corazón alegre cura como una medicina. (Proverbios 17, 22)

26 de febrero

> Vuelve a alzarse del corazón del sufrimiento el antiguo grito:
> Oh, Dios, ¿por qué? Oh, Dios, ¿hasta cuándo?
> Y la respuesta es el silencio.
>
> JIM COTTER

Hay días que parece que nos las arreglamos bien, que tenemos confianza en ser capaces de afrontar el futuro. Hay otros días (y noches) en que nos sentimos absolutamente abandonados, solos en un cuarto oscuro, y el universo parece un espacio vasto y nada acogedor. Hasta nos cuesta trabajo recordar habernos sentido de otra manera alguna vez, o creer que volveremos a sentirnos bien algún día. Hemos entrado verdaderamente en la «noche oscura del alma». ¿Nos sirve de algo saber que otras muchas personas han compartido esta desesperación a lo largo de los siglos? ¿Que hasta en esta desolación nos acompañan santos y peregrinos, incontables compañeros de sufrimiento? Pues aunque nuestro amor es propio y exclusivamente nuestro, aunque nuestro ser amado era único en el mundo, quizá podamos aliviarnos (un poquito) pensando en la multitud de miembros de la familia humana que han recorrido este mismo camino.

Si bien hay cosas que podemos hacer para prepararnos para tiempos mejores (descansar lo suficiente, comer como es debido, leer, rezar, hablar con la gente), parece que la tesis más aceptada es que esas noches oscuras hay que aguantarlas, esperar a que pasen. No durarán eternamente. Y un día descubriremos, quizá con sorpresa, que ya ha pasado la nube.

❋ ❋

Aunque hoy me sienta abatido, eso no significa que me vaya a sentir así toda la vida.

27 de febrero

> Parece que se ha dejado de lado un tema, pero éste vuelve una y otra vez; es lo mismo, pero modulado, con la forma algo cambiada.
>
> MURIEL RUKEYSER

Encontramos recordatorios en todas partes. No sólo los aniversarios (una semana, un mes, el cumpleaños, un año), sino hasta el modo en el que un desconocido mueve los hombros, la forma de unos pómulos o un gesto con la cabeza. Actividades a las que fuimos juntos; canciones que compartimos; platos que nos gustaban (o que no nos gustaban) a los dos…; todo ello nos desencadena emociones. Tenemos la vida salpicada de estos botones del recuerdo que, al tocarlos, nos hunden en la pena.

Debemos confesar la validez de estos recordatorios. *Sí; te reconozco. Sí; me recuerdas mi pérdida.* Pero a medida que nos hacemos más fuertes, podemos ejercer un cierto grado de albedrío en la cuestión y, después de un primer reconocimiento tierno de la asociación con nuestro ser amado perdido, dejarla a un lado.

Pocos meses después de la muerte de mi hija, vi a una joven que llevaba una chaqueta de cuadros semejante a una que había tenido mi hija. No era capaz de quitarle los ojos de encima. La joven hasta se parecía a mi hija en el color, en el pelo largo. Estuve tentada por un momento de acercarme a hablarle.

Pero lo que hice fue cerrar los ojos y rezar por aquella joven desconocida; por su vida, fuera la que fuera. No sé si a ella le serviría de algo; pero a mí sí me sirvió, y seguí con mi lectura.

❋❋

Veré las sombras de mi duelo en todas partes. Y seguiré adelante.

28 de febrero

> Parecía que se habían topado con la felicidad de pronto, como quien se encuentra una mariposa en el bosque en invierno.
>
> EDITH WHARTON

Al principio nos parece una revelación, una cosa asombrosa, casi como para sentirnos culpables. ¡Podemos ser felices!

Quizá habíamos pensado que no podía ser, que nuestra vida estaría teñida por el dolor para siempre, que no tendríamos ningún momento libre de él.

Tenemos razón en cierto sentido: ningún momento está libre de la historia vital que lo antecede. Ni tampoco queremos que lo esté. Una de las cosas que tememos a veces (sin necesidad) es que, habiendo perdido al ser amado, perderemos también su recuerdo. Eso no va a pasar.

Pero sí perderemos esa nube negra de tristeza que puede parecernos durante algún tiempo una carga cotidiana, o nos liberaremos de ella. Esto depende en parte de nosotros. Podemos tomar la decisión de no volver a ser felices nunca. Esto puede costar mucho trabajo (no volver a ser felices nunca), pero, si queremos, lo podemos conseguir.

Pero ¡cuánto mejor y qué mejor homenaje a la persona que hemos perdido que salir de debajo de nuestra nube, para que, cuando nos encontremos una mariposa en el bosque, la podamos ver!

La tristeza no tiene ningún valor de por sí. Tengo derecho a estar alegre.

1 de marzo

¿Dónde? ¿Dónde se ha metido esa luz, esa chispa, ese amor que miraba al mío? ¿Qué tiene que ver con esa arcilla fría? Está aquí, aquí, aquí en mi corazón. Está en mí, a mi alrededor. En esa arcilla no hay nada.

ANZIA YEZIERSKA

Cuando se marchan el aliento y la vida y queda el cuerpo, el cambio es asombroso. Lo contemplamos (amado, venerado), pero ya no es más que una cáscara vacía. Los procesos que lo sustentaban han cesado. La sangre está inmóvil. El pecho no se mueve con la respiración.

Pero ¿dónde ha ido la persona? Existen diversas interpretaciones, en función de las creencias y de las vivencias. Pero no cabe duda de que uno de los modos en los que sigue viviendo la persona es en nosotros, en los que nos reunimos para llorar su paso y para celebrar la vida. No es sólo que recordemos a los seres queridos; es que éstos también siguen viviendo en las cosas que nos enseñaron y en los modos en los que afectaron a nuestras vidas.

Por ello, en las semanas, meses y años venideros podremos encontrarnos en nuestra propia vida con cualidades y con actos que nos sorprenderán, hasta que pensemos con una sonrisa: «Me pregunto... Sí; puede que esto sea una parte de ______ que vive en mí».

Acogeré y apreciaré los modos en los que mi ser amado sigue viviendo en mí.

2 de marzo

Muchas reconciliaciones prometedoras han fracasado porque, aunque ambas partes se presentaban dispuestas a perdonar, ninguna de ellas llegaba dispuesta a ser perdonada.

CHARLES WILLIAMS

Ésta es, a veces, la última piedra que se tiene que quitar de encima el corazón sumido en el duelo: la incapacidad de aceptar el perdón. Y todos tenemos nuestro respectivo catálogo de cosas que anhelamos que se nos perdonen. Esa palabra áspera y ruda dicha con precipitación, ese favor hecho a disgusto o que no se llegó a hacer siquiera...

¿Y quién es el intransigente que no nos perdona? ¿Es el fallecido, que sigue apuntándonos con el dedo y torciendo el gesto desde el otro mundo? Lo más probable es que seamos nosotros mismos los que nos sigamos riñendo: «¿Cómo fuiste capaz?».

«Cuando te perdonas a ti mismo, estás perdonado», dice Elisabeth Kübler-Ross, que lleva muchos años consolando a los demás con sus escritos sobre las etapas del duelo.

Imagínate una conversación entre la persona objeto de tu duelo y tú. ¿Te gustaría que esa persona estuviera libre de defectos? Entonces, se parecería poco a la persona que amas.

Pues esa persona tampoco quiere que tú seas perfecto. ¡Si lo fueras, tampoco se te reconocería!

Voy a intentar soltar el peso de la culpa y de los remordimientos. No soy perfecto. Soy amado. Y el amor tolera muchas cosas... y sigue amando.

3 de marzo

El reloj da la una. Sólo contamos el tiempo cuando lo hemos perdido.

EDWARD YOUNG

El tiempo se nos está escapando constantemente. Pero la pérdida de un ser querido nos pone unos hitos muy marcados en nuestro concepto del tiempo. Durante algún tiempo, dividimos todas nuestras vivencias en «Antes» y «Después». Antes de la muerte, después de la muerte. O quizá, antes del comienzo de la enfermedad y después del comienzo de la enfermedad. El pasado adquiere un color propio; todo lo que ha sucedido antes queda sellado con un tinte, con la señal de otra era. El tiempo que se abre hacia el futuro es, de momento, un espacio vacío, un proyecto de recuerdo perpetuo de nuestra pérdida.

Pero, después, cuando empezamos a remendar nuestras vidas con los hilos que nos han quedado sueltos, se suavizan un poco las líneas que marcan los límites. Empezamos a mirar atrás, no siempre con el dolor de lo que hemos perdido, sino con gozo y aprecio por la vida que hemos compartido. Y, de una manera que no podríamos habernos imaginado hasta hacer este viaje de la pérdida y del duelo, saboreamos los modos en los que nuestro ser amado es una presencia en nuestra vida y lo seguirá siendo.

Cuando empiezo a ver más allá del dolor, percibo el modo en el que tanto la tristeza como la alegría forman parte del tapiz de mi vida.

4 de marzo

No contrae cáncer un individuo, lo contrae una familia.

TERRY TEMPEST WILLIAMS

Al afrontar una pérdida, puede brindar una ayuda maravillosa el hecho de compartir el duelo con otros miembros de la familia. Llorando la pérdida juntos, contándonos nuestras historias comunes y repasando nuestros viejos objetos y recuerdos, podemos estar presentes los unos con los otros como no puede estarlo nadie ajeno al círculo familiar.

Pero hay otros momentos en los que quizá seamos la persona a la que menos necesita otro familiar nuestro para abrirse camino por su duelo.

¿Por qué? Porque todos tenemos historias con la persona que ha muerto, y todos tenemos maneras distintas de llevar el duelo. Un miembro determinado de la familia puede sentirse lleno de resentimiento (o de heroísmo) por haber cargado con la mayor parte de la larga enfermedad de un padre o de una madre. Otro miembro menos próximo se puede sentir relegado a una especie de segunda categoría. A los familiares de carácter más reservado, los más expresivos les pueden parecer molestos y dramáticos. Unas diferencias de estilo personal que en circunstancias normales resultan aceptables pueden parecer casi intolerables bajo el efecto intenso de la muerte y de la pérdida, y para superar algunos momentos difíciles puede resultarnos útil ser capaces de aceptar tanto lo que tiene de bueno como lo que tiene de arriesgado compartir nuestra pérdida los unos con los otros.

En esta pérdida, a la vez que encuentro fuerza en mi familia, reconozco y respeto también el hecho de que cada uno de nosotros tenemos nuestra manera propia de llevar el duelo.

5 de marzo

La fe
es esa ave
que siente la luz
y canta al alba
cuando todavía está oscuro.

RABINDRANATH TAGORE

En esta época del año, a principio de la primavera, entre el solsticio de invierno y el equinoccio de verano, podemos sentir a veces, al despertarnos por la mañana, los primeros atisbos de la llegada del verano. Todavía suele hacer frío y ser de noche. Pero hay algo en el aire que nos confirma lo que nos dice el calendario: que los días, al menos en nuestro hemisferio norte, se van alargando. La luz llega antes cada día y dura más tiempo.

Una vez, en tiempo de duelo, pasé toda una noche en vela. Teníamos visitas que se quedaban a dormir. Nos habíamos quedado hablando hasta tarde. Cuando nos acostamos, ya pasaba de la medianoche, y yo no me dormí. Me sentía inquieta, angustiada. Y, por fin, entre la oscuridad de la madrugada, empezaron a cantar los pájaros.

«¿Ya?», pensé.

❋❋

Que en nuestro tiempo de oscuridad y de pena oigamos (y por sorpresa, a veces) un canto que anuncia una época más luminosa.

6 de marzo

> Si bien anteriormente nos parecía que nuestro estado de ánimo era triste, sin más, con algunos intervalos ocasionales de luz, ahora podemos encontrarnos con que nuestros sentimientos tienen una variedad desazonadora; los momentos felices nos parecen apasionantes y satisfactorios, y después volvemos a hundirnos en la tristeza. Quizá podamos aprender a aceptar estas oscilaciones del ánimo reconociendo la realidad de cada uno de estos estados, sabiendo que a la luz le sigue la oscuridad, y a la oscuridad, la luz.
>
> MARTHA WHITMORE HICKMAN

Cuando empezamos a sentirnos mejor, accedemos a una gama nueva de sentimientos, y quizá incluso a algo de culpabilidad: «¿Cómo puedo sentirme bien si aquél al que amaba ya no está?». Pero incluso cuando conseguimos dejar a un lado a ese monstruo falso, las fluctuaciones del estado de ánimo pueden resultar desazonadoras. Quizá lo estemos pasando verdaderamente bien, libres al fin de esa música de fondo constante de la tristeza. Y, entonces, nos acordamos, y nos sentimos como si hubiésemos caído por una trampilla: es un cambio mucho más repentino e inquietante que cuando la tristeza era nuestro estado de ánimo dominante.

Todo esto forma parte de nuestro proceso de sanación. Así como las heridas físicas tienen sus momentos dolorosos y sus momentos libres de dolor, lo mismo sucede con esta herida de la pérdida. Al menos, sabemos que vamos por el buen camino.

Voy a disfrutar de los momentos en los que puedo ser feliz; es lo que habría querido para mí mi ser querido.

7 de marzo

Yo no creo que el sufrimiento puro enseñe de por sí. Si el sufrimiento, por sí solo, enseñara algo, todo el mundo sería sabio, ya que todos sufren. Al sufrimiento se le debe añadir el llanto, la comprensión, la paciencia, el amor, la apertura y la disposición para mantenerse vulnerables.

ANNE MORROW LINDBERGH

Ya conocemos bien este viaje, conocemos la lucha por aprender de las experiencias de nuestra vida. Desconfiamos, y es comprensible. Nos parece ofensiva la posibilidad de que en el duelo se encuentre encerrada alguna virtud valiosa, como la de que «nos puede enseñar algo». Es como si nos propusieran que no nos importara tanto que se nos haya roto el corazón.

Pero al cabo de cierto tiempo, si tenemos suerte y si trabajamos por ello, empezamos a descubrir que, en efecto, somos más fuertes, más maduros. Resulta difícil verlo, y es frecuente que todos nuestros impulsos psíquicos se opongan a ello, porque nos parece que aprender algo del duelo viene a ser como valorar lo que ha sucedido.

No obstante, y casi a nuestro pesar, nos sentimos mejor. Hemos realizado el viaje desde un mundo que era hasta un mundo que es; y, como todos los viajes, ha requerido compromiso, iniciativa, capacidad de adaptación, disposición a brindar ayuda y a recibirla.

❋❋

Recorreré este camino de la recuperación sin precipitarme. Estaré atento a las señales de tráfico. Atenderé a los demás viajeros del mismo camino que puedan necesitar mi ayuda, como yo necesito la suya.

8 de marzo

Es mejor haber amado y perdido
que no haber amado nunca.

ALFRED TENNYSON

Se suelen citar estos versos aplicándolos al desamor; pero nos hablan a todos los que hemos perdido a una persona amada.

Un padre que había perdido a su hija dijo a su párroco: «Preferimos haberla tenido durante estos años que no haberla tenido nunca; pero hubo una temporada en la que el dolor se apoderó de nosotros».

Los que hemos pasado por la experiencia de una muerte repentina y prematura podemos reconocer en nosotros mismos ambas afirmaciones. Por supuesto que no somos capaces de desear que el niño o la niña no hubiera llegado a vivir. Pero hay momentos en los que no conocemos más que el dolor.

No obstante, aun en los momentos en los que el dolor es más agudo, sabemos que no cambiaríamos nunca nuestra vida por la de otro. Una maestra y querida amiga mía, que había hecho una carrera profesional distinguida, pero no había tenido hijos, me escribió tras la muerte de nuestra hija. Tras darme el pésame y expresarme cuánto compartía nuestra tristeza, añadía: «Algunas personas no tienen nunca tanto que perder». No pude menos de pensar que estaba hablando de ella misma, y la pena que sentí por ella en aquel momento me hizo ser consciente de nuevo de cuánto había recibido yo.

Aun dentro de mi dolor, estrecho contra mi corazón el don de la vida de mi ser amado.

9 de marzo

> Cuando se ha enterrado a los muertos, y cuando los mutilados han salido de los hospitales y han emprendido su nueva vida; cuando el dolor físico del duelo se ha convertido, con el tiempo, en una herida permanente en el alma, en una pena que durará mientras dure el cuerpo; cuando los horrores se han convertido en pesadillas y en recuerdos repentinos a plena luz del día, entonces se produce el vínculo trascendente y común del sufrimiento humano, y con él llega el perdón, y con el perdón llega el amor.
>
> ANDRE DUBUS

Un padre, de duelo por la muerte repentina de su hija en un accidente, dijo: «Me siento como si me hubiera integrado en la familia humana».

Este sentimiento de solidaridad con la comunidad humana, de empatía y de amor mutuo, nos cuesta muy caro. Pero ante una tragedia, sea del tipo que sea, ¿qué mejor resolución para los seres humanos que la de convertir su duelo en amor y en entendimiento mutuo?

No quiero quitar importancia a los costes de este proceso. Pero tampoco olvidemos los grandes dones de perdón y de amor que surgen de las sombras, tras una larga lucha, para abrazarnos, incluso a nosotros.

❋ ❋

Mi corazón se eleva con solidaridad y añoranza hacia todos los que han sufrido como he sufrido yo. Ojalá nos encontremos y nos apoyemos mutuamente.

10 de marzo

Pues la muerte es segura para los nacidos,
y el nacimiento es seguro para los muertos;
por tanto, no debes afligirte
por lo inevitable.

BHAGAVAD GITA

En este pasaje de las escrituras sagradas hindúes se encierra una cierta tranquilidad de ánimo; pero a la mayoría de nosotros nos evoca una forma de aceptación para la que aún no estamos preparados. El concepto de la reencarnación, uno de los principios fundamentales de las creencias del hinduismo, encierra consuelo e inquietud al mismo tiempo, ¡lo cual no es raro entre los conceptos religiosos! Encierra consuelo en el sentido de que nos asegura la supervivencia del alma y su viaje hasta alcanzar una perfección última. Encierra inquietud en el sentido de que no nos promete devolver a nuestro ser querido al círculo de nuestros amigos y de nuestra familia, ni en esta vida ni en otra vida futura. ¡Y lo que queremos no es una vida nueva con gente nueva, sino una vida con nuestro ser querido concreto, amado y añorado!

E incluso si creemos sin ningún género de duda que nos reuniremos con nuestro ser querido, ¿acaso no nos afligimos por la separación actual? Claro que sí.

No obstante, al buscar consuelo y sabiduría en el mundo y en las religiones del mundo, la paz que se encierra en estas palabras nos puede calmar el alma.

Agradezco todas las palabras que se dirigen a mi necesidad.

11 de marzo

> Nuestro cometido es ser alimento y bebida los unos para con los otros.
>
> Wendy M. Wright

Así de importantes somos los unos para los otros; tan fundamentales como la comida y el agua. Y más que nunca ahora que estamos sufriendo por la pérdida de un ser querido.

Necesitamos que nuestros amigos y familiares nos consuelen, que nos sirvan de colchón ante la soledad, que compartan nuestros recuerdos y nuestro duelo.

Y ellos nos necesitan también a nosotros: necesitan que los sigamos queriendo, que les demos a entender que no hemos cortado los vínculos con ellos mientras vamos recorriendo nuestra pena; que sigamos atendiendo las necesidades de su vida en la medida de nuestras posibilidades.

Y estos vínculos de amor y de amistad no se mantienen por sí solos ni de manera automática. Puede parecernos más fácil aislarnos, sobre todo cuando nos sentimos tristes.

Pero eso no sirve. No es bueno para nadie. Para vivir plenamente no sólo tenemos que nutrirnos de alimentos y de bebida, sino de las personas que queremos y que nos quieren.

No voy a consentir que mi pena sea una muralla entre las personas que quiero y yo. A veces, hasta puede ser un puente.

12 de marzo

La crisis actual siempre es la peor.

ELAINE M. PREVALLET

Superamos un día terrible. Después, otro. Con el tiempo, empieza a desvanecerse la primera angustia del duelo. Quizá lleguemos a creer que lo peor ya ha pasado. Entonces, nos sobreviene algo –las notas de una canción familiar, el aroma de las flores o de un perfume, la figura de un desconocido, al otro lado de la calle, que tiene la cabeza en esa postura que nos resulta conocida– y nos vuelve a abrumar un nuevo duelo.

Las cosas acaban por mejorar. Pero nosotros estamos abiertos siempre a nuevos recuerdos, a nuevas circunstancias que nos evocarán nuestra pérdida. Y nuestro duelo volverá a parecernos nuevo y fresco; pero también acabará por pasar.

Quiero aceptar los ritmos del duelo. Ya tengo bastantes preocupaciones como para, además, reñirme a mí mismo por lo vulnerable que soy.

13 de marzo

¿Ha existido alguna vez una aflicción como la mía?

George Herbert

Es posible que esto sea lo que creemos todos en un principio: que somos los únicos que vivimos una aflicción tan intensa y dolorosa como la nuestra. Hasta podemos defender nuestra aflicción con exclusividad: nos ofende la idea de que otra persona pueda tener una aflicción tan grande como la nuestra.

Y tenemos razón, en cierto modo: nuestra vivencia es distinta de la de cualquier otra persona. Puede que esta manera de aferrarnos a nuestro duelo como si fuera único sea una manera de aprenderlo, de darle vueltas y más vueltas hasta que nos acostumbramos a lo impensable.

Después, al cabo de un tiempo, podemos agradecer la compañía de otras personas. En la mayoría de las comunidades existen grupos de apoyo al duelo, de un tipo u otro; personas con las que podemos hablar libremente de lo mal que estamos sin miedo a que nos tachen de exagerados ni de quejicas. Cuando empiezas a describir un momento de dolor inesperado y especialmente vivo, estos amigos asentirán: «Sí, ya sé lo que quieres decir». Conocen los tropiezos y las trampas del camino que seguimos nosotros, y nos ayudan confirmándonos que, en efecto, las cosas mejoran.

Con el tiempo, nosotros mismos pasamos a ejercer este papel y a ayudar a otros.

Mi duelo es mío, y yo soy miembro de la familia humana.

14 de marzo

> La labor concreta no es siempre la que nos viene marcada y definida, sino la que se impone por sí misma en nuestra conciencia, ya se trate de trabajar de enfermera en un hospital o de echar un pespunte a un pañuelo.
>
> ELIZABETH M. SEWELL

A veces, cuando nos estamos recuperando del duelo, todo nos parece demasiado complicado; toda tarea nos resulta demasiado ardua como para emprenderla. De modo que nos quedamos bloqueados, sin hacer nada, esperando que surja el Gran Proyecto o el Gran Evento que nos llame y nos haga salir de nuestro letargo.

Pero es posible que no llegue nunca esa llamada. O, si llega, el evento o el proyecto puede ser demasiado grande como para que lo emprendamos.

Lo importante es que prestemos atención a los toquecitos de atención que vamos recibiendo: una cosa sencilla que puedo hacer hoy con gusto; un proyecto de poca envergadura y que puede parecer que merece la pena. Cualquier cosa, con tal de que vuelva a rodar la bola de la actividad. No es momento de plantearnos cuál va a ser nuestra misión en la vida. Es momento de llevar adelante los pequeños impulsos, como llamar a un amigo, limpiar de malas hierbas unos palmos de jardín, enviar un paquete por correo o incluso devolver un libro a la biblioteca. Lo que sea, con tal de establecernos como personas capaces de tomar una iniciativa.

Hoy voy a atender a la idea de algo nuevo que puedo acometer. Y lo acometeré.

15 de marzo

> Los hilos siguen todos allí: la memoria no pierde nunca nada.
>
> EUDORA WELTY

Cuando hemos perdido a un ser querido, solemos vivir una especie de miedo generalizado. Toda nuestra vida se ha tambaleado. ¿Hay algo seguro? ¿Se nos puede quitar algo más?

Uno de estos temores puede ser el de ¿nos olvidaremos? ¿Iremos perdiendo también el recuerdo de la vida que hemos compartido, a falta del refuerzo de la presencia de la otra persona y de nuestras conversaciones comunes sobre los tiempos pasados?

La conmoción de la pérdida puede privarnos durante algún tiempo de algunos de los recuerdos más amables y gozosos; o puede hacer que nos resulte demasiado doloroso evocarlos. Pero cuando empezamos a sentirnos mejor, sin tanta carga de duelo, empezarán a rellenarse una vez más las casillas vacías del tablero de la memoria. Será como encontrar un tesoro perdido, tanto más valioso por haberlo perdido de vista durante algún tiempo.

Guardo en mi cerebro los recuerdos de la vida que compartí con mi persona amada. Los que necesite, los encontraré.

16 de marzo

> Al fin y al cabo, es una triste debilidad por nuestra parte que, al pensar en la muerte de un hombre, lo sacralizamos; como si la vida no fuera también sagrada.
>
> George Eliot

Está claro que sí existe una manera en que sacralizamos a los muertos. Su vida, que ya ha concluido, destaca en vivo relieve. La muerte es una circunstancia para el recuerdo solemne, para poner a nuestros seres queridos en el centro de atención, para reconocer nuestra pérdida y cuánto los echaremos de menos.

Pero también es posible llegar a ocuparnos tanto de los muertos que descuidemos a los vivos. Este peligro se da especialmente cuando hay niños pequeños. Se han realizado estudios sobre las reacciones de los niños a la muerte producida en la familia, y una proporción notable de los niños consultados afirmaron que se habían sentido abandonados y descuidados. Sentían que nadie reconocía ni atendía su propio duelo. Esto, aunque comprensible, es de lamentar, y seguramente sería fácil evitarlo siendo un poco más sensibles a los sentimientos de los niños y asegurándonos de que se sientan partícipes del duelo de la familia. No hacemos ningún favor a los niños (ni a ningún otro miembro de la familia próxima) cuando intentamos «ahorrarles el dolor» manteniéndolos a distancia. Como todos nosotros, ellos también necesitan abrazos y consuelo, más que protección.

Existe un equilibrio delicado entre la atención a mis propias necesidades y la consideración de las necesidades de los vivos, que pueden estar faltos de mi consuelo y de mi aliento.

17 de marzo

Para Dinah, todos los aspectos de la vida se habían vuelto peligrosos, y ya no era capaz más que de aferrarse a su vida tal y como era, dejar que la rutina y la necesidad dirigieran sus días.

ROBB FORMAN DEW

Uno de los efectos de perder a un ser querido, sobre todo si su muerte es repentina e inesperada, es que adquirimos una nueva conciencia de la fragilidad de la vida. Si nos puede suceder a nosotros esta tragedia, ¿qué será lo siguiente? Podemos volvernos miedosos, casi paranoicos. Una madre que perdió a su hijo en un accidente de tráfico me dijo que no era capaz de soportar que su otro hijo llegara a casa más tarde de lo esperado. «Por favor, llámame si te vas a retrasar. Aunque sólo sean diez minutos», le decía.

Nuestra seguridad en el mundo se encuentra amenazada. Nuestra vida interior está sumida en la confusión. La táctica de ceñirnos metódicamente a las pautas cotidianas puede aportarnos un sentido de orden que nos libra de hacernos pedazos.

Además, podemos tener la sensación de que, a base de ceñirnos a nuestros hábitos fijos, quizá consigamos que las parcas no se fijen en nosotros, librándonos así de nuevos terrores inesperados. Estos miedos son primitivos, irracionales; pero la pérdida que hemos sufrido tampoco es racional.

Más adelante (no ahora) tendremos la energía y el valor necesarios para afrontar el cambio.

❋❋

Voy a superar estos días como pueda, confiando en que, con el tiempo, iré recuperando mi espontaneidad y mi energía.

18 de marzo

El amor [...] lo tolera todo, lo cree todo, lo espera todo, lo soporta todo. El amor no tiene fin.

EPÍSTOLA I A LOS CORINTIOS, 13, 7-8

¡Qué carga tan inmensa de responsabilidad y de posibilidad de dolor asumimos cuando amamos a otro ser humano! Aceptamos todos los peligros de los malentendidos, de la traición, de la indiferencia y, en último extremo, de la pérdida.

Como contrapartida más que ventajosa de estos peligros, sentimos la posibilidad de enriquecer nuestra vida compartiendo nuestras vivencias con otro; de conocer el calor y la comunidad físicos y espirituales; de alcanzar logros comunes y un entendimiento más rico; de contar con un apoyo contra la soledad y el aislamiento.

A la mayoría de nosotros no nos resulta difícil optar por el amor.

Pero ¿haber invertido tanta energía de nuestra vida en la vida de un ser amado... para que ese ser amado ya no esté? ¿Es de extrañar que estemos abatidos durante cierto tiempo?

Pero ese amor que hemos compartido nos ayuda a forjar la fuerza necesaria para afrontar la pérdida. Esa esperanza y ese amor que hemos conocido nos ayudan a creer en la posibilidad de volver a conocer la alegría y la esperanza.

Y la intensidad del duelo (que se irá moderando con el tiempo, aunque ahora nos cueste trabajo creerlo) es un reflejo de la intensidad de nuestro amor compartido, que seguirá brillando en nuestra vida para iluminar y alimentar todo lo que hacemos y todo lo que somos.

❋ ❋

El amor no tiene fin. Nunca.

19 de marzo

> ¿Qué era aquello que estaba en la ancha extensión del cielo, en los peñascos gigantes, en la hoja de sasafrás que tenía en la mano? Yo no lo sabía; pero la admiración y una alegría silenciosa me reducían al silencio.
>
> AVERY BROOKE

Puede que cada uno de nosotros tengamos nuestros lugares de sanación personales. Una vez que asistí a un cursillo de meditación por el arte, el instructor nos propuso: «Cerrad los ojos. Pensad en vuestro lugar favorito de todo el mundo».

¿Cuál es el tuyo? ¿Cuál es el mío? Quizá sean varios lugares distintos, en función del momento. Pero a los que estamos de duelo nos conviene ir con toda la frecuencia que podamos a lugares que tienen para nosotros una calma sanadora.

Y puede que no se trate de un sólo lugar concreto, sino de un tipo determinado de lugares. Un amigo mío dice que es «el mar; cualquier sitio, con tal de que esté en el mar».

Una vez allí, debemos estar dispuestos a dejar que el lugar nos hable, y a abrir nuestro corazón a «la ancha extensión del cielo, los peñascos gigantes», a esa paz que parece que brota de los lugares como aquéllos y que nos dice, de alguna manera misteriosa, que todo irá bien.

Entrando en comunión con la belleza de la naturaleza, encuentro una afirmación de todo lo que existe, incluido yo mismo.

20 de marzo

> Entre la niebla y bajo las nubes, la planta crece tan derecha como al sol.
>
> William Ellery Channing

Después de un suceso traumático como la pérdida de un ser querido, podemos sentirnos como si nuestra vida se hubiera detenido. Después de esto, nada puede seguir adelante. ¿Qué sentido podemos encontrar al resto de nuestra vida?

Por fortuna, la vida irá tirando de nosotros, con nuestro consentimiento o sin él. Y un día, como cuando se despeja una tormenta, volveremos a ver la luz y comprenderemos que, a lo largo de todo ese tiempo en el que nos hemos sentido perdidos en la oscuridad y en la confusión, los procesos de sanación y de desarrollo hacían su labor, lenta y muchas veces silenciosa. No hemos perdido el tiempo para nada; hemos sido como la semilla que ha yacido en el suelo durante todo el invierno, inerte al parecer, pero que ha ido cobrando una nueva vida por procesos regulares e invisibles. Como la mariposa que sale de la crisálida tras una larga oscuridad, agitaremos las alas para limpiarnos el polvo de oruga, y nos daremos cuenta de que podemos volar.

A veces me siento paralizado en un punto, como si no fuera capaz de volver a moverme ni a crecer. Pero durante todo este tiempo hay Uno que es mayor que yo y que me guía a través de esta región oscura.

21 de marzo

¡Ay de mí! El invierno llega y pasa,
pero los pesares vuelven cada año.

PERCY BYSSHE SHELLEY

¡Esos aniversarios! No dejan de acosarnos. A cada fiesta, el recuerdo de lo que «solíamos hacer»: las meriendas campestres en primavera, el viaje por Semana Santa, ver juntos los fuegos artificiales en las fiestas locales, la reunión familiar en Navidad. Y también, claro está, los aniversarios privados: los cumpleaños, el aniversario de bodas, el aniversario del día de la muerte.

A veces se nos olvidan. Y a media tarde nos preguntamos por qué nos sentimos tan abatidos, hasta que miramos el calendario y lo recordamos. Puede que la mente consciente se olvide, pero el inconsciente tiene más memoria.

Irá resultando más fácil con el tiempo. Pero no es malo estar preparados para los aniversarios y ser conscientes de que, a cierto nivel, nos acordaremos y nos entristeceremos.

Así pues, reconócelo: es hoy. Quizá puedas decírselo a algún amigo comprensivo. Y, después, mímate un poco a ti mismo. Quizá puedas prepararte alguna actividad entretenida. No es preciso que estés lamentándote todo el día. Tu ser querido no lo querría así. No lo vas a olvidar. Volverá a venir el día el año que viene…

Tendré la libertad de apartarme de mi duelo cuando pueda. La vida no es un campeonato de resistencia.

22 de marzo

> Creo que empiezo a comprender por qué el duelo produce una sensación tan semejante al estado de suspensión. Es porque se frustran muchos impulsos que se habían convertido en costumbre. [...] Por la fuerza de la costumbre, llevo una flecha a la cuerda; después, me acuerdo y tengo que dejar el arco.
>
> C. S. Lewis

Durante los primeros días, semanas y meses, la pérdida parece una amputación. Los nervios nos transmiten impulsos como si el brazo o la pierna siguieran en su sitio. Estos impulsos involuntarios se producen, sobre todo, cuando la muerte ha sido repentina. Empezamos a poner la mesa para el número de comensales de siempre. Compramos una entrada de más para el cine. Cada vez que caemos en la cuenta, es como si nos clavaran una aguja en el corazón.

Pero al cabo de un tiempo (de un tiempo largo) podemos aceptar de buena gana esta tendencia como recuerdo penetrante que es de unos tiempos felices compartidos y no olvidados. Recuerdo una vez, tras la muerte de mi hija, que al llegar a mi casa dije a mi hijo:

—¿Cómo voy a poder vivir en esta casa? La veré por todas partes.

Y él me respondió:

—Quizá llegará un día en el que te alegrarás de ello.

Ahora, años más tarde, al recorrer las habitaciones donde vivió ella con nosotros, agradezco esos recuerdos.

❋❋

La sanación avanza a su propio ritmo. Lo que hoy es una carga puede ser un regalo algún día.

23 de marzo

> No te dejes alterar por las cosas futuras; pues, si es necesario, llegarás a ellas dotado del mismo entendimiento con el que ahora piensas en las cosas del presente.
>
> MARCO AURELIO ANTONINO

Una de las dificultades que tenemos que afrontar los que estamos de duelo es la de representarnos por adelantado en todas esas ocasiones futuras en las que estaremos sin nuestro ser querido.

¿Qué conseguimos adelantándonos a esa angustia? Nada. No podemos prever cuáles serán los disgustos que nos acosarán; y, aunque pudiésemos preverlo, ¿tanto los deseamos como para querer que nos acompañen con tal adelanto?

¿Acaso creemos que, cuando lleguen, no tendremos la capacidad que tenemos ahora para afrontar una crisis? Cabe suponer que tendremos, como mínimo, tanta capacidad como tenemos ahora, y que sabremos lo que debemos hacer.

¿Por qué no nos ocupamos hoy de las cosas y de las incertidumbres de este día?

❁ ❁

Hoy voy a atender a las angustias y a las preocupaciones de hoy, y dejaré para el futuro desconocido sus preocupaciones desconocidas.

24 de marzo

El que no asciende, no se despeña.

ANÓNIMO

A veces, devastados por el duelo tras la pérdida de un ser querido, podemos preguntarnos si vale la pena. ¿No sería más prudente no comprometernos con las personas de un modo tal que, cuando se mueren, sentimos que nuestro propio mundo ha quedado casi destruido?

Ya conocemos la respuesta. Esa opción nos privaría de lo más enriquecedor de nuestra experiencia humana: de la capacidad de establecer vínculos estrechos e intensos con otros seres humanos.

Es como si los padres quisieran impedir a los niños que participaran en actividad alguna que pudiera tener peligro. Claro está que hay actividades tan peligrosas, para los niños y para los mayores, que sólo atraen a los temerarios, del mismo modo que existen relaciones humanas tan peligrosas que sólo las emprendemos bajo nuestra propia responsabilidad.

Nuestras opciones en la vida oscilan a uno y otro lado de la línea fina que separa, por un lado, el compromiso imprudente, y la relación humana enriquecedora por el otro. Esta cuestión de a quién confiamos nuestro corazón requiere prudencia y buen juicio. Pero abstenernos de amar y de ser amados, por considerar que existe siempre el peligro de la pérdida, sería como intentar impedir a un niño que aprenda a andar porque existe el peligro de que se caiga. El niño se caerá, y volverá a levantarse y a andar.

Vale la pena asumir los riesgos del amor, incluso el riesgo de la pérdida.

25 de marzo

> Se ha dicho, y con razón, que ningún hombre se ha hundido bajo la carga de un sólo día. El peso sólo se vuelve insoportable cuando a la carga de hoy se le suma la de mañana. No os sobrecarguéis de ese modo, amigos míos.
>
> George MacDonald

¿Cómo podemos dejar de mirar al futuro, de considerar todos esos días, meses y años que vamos a pasar sin la persona que amábamos?

Está claro que hay ocasiones en las que no podemos evitarlo. Pero no tenemos por qué estar haciéndolo constantemente. Quizá podamos adoptar la pauta que se recomienda según el planteamiento «racional-emotivo».

Asignémonos cada día un período de media hora en el que daremos rienda suelta a nuestro duelo, y hasta nos permitiremos vivir por adelantado el largo futuro que nos espera sin nuestro ser querido. Durante el resto del día, cuando acudan a nosotros esos pensamientos, no les abriremos la puerta: «No, ahora no es vuestra hora. Volved a las cinco y media; a esa hora os podré prestar atención».

Cuando sean las cinco y media, deberemos ser fieles a nuestra palabra. Si se nos echan encima esos pensamientos, les daremos paso. Y cuando haya transcurrido la media hora, cambia de tema interior y ocúpate en otra cosa.

No es que quiera pasar por alto esos sentimientos de duelo a largo plazo; sólo quiero evitar que inunden por completo mi vida.

26 de marzo

Si eres artista, tu trabajo te llena y te otorga tu plenitud, y lo tendrás durante toda la vida. Sean cuales sean las heridas que tienes que sanarte, el momento creativo te confirma que todo sigue bien, que sigues sintonizado con el universo, que es posible reducir y destilar el caos interior para producir orden y belleza.

MAY SARTON

May Sarton hablaba como escritora. Pero todos disponemos en nuestra vida de muchos medios para crear obras artísticas: una hermosa fotografía, un bonito cojín de punto de aguja, una comida, un jardín, la decoración de una habitación. Lo importante es hacer algo: tomar palabras, colores, trozos de madera, semillas o alimentos y disponerlos de un modo que posea significado y belleza. Al hacerlo, nos estamos demostrando a nosotros mismos que el desorden en que nos ha arrojado nuestro duelo no nos ha deshecho. Mira: podemos tomar esto, incluso esto, e incluirlo en el tapiz de nuestra vida.

Así pues, da el paso. Crea algo. Es posible que puedas expresar tu duelo en una poesía o en una pintura. O puede que una comida o un jersey de punto vayan más con tu estilo. Una amiga mía cuyo hijo se había suicidado me dice que, cuando se puso a coserse ropa para ella, empezó a volver a creer en la vida.

Quizá encuentre consuelo y significado para mi vida creando con mis manos alguna cosa nueva.

27 de marzo

Cuando más pesada sea tu carga, siempre podrás aliviar un poco otra carga. En los momentos en los que no veas a Dios, siempre tendrás abierta la posibilidad sagrada de mostrar a Dios; pues la realidad divina llega a los hombres a través del amor y de la bondad de los corazones humanos, aunque ellos no le asignen ningún nombre. Ten presente, por tanto, este pensamiento: que habrá ocasiones en las que no encontrarás ayuda, pero no habrá ocasiones en las que no puedas ofrecer ayuda.

GEORGE S. MERRIAM

Con frecuencia, sobre todo al comienzo del duelo, no tendremos voluntad ni energía para hacer gran cosa, ni para nosotros mismos ni para ayudar a nadie. Pero cuando empecemos a mejorar, podremos tomarnos un respiro agradable en la tristeza que nos acosa ocupándonos en hacer algo por otra persona. Con ello manifestamos la esperanza de que no vamos a quedarnos encerrados para siempre en este valle de lágrimas. ¡Sin olvidar lo buena y lo tranquilizadora que puede ser nuestra intervención para la otra persona!

Es extraordinario el modo en el que se nos disipa la depresión cuando somos capaces de apartarnos de nuestras propias inquietudes para hacer algo por otra persona.

28 de marzo

El duelo se presenta en oleadas imprevisibles [...]. Hay señales misteriosas que nos desencadenan el recuerdo del duelo. Rompe sobre mí como una ola que me arrastra, que me retuerce por dentro y por fuera. Después, retrocede, y me deja quebrantada. Ay, mamá, no quiero comer, ni andar, ni levantarme de la cama. Ni leer, ni trabajar, ni cocinar, ni escuchar, ni cuidar de mis hijos. Nada tiene importancia. No quiero que nada me distraiga de mi duelo. No me importaría morirme. No me importaría en absoluto.

TOBY TALBOT

Puede tratarse de cualquier cosa. Un pasaje musical; una prenda de ropa vieja que nos encontramos al ordenar un armario; un papelito que se cae de entre las páginas de un libro, escrito con esa letra que conocemos tan bien. Cuando creíamos que nos sentíamos mejor, que íbamos recobrando algo de estabilidad, aparece algo que nos vuelve a arrojar de cabeza hacia ese sentimiento de pérdida crudo y abrumador.

No sólo somos incapaces de pensar en otra cosa, sino que no queremos pensar en otra cosa. En nuestro horizonte no hay más que nuestro duelo, que llena nuestra vida hasta el borde. Si intentamos volver la vista hacia el futuro, nuestra mirada queda enfangada en este cenagal del duelo. ¿Acaso es de extrañar que la idea de morir nosotros mismos no nos parezca tan mala?

Este estado de ánimo nos sobreviene sin previo aviso, y es devastador. También se pasa. Así pues, vive en tu duelo, sí. Pero, también, espera.

❋❋

Aceptar las oleadas del duelo cuando nos llegan es, también, saber que pasarán.

29 de marzo

> Ten paciencia con todos, pero sobre todo contigo mismo. Quiero decir que no te inquietes por tus imperfecciones, y que te levantes siempre con valor después de una caída. Me alegro de que cada día comiences de nuevo; no hay mejor manera de progresar en la vida espiritual que estar comenzando siempre de nuevo.
>
> SAN FRANCISCO DE SALES

Uno de los aspectos más duros de la recuperación en el duelo es que Tarda Mucho. Y nos desanimamos; no sólo por la presencia continuada del dolor, sino por nuestra propia incapacidad para llevarlo mejor. Precisamente cuando creíamos que estábamos progresando, zas, nos barre y nos parece que se vuelve a estrenar.

En estas circunstancias es cuando más falta nos hace tener paciencia con nosotros mismos, no dejarnos abrumar por los desalientos de ayer. Cada día es otro día, es un nuevo comienzo.

Al asomarme al umbral de este nuevo día, dejo atrás las preocupaciones y las angustias de ayer.

30 de marzo

Afiánzate en la calma todo lo que puedas; no haciendo ningún esfuerzo activo, sino dejando caer todas las cosas que te inquietan o te exaltan. Esto no representa ningún trabajo; es, por así decirlo, como dejar asentar un líquido que se ha puesto turbio por haberse agitado.

MADAME GUYON

Esto equivale a proponernos que intentemos vivir el momento, sin permitir que se apodere del resto de nuestra vida la obsesión por nuestro duelo. Dejar a un lado nuestra tristeza y no prestar atención más que a lo que sucede a nuestro alrededor ahora mismo, ¡es más fácil de decir que de hacer! Es un consejo que no siempre seremos capaces de seguir, y probablemente tampoco deberemos intentarlo. Pero la imagen de dejar caer todas las cosas es buena, y vale la pena intentarlo como ejercicio mental.

Así pues, imagínate que estás de pie, bien erguido, y que tienes un botón interior de control que, al apretarlo, hace que todo el estrés y toda la aflicción de tu vida empiecen a caer deslizándosete por los brazos y por las piernas, hasta llegar al suelo, que los absorbe. ¡Cuánto más ligero te sientes! Tienes los brazos tan livianos, libres del peso de todo aquel dolor que recuerdas, que casi te flotan en el aire.

¿Crees que te has liberado de todo? Apártate unos cuantos pasos y vuelve a probar el mismo ejercicio.

Hasta cierto punto, la decisión de consentir o no que el duelo se apodere de mí está en mi mano.

31 de marzo

> A los que aman más allá del mundo, el mundo no los puede separar. La muerte no es más que atravesar el mundo, como los amigos que atraviesan los mares, pero siguen viviendo el uno en el otro.
>
> WILLIAM PENN

Considerando el misterio de la muerte, esta analogía de los amigos separados por el ancho mar, pero que siguen viviendo el uno en el otro, nos parece oportuna y esperanzadora.

Al fin y al cabo, ¿acaso dependió en algún momento nuestro amor del mundo físico inmediato que nos rodeaba? ¿Acaso no estábamos, de alguna manera, «en contacto» el uno con el otro, aunque estuviésemos a mil kilómetros?

Claro está que la muerte del cuerpo físico es una cosa completamente distinta de encontrarse al otro lado del mundo físico. No podemos minimizar la privación desgarradora que sentimos cuando muere nuestro ser amado. Pero en el sentido en que nuestro amor estaba «más allá del mundo», en que no dependía de un momento, lugar ni circunstancia determinados, en ese sentido, ese amor persiste, sin duda, sean cuales sean las circunstancias actuales de nuestra vida.

Así como sigo queriendo a mis amigos que están lejos, conservo en mi corazón el recuerdo de mi ser amado.

1 de abril

> Como el humor nos vuelve a poner los pies en la tierra, nos ayuda a hacer buen uso de lo que nos queda, aun sin que dejemos de ser vivamente conscientes de lo que hemos perdido o de lo que se nos ha privado. Sólo los que saben llorar son capaces también de reír de buena gana.
>
> KATHLEEN R. FISCHER

Todos conocemos esas dos figuras de máscaras que representan el teatro: la máscara de la comedia y la máscara de la tragedia. Sabemos bien que tanto la comedia como la tragedia forman parte de la vida humana.

Oímos hablar del «alivio cómico», del humor inesperado que viene a aliviar una situación que parecía desalentadora.

¿Cómo puede llegarnos todo esto cuando estamos en plena agonía de nuestro duelo?

Al principio nos puede parecer que nada podrá volver a parecernos divertido. Después, quizá descubramos con sorpresa que apreciamos el humor incluso más que las personas que ahora mismo no están tocadas por el duelo.

¿Nos sobresaltamos? ¿Nos parece «inconveniente» esta risa que brota de nosotros en plena tristeza?

Pero cuando estamos abatidos es cuando más falta nos hace el alivio cómico, del mismo modo que a la persona que se está muriendo de hambre le hace más falta la comida que a la que está bien alimentada. Nuestra risa es una válvula de seguridad que nos protege de ahogarnos en el duelo; es un voto de confianza en que este hecho no nos hundirá, por muy tristes que estemos.

A veces, la risa es la mejor medicina.

2 de abril

> Para mí, lo más mortífero es mi pérdida de fe en la naturaleza. No hay primavera ni verano. Siempre hay niebla, y la nieve de los Alpes se ha desvanecido.
>
> JOHN RUSKIN

Es muy cierto que, cuando vivimos las secuelas de una pérdida dolorosa, las sensaciones que nos produce la vida suelen parecerse a este tipo de depresión generalizada. Es como si estuviésemos inmóviles. Si nuestra propia vida no quiere desplazarse como habíamos querido nosotros, tampoco queremos que ninguna otra cosa se mueva a su manera acostumbrada. Hasta nos molesta que la noche y el día se sigan sucediendo sin tener en cuenta nuestra angustia. ¿Cómo son capaces de seguir como si tal cosa, cuando nuestro mundo personal está sumido en un caos tan inmenso?

Seguramente es inevitable que, después del primer arrebato del duelo y la crisis, de vez en cuando veamos el mundo, las estaciones, los días y las noches, como desde lejos, como con una especie de anestesia general contra la vida, por lo doloroso que resulta consentirnos a nosotros mismos sentir.

Después, poco a poco, las terminaciones nerviosas empiezan a hormiguear de nuevo. Incluso sin desearlo, quizá, nos encontramos inmersos en una consciencia de la vida que nos rodea. Volvemos a ser conscientes de que la vida es hermosa y de que el mundo nos puede nutrir y nos puede proporcionar placer, a pesar de que nuestro ser amado se haya marchado a otro sitio.

Mi vida es lo que se me está otorgando ahora mismo. Confiaré en que se despejará la niebla y en que las montañas volverán a ser hermosas.

3 de abril

Un amigo fiel es una medicina que da la vida.

EVANGELIOS APÓCRIFOS

Durante la semana posterior al funeral de nuestra hija, una amiga mía me llamaba todas las mañanas. Iba a llevarse a su hijo adolescente a los entrenamientos de baloncesto, en un campamento deportivo que estaba en el campo, a media hora de distancia en coche, y me preguntó si quería acompañarla.

Vacilé. Hacía poco tiempo que conocía a aquella amiga. Sabía que intentaría animarme a hablar. ¿Era aquello lo que yo quería? ¿Estaría yo tan alterada como para quedar mal con ella?

Era un riesgo que corría yo; y ella también lo corría al haberme invitado. Pero fui el primer día y, después, seguí acompañándola durante toda la semana.

En los viajes de ida hacia el campamento, con el hijo de ella, hablábamos poco. Pero a la vuelta solíamos hacer una parada en el parque, tomábamos algo de beber y nos sentábamos un rato a la sombra de un árbol. Yo hablaba..., hablaba, lloraba y seguía hablando. ¿De qué? De los sentimientos de pérdida; de las cosillas intrascendentes del día; del resto de mi familia; de las cuestiones pendientes con mi hija.

Eran momentos cargados de emoción, claro está, y llenos de expresiones de dolor. Pero cada día, cuando mi amiga me dejaba en mi casa, yo me sentía mejor, más capaz de seguir adelante. Se volvía a liberar la presión, como se libera el vapor cuando se levanta la tapa de una olla que hierve. Así de elemental, así de sencillo, así de indiscutible.

❋❋

Los amigos pueden contribuir, pues, a que siga avanzando el flujo del duelo.

4 de abril

> La fe es el eje de una vida integrada. Nos permite vivir por la gracia de los hilos invisibles. Es creer en una sabiduría superior a la nuestra. Cuando faltan los hechos, la fe se convierte en nuestra maestra.
>
> TERRY TEMPEST WILLIAMS

Nos gustaría *saber,* ¿verdad? O nos parece que nos gustaría. Las experiencias tales como la muerte de un ser querido nos llenan la vida de preguntas sobre la naturaleza de la vida más allá de la muerte. ¿Cuál es la naturaleza de Dios? ¿Cómo conoceremos a Dios (y a nuestro ser querido) después de nuestra propia muerte?

Son preguntas sin respuestas, por supuesto. Pero algo tenemos que hacer con nuestra ansia de saber, con nuestro anhelo de proseguir una relación con nuestro ser querido.

Bienaventurados aquéllos cuya fe es capaz de resistir el golpe del no saber; aquellos que son capaces de confiar en «una sabiduría superior a la nuestra», en «la gracia de los hilos invisibles».

Puede que todos nosotros seamos capaces de extender al mundo desconocido nuestro sentido de la confianza, sea cual sea la tradición de fe a la que pertenecemos. Quizá parezca arriesgado. Pero puede ayudarnos profundamente. Y, a diferencia de otros riesgos, ¡no nos puede hacer ningún daño!

Al no saber, confiaré en lo no sabido.

5 de abril

Uno de los rasgos más patéticos de nosotros, los seres humanos, es nuestra creencia conmovedora de que hay momentos en los que la verdad no es lo bastante buena para nosotros; que se puede y se debe mejorar. Para que lleguemos a darnos cuenta de que es imposible mejorar la verdad, tenemos que estar destrozados. Es esa verdad que nosotros negamos la que recoge los pedazos, con ternura y con tolerancia, y vuelve a juntarlos.

LAURENS VAN DER POST

Hacemos todo lo que podemos por cambiar lo que ha pasado. Jugamos al *y si…* «¿Y si no hubiésemos ido a ese centro turístico; y si hubiésemos elegido otra actividad, para que ella no hubiera salido a montar a caballo?»; «¿Y si le hubiéramos insistido para que se hiciera un chequeo?»; «¿Y si no hubiera fumado?»; «¿Y si no le hubiésemos dejado conducir cuando había bebido?». Esto es atormentarnos a nosotros mismos, y lo sabemos; pero parecemos incapaces de dejar de reorganizar los hechos para que la realidad salga mejor.

Y, mientras tanto, ese mundo que no podemos cambiar espera con paciencia el momento de acogernos de nuevo con los brazos abiertos. Nos espera como un padre espera a que su hijo termine de dar rienda suelta a su enfado cuando se le ha caído la casa que ha construido con ladrillos de juguete o cuando un compañero de juegos se ha portado con crueldad. Después, viene el momento de consolar, de tranquilizar y de dar un abrazo, y de plantearse qué hay que hacer a continuación.

Yo sé que la verdad triunfa siempre. Quizá, algún día, seré capaz de retirarme de la batalla.

6 de abril

> Recuerdo que el domingo pasado, en un debate sobre política, dije cosas que no debería haber dicho. No sabes lo disgustado que me encuentro ahora. Me parece que he sido severo con una persona que ya no es capaz de defenderse [...]. Son cosas en las que todavía no soporto pensar. Me producen mucha aflicción. La vida se ha puesto en marcha de nuevo. Si yo tuviera un objetivo, alguna ambición de la clase que fuera, me ayudaría a soportarla. Pero no la tengo.
>
> MARCEL PROUST

¡Cómo nos reñimos a nosotros mismos! Se nos quedan clavadas en la mente conversaciones en las que nos parece que hemos estado menos amables de lo que debíamos. Nos atormentamos a nosotros mismos, deseando que pudiésemos retirar nuestras palabras. Y como estamos debilitados por el duelo, no somos capaces de acopiar la energía necesaria para «cambiar de tema» interior y atender a otra cosa, y estas quejas contra nosotros mismos nos siguen sonando en la mente.

Es probable que ese incidente (y otros) que recordamos con tanto disgusto no fuera en la vida de nuestro ser querido un «caso» tan grande, ni mucho menos, como se ha convertido en la nuestra. Sí, por supuesto que hemos dicho a las personas que queremos cosas que les han hecho daño..., y lo más seguro es que sigamos diciéndolas. Considera que es el precio que hay que pagar por mantener una relación con carácter espontáneo. ¿Acaso preferirías tener que sopesar meticulosamente todo lo que dices, considerando con prolijidad sus posibles efectos negativos?

❋❋

Nuestros seres queridos nos perdonan, como nosotros les perdonamos a ellos.

7 de abril

La espiritualidad en sentido amplio es, simplemente, una forma de vida en la que se manifiesta una conciencia de lo sagrado y una relación con el Santo dentro de nuestra fragilidad humana, de nuestros quebrantos y de nuestras limitaciones.

EDWARD C. SELNER

Encontrarse ante la pérdida de un ser querido equivale a conectar (o a reconectar con mayor intensidad) con la experiencia de lo espiritual. Se nos presentan con nuevo apremio preguntas sobre la supervivencia de nuestro ser amado, sobre nuestra propia relación con el mundo espiritual, sobre nuestra posible comunión con los muertos, ahora mismo o después de nuestra muerte.

Sin duda, si somos capaces de evocar una conciencia del Santo como una realidad amorosa y atenta, habremos avanzado muchos kilómetros. Si sentimos que el Uno, que está a cargo de todo se ocupa de nosotros, llora con nosotros cuando estamos tristes y desea nuestro bien, entonces seremos capaces de soportar la incertidumbre de las preguntas que se nos plantean. Éste ha sido el anhelo y la confianza de los creyentes a lo largo de los siglos.

El apóstol Pablo dice en su Epístola a los hebreos: «La fe es la seguridad en las cosas que se esperan, la certidumbre de las cosas que no se ven». Estas cosas, aunque «no se ven», no son menos reales.

Oh, Señor, quiero ser nuevamente consciente de ti, dentro de mi quebranto.

8 de abril

A veces, nuestros amigos, aun con las mejores intenciones, no saben cómo ayudarnos. Puede parecerles que, si tocan el tema de nuestra pérdida, corren el riesgo de hacer que nos sintamos peor; por ello, lo evitan y hablan de otras cosas, mientras la presencia de lo que no se menciona va adquiriendo una presión casi insoportable.

MARTHA WHITMORE HICKMAN

Estamos en una pequeña tertulia de amigos que charlan de su propia vida y de la de los demás, pero parece que el tema de nuestra propia pérdida y de nuestro duelo es intocable. Todos lo conocen, a todos les importa, pero nadie habla de ello. Y nosotros tampoco tocamos el tema, pues tenemos la sensación de que sería como transgredir una especie de tabú tácito.

¿Te suena? Hay veces que lo más conveniente será seguir las conversaciones intrascendentes, sobreviviendo como podamos. Pero hay ocasiones en las que, si se trata de amigos íntimos, es mejor romper la burbuja del camuflaje y decir: «Tengo la necesidad de hablar de lo que me está pasando».

Lo más frecuente será que se rompa la tensión y que surja inmediatamente una sensación de apoyo y de alivio, y la pregunta «¿Cómo estás?» será una invitación sincera a que relates la verdad. Sentiremos que la tensión del duelo no expresado se desplaza (al menos, en sentido figurado) desde nuestro cuerpo hasta los brazos abiertos de nuestros amigos, que nos quieren, pero que no saben qué hacer.

❋❋

Cuando asumo el riesgo de decir quién soy, me estoy haciendo un regalo a mí mismo y a mis amigos.

9 de abril

> Debo obligarme a mí misma a mirar los objetos familiares, el abrigo tendido sobre la butaca, el sombrero colgado en el vestíbulo [...]. Para aliviar el dolor, tomé yo misma algunos de sus objetos. Me puse sus camisas; me senté ante su escritorio; escribí con sus plumas las respuestas a los centenares de cartas de pésame; y con el proceso mismo de identificarme con los objetos que él había tocado, me sentí más próxima a él.
>
> DAPHNE DU MAURIER

¿Qué hacer con los objetos? Para algunas personas representan un consuelo, una ayuda para la sanación. Para otras, contemplar los objetos asociados al ser querido equivale a encontrarse atrapados por unas tenazas de recuerdos atormentados y de dolor.

Cada uno de nosotros debemos encontrar nuestra vía. Prueba una cosa y, si no da resultado, prueba otra. Cuando murió nuestra hija, nosotros regalamos enseguida gran parte de su ropa; parte a algunos amigos concretos, otra parte a una entidad benéfica. Pero nos quedamos algunas prendas que dejamos guardadas en un cajón, para poder verlas si queríamos, pero sin tener que tenerlas delante constantemente. Nos reservamos algunas cosas para irlas regalando cuando fueran surgiendo las ocasiones: un joyero que llevaba su nombre, y que iría más adelante a manos de alguna niña querida que se llamara del mismo modo; una moneda británica que alguna novia podría llevar algún día en el zapato el día de su boda, según la tradición. Otras cosas nos las quedamos, y el consuelo y el deleite que nos traen han ido en aumento a medida que el dolor de la no-presencia de ella se ha vuelto más suave, más blando.

❋ ❋

Podré ir disponiendo de las cosas cuando esté preparado, sin prisas.

10 de abril

> En todas las etapas del viaje humano advertimos que, para avanzar, tenemos que soltar cosas; y soltar cosas significa morir un poco. En este proceso nos recreamos, nos redespertamos a la conciencia de la fuente de nuestro ser.
>
> KATHLEEN R. FISCHER

Somos plenamente conscientes de que nuestro ser amado ha muerto. Pero ¿reconocemos también que en esa muerte ha muerto también una parte de nosotros mismos?

Ha muerto la parte de nosotros que vivía en nuestra relación con esa persona cuando estaba viva en el mundo.

Ha muerto la parte de nosotros que vivía con la expectativa de un futuro juntos en la tierra.

Ha muerto la parte de nosotros que gozaba de la comunidad de los recuerdos compartidos.

Son muchas partes perdidas, y quizá nos resulte más fácil aceptar el efecto de la muerte de nuestro ser amado si reconocemos la huella profunda que deja el hecho también en nuestra propia vida.

Si no somos capaces de soltar cosas, nuestra vida tendrá que cargar con manchas de muerte no resuelta, y tendremos envenenado todo el organismo.

Pero si somos capaces de soltar cosas, entonces en los espacios donde se han producido esas muertes brotará nueva vida. Hemos oído decir muchas veces que «la naturaleza aborrece el vacío». Una parte de nuestra nueva vida puede ser nuestra nueva relación con el ser amado perdido. Pero, antes, tendremos que soltar cosas.

Voy a abrir la mano y el corazón para dejar cosas. Y para recibirlas.

11 de abril

Lo que es esencial no muere, se esclarece.

THORNTON WILDER

Una de las maneras en las que podemos enriquecer nuestra vida después de una pérdida grande es sumergirnos en el estudio del pasado de ese ser amado. Ahora que la persona que amábamos ha muerto y ya no está con nosotros en el sentido físico, empezamos a entender su vida de un modo nuevo. ¿Cómo fueron los espacios silenciosos de esa vida? Quizá no podamos hacer más que conjeturas, aplicando nuestra manera de entender a esa persona y lo poco que sabemos acerca de algunas épocas concretas de su vida. Pero podemos disponernos tranquilamente a dar rienda suelta a nuestra imaginación. ¿Cómo fue la primera infancia de esa persona? ¿Hay fotos antiguas? ¿Objetos viejos de recuerdo? ¿Qué nos pueden decir esos objetos? ¿Por qué se conservó este pañuelo en concreto, este ramillete de flores secas?

¿Hay cosas que queramos recoger por escrito mientras sigan frescos nuestros recuerdos de esa persona y las cosas que nos contó, para poder transmitirlas a sus descendientes? Una buena amiga mía que perdió a su hermano escribió para los hijos de éste una crónica de sus años de infancia junto a su hermano querido. ¡Qué regalo tan valioso para ellos! ¡Y qué viaje para ella por sus recuerdos preciosos!

Volver a descubrir a mi amor perdido me aporta un consuelo maravilloso y asombroso.

12 de abril

> He estado pensando en los cambios de las estaciones. Este año no quiero perderme la primavera. Quiero estar allí mismo en el momento en el que la hierba se vuelva verde.
>
> ANNIE DILLARD

El duelo es absorbente. Durante cierto tiempo, parece que ocupa toda nuestra atención. Nos olvidamos del día que es, o no nos importa. Dejamos de prestar atención a cuestiones públicas de las que quizá seamos partícipes o en las que estemos interesados. Se nos pueden pasar por alto las citas, o nos podemos olvidar de a quién hemos visto y de en qué circunstancias.

Al principio, esto es inevitable… y es oportuno. Es preciso que nos sumerjamos en este mundo nuevo y traumático hasta que, en cierto modo, «nos acostumbremos a él», como hacen los nadadores que se echan al agua fría y nadan con vigor hasta que el cuerpo se les acostumbra a la temperatura.

Pero debemos ir con cuidado. Porque también nos estamos perdiendo cosas. Quizá debamos hacer el esfuerzo consciente de empezar a prestar atención a lo que está pasando más allá del dolor de este duelo.

Porque no queremos perdernos el espectáculo de la hierba que reverdece, ni el aroma de las madreselvas ni el sonido de las risas de los niños.

En el mundo están pasando otras cosas, además de mi duelo. Voy a prestarles atención para no perderme cosas que podrían ayudarme a sanarme.

13 de abril

¿Seguiría rondando por la casa la esencia de él, y percibiría yo su presencia si yo estuviera allí? [...] Me esforcé por resistirme al ansia de ir a buscarlo, estuviera donde estuviera. Pues no me cabía duda de que él me estaría buscando a mí a su vez. Siempre que estábamos separados nos sentíamos a disgusto. Pero ¿dónde están los caminos?

PEARL S. BUCK

A todos los que han perdido a seres queridos se les presenta este dilema. Meses después de la muerte de mi padre, mi madre me dijo: «Debe de estar en alguna parte donde yo pueda encontrarlo».

Un año más tarde, poco después de la muerte de mi hija, contemplando una noche estrellada, pensé: «Quizá esté allí arriba, entre las estrellas».

Estas conjeturas son descorazonadoras en algunos sentidos, porque no tienen respuesta; a este lado de la muerte no hay ningún destino al que podamos desplazarnos para encontrar a nuestra persona amada perdida.

Sin embargo, es cierto que a veces sentimos que su espíritu nos ronda cerca. No tenemos manera de saber si se trata de proyecciones de nosotros mismos o si es en efecto, de alguna manera, el espíritu de nuestro ser amado que nos visita. Nos gustaría que fuera nuestro ser amado, algún contacto, alguna confirmación de que sigue viviendo. Pero, cosa rara, la cuestión no tiene tanta importancia. Si con ello sentimos un consuelo, demos gracias. Y si este alivio del espíritu es fruto de nuestra imaginación..., bueno, nuestra imaginación también es un don del Creador de la vida.

Estaré abierto a los modos en los que mi amor y yo velamos el uno por el otro.

14 de abril

> Así pues, no os preocupéis por el día de mañana, pues el día de mañana traerá su propio afán. Nos basta hoy con los afanes de hoy.
>
> SAN MATEO 6, 34

Esto es más fácil de decir que de hacer, sobre todo cuando una pérdida nos ha trastornado toda la vida. ¿Cómo no vamos a mirar al futuro con cierto grado de inquietud? ¿Cómo voy a superar el resto de mi vida sin la persona que he perdido?

Es muy bonito decir que pongamos nuestro futuro en manos de Dios, que reconozcamos que de nada sirve preocuparnos y que nos quitemos de encima el disgusto aguantándonos sin más. Que es cuestión de fe elemental. Que es de sentido común.

Pero, como es bien sabido, el sentido común no tiene tanto de común. Y la fe puede necesitar de apoyos, de marcos de referencia. Alguien ha propuesto que intentemos vivir nuestra vida en «días estancos», como si cada período de veinticuatro horas estuviera separado del anterior y del posterior por un muro. ¡No es mala idea!

❋❋

Sé que la preocupación es inútil y que es una pérdida de tiempo. Hoy voy a intentar soltar un puñado de preocupación, dejarlo en el sitio y alejarme de él.

15 de abril

> El sufrimiento nos rompe nuestro mundo. Nuestro mundo, como un árbol herido por el rayo (hendido, perturbado, desnudado), queda roto por el sufrimiento, y ya no volveremos a ser los mismos. Lo que será de nosotros es un misterio.
>
> NATHAN KOLLAR

Todo hecho de gran trascendencia en nuestra vida afecta a todos los demás aspectos de nuestra vida, del mismo modo que una piedra que cae en las aguas de un río levanta unas ondas que se extienden hasta llegar a las orillas.

Y muchas veces no sabemos lo que hay «allí fuera», ni sabemos cómo nos va a afectar este cambio más adelante.

Ni siquiera en las circunstancias de mayor calma podemos trazar planes que cubran todas las posibilidades. Pero cuando el duelo nos ha destrozado prácticamente la vida, a veces no sabemos siquiera cómo vamos a superar las próximas veinticuatro horas. ¡Cuánto menos podremos trazar los ajustes necesarios para los próximos cinco, diez o veinte años!

No hay prisa. Ni podemos darnos prisa. El futuro se irá desenvolviendo a su ritmo, estemos dispuestos para él o no. Nosotros influiremos sobre ese futuro en la medida que podamos. Una buena parte no estará en nuestras manos; será un misterio, como lo es ahora mismo.

❋❋

Una parte de la aventura de mi vida estriba en el hecho de que no sé todo lo que puede ser de mí.

16 de abril

> En un momento como éste, qué hermosos son todos los rostros humanos.
>
> COMENTARISTA DE TELEVISIÓN

Esto lo dijo un comentarista que cubría el funeral de Robert Kennedy y veía la larga fila del público que avanzaba lentamente para pasar ante el cadáver.

Estas palabras me acuden a la memoria ahora que veo en la pantalla a otra multitud, esta vez los asistentes a una convención política. La oradora relata su experiencia: contrajo el virus del sida por una transfusión de sangre, y perdió al hijo al que dio a luz más tarde. El público guarda un respetuoso silencio. Los asistentes la miran con lágrimas en los ojos, sin ningún asomo de la competitividad estridente que ha caracterizado hasta ahora a esta convención política y que seguirá caracterizándola.

Puede que estas dos escenas nos recuerden que, cuando nos encontramos ante la muerte, la comunidad humana dispone de una reserva de amor y de solidaridad. Para poner de manifiesto nuestra vulnerabilidad no es preciso que tengamos miedo, porque llorar cuando hemos perdido a un ser querido no es señal de debilidad, sino que es entrar en el círculo en que todos nuestros hermanos y hermanas nos pueden rodear con sus brazos y estrecharnos, a poco que se lo permitamos.

Tengo a mi alcance ese amor que es consustancial a la familia humana.

17 de abril

Habla a la tierra y que ella te instruya.

JOB 12, 8

A veces, cuando nuestra pérdida nos parece más insoportable es en la primavera, cuando se despierta todo el mundo. Se ve claramente vida nueva por todas partes, una gran agitación de la tierra tras el invierno largo y sombrío. ¿Y nosotros? Nosotros seguimos teniendo en el corazón el peso de esa misma realidad sorda de la muerte, más pesada todavía por contraste con la belleza que nos rodea: la primera flor de crocus, los narcisos, el esplendor de los almendros en flor. ¡El invierno es más acorde a nuestro estado de ánimo!

Pero ¿lo es de verdad? ¿No podemos intentar creer en la primavera, aunque sea un poco? ¿No podemos creer que da fe de la economía de la creación, de que nada se pierde, nada se derrocha?

¿Y de que también da fe de que nuestro ser amado se transforma en vida nueva? Si somos capaces de creerlo, entonces esa exuberancia que vemos a nuestro alrededor podrá aportarnos valor y esperanza, además de ser, aquí y ahora, un banquete para nuestros sentidos.

❋ ❋

Que cada atisbo de las flores que vuelven en primavera sea como una conversación con mi ser amado.

18 de abril

> Cuando introduje la llave en la puerta del apartamento, tuve un momento de terror y me quedé en el umbral, titubeando, hasta que sentí con claridad que emanaba del interior un «Bienvenido a casa». Brillaba el sol, y una vecina que me había oído llegar salió a ofrecerme una taza de té. A pesar del vacío y del sentimiento de desolación, era una vuelta a casa y el comienzo de una nueva vida.
>
> LILY PINCUS

¡Qué difícil es volver a entrar en nuestro mundo de costumbre cuando se ha ido un ser querido! El espacio vacío nos resulta mucho más visible que si estuviésemos en una tierra extraña. Cuando nuestro hijo volvió a casa al terminar el curso en la universidad, la pérdida de su hermana le consumía mucho más la energía que cuando estaba estudiando lejos de casa. Era en casa donde la había conocido, donde había estado con ella día tras día, año tras año.

Pero debemos plantar cara a nuestros demonios y volver a entrar en esos lugares acostumbrados de nuestras vidas cotidianas; de lo contrario, nunca seremos capaces de integrar en nuestra vida lo sucedido.

También conseguimos una sensación de logro, de haber llegado al fondo, de haber afrontado lo peor. Aquí es donde tuvo lugar nuestra vida común. Y aquí es donde deberemos adaptarnos a la verdad. Después, podremos empezar a reconstruirnos.

❋❋

Entraré con resolución y sin miedo en los lugares sagrados de mi vida.

19 de abril

¿Quién iba a creer que mi corazón marchito
era capaz de reverdecer?

GEORGE HERBERT

La venida de la primavera, tras el frío y la oscuridad del invierno, no debe sorprendernos más que el retorno de la esperanza y de la luz al corazón del afligido por el duelo.

Cuando nos sobrevino la pérdida, nos resultaba difícil mirar adelante siquiera. Cuando mirábamos adelante, no veíamos más que desolación y el espectro perdurable de la ausencia. Quizá nos dijeran que lo peor de estos sentimientos acabaría por pasarse, y en cierto modo sabíamos que era verdad porque ya lo habíamos visto en el caso de otras personas que habían sufrido pérdidas. Pero una cosa es que nos lo digan, o incluso verlo de lejos, y otra cosa es creerlo.

¡Después, cambia el paisaje, como cuando se abre el primer crocus o el primer narciso, y como cuando los árboles arrojan sus primeros brotes verdes! Se ha alterado el clima de nuestra vida. Nuestro duelo sigue presente, así como en la primavera se siguen apreciando vestigios del invierno; pero ha amanecido una nueva esperanza; las horas de luz son más largas, y volvemos a disfrutar de la vida. Todavía habrá muchos días en los que el frío nos oprimirá el corazón; pero ya hemos empezado a entrar de nuevo en épocas de alegría. ¡Quién lo iba a creer!

Me permitiré gozar de los primeros brotes de vida en mí mismo, tan bienvenidos como las flores en la primavera.

20 de abril

> La aflicción llena el cuarto de mi hijo ausente,
> yace en su lecho, sigue mis pasos,
> se reviste de su belleza, repite sus palabras,
> me recuerda todas sus buenas prendas,
> llena con sus formas sus ropas vacías.
>
> William Shakespeare

Tampoco es indispensable que se trate de un niño, aunque esta circunstancia siempre añade una medida mayor de aflicción. Quienquiera que sea el que se haya marchado de nuestra vida, el caso es que su ropa, sus objetos favoritos, los lugares donde hacía su vida, nos siguen recordando lo que hemos perdido.

Y no es sólo la ropa, por supuesto. También son los lugares donde solíamos estar juntos. Yo, siendo adulta, pasé un día lleno de nostalgia cuando volví a visitar una isla pequeña en la que, décadas atrás, mi abuelo tenía una cabaña donde nos llevaba mi madre para pasar semanas mágicas durante los veranos. Yo había evitado volver allá por lo doloroso que me resultaba. Pero entonces, aunque todavía me producía nostalgia aquella figura amada de mi infancia, el dolor se había transmutado en una mayor veneración y amor hacia lo que había sido él para mí, una figura destacada de mi propia «comunión de los santos».

La misma presencia que me pone triste podrá alegrarme algún día.

21 de abril

No podemos permitirnos olvidar ninguna experiencia, ni siquiera las más dolorosas.

DAG HAMMARSKJÖLD

¿Por qué no?

Piénsalo. El hecho mismo de plantear esta pregunta pone de manifiesto cuán empobrecidas quedarían nuestras vidas si nos olvidásemos de nuestras experiencias dolorosas.

Un relato popular cuenta que a varias personas les ofrecieron la posibilidad de arrojar uno de sus pesares a un montón en el centro de la sala. Después, les invitaban a que tomaran uno del montón. Y cada uno acabó tomando de nuevo el que había dejado.

Supongo que si esto nos parece tan acertado es porque sabemos que cada uno de nosotros somos la suma de nuestras experiencias; y que anular cualquiera de esas experiencias, aunque se trate de las más dolorosas (quizá especialmente si se trata de las más dolorosas), equivale no sólo a anular lo que hemos aprendido de esas experiencias, sino a anularnos a nosotros mismos.

❋❋

Voy a aceptar plenamente mi vida, toda mi vida. Si puedo hacer cambios para mejor, intentaré hacerlos. Si no puedo, lo aceptaré también. Pero no voy a olvidar mi dolor, aun suponiendo que pudiera olvidarlo. Lo respetaré. Forma parte de mi identidad.

22 de abril

La alegría proviene de cosas sencillas y naturales: de la niebla sobre los prados, de la luz del sol sobre las hojas, de la luna que surca las aguas. Hasta la lluvia, el viento y los nubarrones de tormenta nos traen alegría, como nos la trae el conocer a los animales y las flores y los lugares donde viven.

SIGURD F. OLSON

Vamos a dejar de lado nuestro duelo un rato y vamos a fijarnos en el mundo que nos rodea, como si no existiera ninguna otra cosa. Está claro que es mejor hacerlo cuando podemos estar en un entorno encantador. Pero siempre tenemos a nuestro alrededor cosas sencillas que nos pueden alegrar el corazón si se lo consentimos. Los niños gozan por igual del sol y de la lluvia, de los charcos en los que pueden chapotear, de los reflejos de la luz en un vidrio de colores, de cómo asoma la hierba entre las grietas de la acera. A los niños les atrae el mundo inmediato, es lo que les da alegría o tristeza.

Nosotros cargamos con nuestra tristeza durante mucho tiempo. Pero ¡no consintamos que nos mande siempre ella! Concedámonos un respiro prestando atención a la primavera; a cómo parece que estallan de un día para otro los árboles, las flores y los arbustos, y a cómo se alargan los días, el aire se apacigua, regresan las aves y vuelven a aparecer los conejos en los prados.

Consintiéndome a mí mismo deleitarme en las alegrías sencillas, accederé a una nueva esperanza, a un nuevo valor para mi vida.

23 de abril

El sol calentaba, pero el aire refrescaba.
Ya se sabe cómo son los días de abril
cuando sale el sol y no corre el viento,
estás en pleno mayo con un mes de adelanto.
Pero basta con que abras la boca
para que cubra una nube el cielo soleado
y llegue un viento de una cumbre helada,
y estás en pleno marzo con dos meses de retraso...

Robert Frost

La meteorología del duelo funciona del mismo modo. En un momento dado nos sentimos bien y hemos emprendido una actividad productiva (o una actividad no productiva, ¡no es obligatorio ser productivos siempre!), y entonces pasa algo que nos vuelve a traer la aflicción del duelo como si estuviera fresca y reciente. Puede tratarse de una canción, de un pasaje de un libro, de una escena de una película. A veces es la belleza misma del mundo la que nos conmueve hasta hacernos saltar las lágrimas; y el momento resulta más sobrecogedor, en parte, por lo mucho que añoramos a esa persona que no puede compartirlo con nosotros.

Estas recaídas repentinas en la aflicción intensa se irán volviendo cada vez menos frecuentes. Las superaremos con mayor rapidez. Pero es probable que no lleguemos a estar libres de ellas nunca..., y tampoco nos interesa estarlo. Nos mantienen nuestra conexión con nuestra persona amada.

¿Y los saltos hacia delante a momentos de felicidad? ¡Recuerdo mi dicha cuando me enteré de que iba a tener mi primer nieto!

Los altibajos de la «meteorología interior» forman parte de mi sanación.

24 de abril

> Las heridas duelen tanto al recordarlas como al recibirlas. Una herida pequeña se puede marchar a poco de llegar; una herida grande puede quedarse a comer o a cenar conmigo; pero ninguna se quedará a vivir en mi casa [...]. El duelo por las cosas pasadas que no tienen remedio, y la preocupación por las cosas venideras que no se pueden evitar, pueden hacerme daño, no me pueden hacer ningún bien. Por tanto, me encomendaré a Dios en lo uno y en lo otro y gozaré de lo presente.
>
> JOSEPH HALL

Casi todos nosotros tenemos alguna «cuestión pendiente» con un ser querido que ha muerto: rencores que quedaron sin resolver; preguntas que quedaron sin respuesta; cosas que nos gustaría haberle dicho pero que no llegamos a decir.

Es fácil ponerse a rumiar estas cosas, torturarnos con fantasías de «ojalá hubiera...» con las que pretendemos arreglarlo de alguna manera.

Hay dos cosas que pueden contribuir a librarnos de estos pensamientos obsesivos. La primera es darnos cuenta de que esta autotortura no conduce a nada y negarnos a acogerla. La segunda es reconocer la posibilidad de que la vida tras la muerte, sea como sea, debe de ser más solidaria, más comprensiva, más tolerante que la que conocemos nosotros en nuestro plano humano; y de que nuestro ser amado es conocedor de nuestro dilema, y todas nuestras cuestiones pendientes quedan absorbidas por la luz de una verdad de orden superior.

❋❋

Voy tomar en la mano todos mis rencores y todas mis culpabilidades pendientes por resolver, para ponerlos a los pies del que es Omnisapiente y Omnisciente.

25 de abril

> La fe consiste en creer cuando creer no está al alcance de la razón. No basta que una cosa sea posible para creerla.
>
> VOLTAIRE

A diferencia de aquel dicho de que la fe es «creer lo que sabes que no es así»,[1] es posible que la fe sea creer lo que no podemos saber si es así o no lo es.

Creer que si mezclas el rojo con el azul te sale el morado, o que uno y uno son dos, no es cuestión de fe.

En nuestra angustia de querer saber con certeza de que nuestro ser querido... nos entendió, nos perdonó, está feliz en el Cielo, vela por nosotros, (cada uno puede rellenar los puntos suspensivos a voluntad), no tenemos manera de saberlo. La cuestión es si podemos confiar en Dios, en el universo. También esto es una cuestión de fe, y de ésta se derivan otras cuestiones secundarias de todas clases.

Un hombre muy versado en teología y en la vida dice que su respuesta a todas las cuestiones acerca de la otra vida es que, por muy maravilloso que sea el concepto que podamos tener de la vida después de la muerte, lo que Dios nos dará será infinitamente superior y sorprendente. No es mala conjetura para el que está dando vueltas y más vueltas a las cosas.

❋❋

Como no puedo saber, me arriesgaré a confiar.

1. Mark Twain puso esta definición de la fe en boca de un escolar. *(N. del T.)*

26 de abril

> Él no dijo: «No sufriréis, no padeceréis, no os esforzaréis, no os inquietaréis»; pero sí dijo: «No seréis vencidos».
>
> SANTA JULIANA DE NORWICH

A veces tenemos la sensación de que seremos vencidos. Cuando estamos cansados, y cuando el futuro nos parece negro y sembrado de posibilidades de nuevas aflicciones, tenemos la sensación de que será demasiado para nosotros; de que no seremos capaces de «soportarlo» más.

Pero pasan las semanas y seguimos sin derrumbarnos. Hemos estado tristes, hasta desesperados, y seguimos viendo el futuro negro, pero no hemos sido vencidos.

Y, al cabo de un tiempo, se va estableciendo una confianza sólida. ¡Mira por lo que hemos pasado! ¡Mira lo que hemos aguantado! Y, si hemos aguantado hasta hoy, ¿por qué no mañana, y la semana que viene, y el mes que viene, y esas ocasiones que han de venir, en las que volveremos a tener la sensación de que no podremos aguantar?

Pero ¡ya lo ves! ¡Hemos aguantado! Y podremos seguir aguantando.

Soy fuerte. Estoy entristecido, cansado a veces, desanimado a veces. Pero he llegado hasta aquí. No seré vencido.

27 de abril

¿Puedo ver el mal de otro
sin sufrir yo pena también?
¿Puedo ver la aflicción de otro
sin aspirar a aliviarla?

William Blake

Uno de los efectos que nos produce el duelo es sensibilizarnos al duelo de los demás. Al principio, este don no tiene ningún efecto notable: somos demasiado conscientes de nuestra propia tristeza como para pensar en las penas de los demás. Pero en menos tiempo del que creemos seremos conscientes de la existencia de otras personas con un duelo como el nuestro, y les tenderemos la mano.

Puede que sean personas a las que ya conocemos. O puede que nos sean desconocidas. Pero si las circunstancias nos reúnen con esas personas y tenemos la posibilidad de hablar, dejaremos de ser desconocidos para ellas. Cada uno conoceremos inmediatamente el sufrimiento del otro, y esta nueva relación personal nos reforzará y nos animará al uno y al otro.

La historia prosigue. A medida que los que ya conocen nuestra historia vayan viviendo sus propias tragedias, acudirán a nosotros en busca de ayuda, y nuestra empatía les aportará consuelo y esperanza. Esto, a su vez, nos recordará a nosotros cuánto hemos avanzado, y hasta qué punto vivimos una historia humana común que nos capacita para amarnos y apoyarnos los unos a los otros.

Soy miembro de la familia humana, y todos los necesitados son mis hermanos y hermanas.

28 de abril

> Y el tiempo recordado es duelo olvidado,
> y las heladas fenecen y se engendran las flores,
> y en el follaje y en el ramaje verde
> comienza brote a brote la primavera.
>
> ALGERNON CHARLES SWINBURNE

Aunque nos parezca casi increíble cuando nuestro duelo es reciente, llegará un momento en el que lo que recordaremos no será la circunstancia tan pesarosa de la muerte, sino los momentos alegres y positivos de la vida de nuestro ser querido.

No llegará de repente, así como el invierno tampoco se marcha de repente con el amanecer de un día de sol radiante que disipa todo el frío y derrite toda la nieve.

Pero un día, así como los crocus y los narcisos aparecen de uno en uno como mensajeros solitarios de la primavera, nos daremos cuenta de que estamos sonriendo (¡riendo, incluso!) al recordar a nuestro ser querido. El espíritu alentador de ese recuerdo está muy alejado, al menos durante cierto tiempo, de esa tristeza dominante que hemos conocido. La primavera regresa «brote a brote», recuerdo a recuerdo.

En algún lugar entre mi duelo se encuentra la confianza en que habrá de regresar la primavera.

29 de abril

> Cuando te encuentras abrumado por la melancolía, lo mejor es ir a hacer algo bueno por alguien.
>
> JOHN KEBLE

Cuando nuestro duelo es reciente y agudo, lo más probable es que sólo seamos capaces de atender a nuestro propio sufrimiento.

Pero la melancolía suele ser algo a largo plazo, como una especie de tristeza más crónica que aguda. Es casi peor que el duelo reciente, porque ya nos parece que viene de muy atrás, y apenas recordamos una época en la que no nos sintiésemos de este modo. Y, lo que es más, tampoco vemos perspectivas de que vaya a cesar.

Es más probable que acudamos en busca de ayuda cuando sentimos una depresión profunda. Pero si sólo se trata de melancolía... Entonces quizá seamos capaces de salir de aquello nosotros solos. Al menos, vale la pena intentarlo. Y una de las mejores maneras de intentarlo es hacer algo por otra persona: una llamada de teléfono a alguien que esté solo; unas flores o un bizcocho casero a alguien que no puede salir de casa; ofrecernos como voluntarios en la biblioteca para leer en voz alta a personas con problemas de visión. Y el trato con la otra persona nos restaurará a nosotros mismos una parte de nuestra energía decaída.

Cuando me acose la melancolía, estaré atento a la posibilidad de poder hacer algo por los demás.

30 de abril

> Ay, si yo tuviera la voz y la poesía de Orfeo
> para conmover a la Doncella Oscura y a su señor,
> te llamaría, mi amor, para hacerte volver del mundo inferior.
> Bajaría allí a buscarte. Ni Caronte
> ni el perro siniestro del Rey me impedirían
> sacarte a los campos de luz.
>
> EURÍPIDES

Es un anhelo que tenemos, el de poder recuperar a los perdidos, el de devolver a la vida a nuestros seres queridos. Es una fantasía, es un mito que se remonta a los relatos más antiguos que han llegado hasta nosotros. Si supiésemos las palabras mágicas..., si fuésemos capaces de engañar a los guardianes de los muertos...

Puede que estos anhelos, que estas fantasías, sean el modo que tenemos de acostumbrarnos, por prueba y error, a la idea de que esta separación ha de durar tanto como dure nuestra propia vida.

Tampoco han de faltar modos en los que nuestra vida seguirá nutrida y bendecida por el recuerdo y por el espíritu de nuestro ser querido; pero por lo que respecta a su presencia física en esta vida... se acabó.

Pero es posible que estas fantasías nos ayuden también a mantener viva la esperanza de que nos volveremos a reunir al otro lado de la muerte, de que existe un lugar donde nuestro ser querido está presente, en efecto, y nos espera.

¿Es posible que esta imagen recurrente de que salgo a buscarte apoye la fe en que podré encontrarte algún día?

1 de mayo

Si crees que la vida vale la pena vivirla, tu creencia misma contribuirá a hacerlo realidad.

WILLIAM JAMES

Al principio, estamos tan abrumados por la pérdida que parecemos incapaces de hacer nada que no sea dejarnos arrastrar por el mar agitado de nuestra pena y de nuestro dolor. De nada sirve intentar pilotar esta nave. Bastante tenemos con conseguir mantenernos a flote.

Pero al cabo de un tiempo empezamos a tener una cierta sensación de que tenemos, en efecto, algún grado de control sobre nuestro rumbo.

Este descubrimiento suele ser mal recibido. Nos resulta más fácil dejarnos llevar por la corriente, y cuando estamos tristes, la gente se solidariza mucho más con nuestra situación. Es un consuelo, y representa menos trabajo, seguir gozando de esa solidaridad.

Pero nuestra vida está en un punto muerto, y no nos conviene que siga así para siempre.

Ahora tenemos que tomar decisiones, y toda decisión tiene aparejado un riesgo. Uno de los riesgos que podemos asumir es el de dar por supuesto que la vida vale la pena vivirla, en efecto, y que podemos ayudarnos a nosotros mismos a confirmarlo. ¿Cómo? La premisa básica de la teoría de la modificación de la conducta es que, si cambiamos nuestra conducta, también cambiarán nuestras actitudes. Podemos empezar a hacer cosas de nuevo. Podemos hacer el esfuerzo de sonreír. Podemos tender la mano a alguien que nos necesite.

Voy a intentar comportarme como si la vida valiera la pena vivirla, y ¡a ver qué pasa!

2 de mayo

El que cuenta un relato da ser a un mundo con su palabra.

MICHAEL WILLIAMS

Una costumbre que hemos visto surgir en los funerales es que los amigos y los seres queridos cuenten historias sobre el difunto: momentos tiernos o divertidos y anécdotas de su vida común. Estos relatos aportan su propia alegría y sirven para aliviar la tristeza de la pérdida.

Nosotros hemos hecho lo mismo en un entorno menos formal, después del funeral, cuando los familiares y amigos se reúnen para tomar un refrigerio juntos y empiezan espontáneamente a contar recuerdos tiernos, cosas que sucedieron hace poco o hace mucho.

Recuerdo que, al volver del cementerio a casa, tras la muerte de mi padre, la familia y los amigos se reunieron para comer algo y hablar. Al cabo de un rato, alguien dijo: «Cuánto habría disfrutado George con esta fiesta, ¿verdad?»; y otra persona comentó: «Quizá la esté disfrutando ahora mismo». Sin duda, todos los presentes sentíamos su espíritu entre nosotros.

Cuando la muerte se ha producido en circunstancias especialmente duras, como en el caso de la muerte de un niño, a los amigos les puede parecer un acto de amabilidad abstenerse de hablar del niño. Razón de más para «dar ser con la palabra» a una vida que ha terminado tan pronto. El hecho de que una vida haya concluido no significa que esa vida no vaya a seguir enriqueciendo a los vivos y bendiciéndolos.

❋❋

Al compartir un relato, reciben algo tanto el que lo cuenta como el que lo escucha.

3 de mayo

Idealizar a los muertos es imprudente, porque es falso [...]. Para mantener esa ilusión, derrochamos mucha energía que nos hace mucha falta, sin reconocer ni honrar el vigor y la verdad del que ha muerto [...]. El mito de la perfección es difícil de mantener. No nos hace falta. Podemos cederlo; cedérselo a Dios, si quieres. Quitárnoslo de encima. Dejarlo. La persona muerta, fuera como fuera, era una criatura de Dios, aceptable, amada, buena. Y nosotros también lo somos.

MARTHA WHITMORE HICKMAN

Este impulso de idealizar a los muertos puede proceder del descubrimiento estremecedor de que nuestro ser querido ya ha perdido toda posibilidad de mantener más relaciones humanas y de mejorar su reputación.

Es posible que el impulso de idealizar a un ser querido (y de idealizar nuestra propia relación con ese ser querido) proceda de nuestra propia ansiedad acerca de una relación que tuvo sus altibajos, altibajos que ya no tenemos posibilidad de reparar.

Nuestro ser querido tenía sus debilidades, por supuesto. Nuestra relación personal con él tuvo sus altibajos, por supuesto. ¡Para eso pertenecemos a la raza humana! Lo que no nos sirve de nada es seguir esforzándonos de manera torpe e ineficaz por continuar tiñendo de rosa los triunfos y las carencias que forman parte de todas las vidas, sin excepción.

Reñirme a mí mismo, o a mi ser querido, por lo que ya no tiene arreglo, no sirve más que para profundizar las heridas. Puedo reconocer con amor y con confianza lo que éramos y lo que somos el uno para el otro y seguir adelante.

4 de mayo

Recibe cada nuevo día como un desafío, como una prueba de valor. El dolor te vendrá a oleadas, y unos días será peor que otros sin motivo aparente. Acepta el dolor. No lo reprimas. No intentes nunca ocultarte el duelo a ti mismo. Así como los sordos, los ciegos, los inválidos, van desarrollando con el tiempo un sentido especial para compensar su incapacidad, del mismo modo los viudos, los que han perdido a un ser querido, acaban por encontrar una fuerza nueva, una visión nueva, fruto del dolor y de la soledad mismos que al principio parecen imposibles de dominar.

DAPHNE DU MAURIER

Cuando las olas de dolor se elevan al máximo, nos parece que nos van a anegar, que no podremos soportarlo. Pero sí podemos. Nuestra tarea consiste entonces en aceptar el dolor y en esperar. Mientras esperamos, podemos hacer otras cosas: hablar con gente, ir de compras, leer, trabajar en el jardín. Aun haciendo estas cosas seremos conscientes del dolor que nos araña el corazón. Pero si aceptamos que estos días malos forman parte del proceso de la sanación, entonces vendrán días mejores, estados de ánimo mejores. El dolor se irá moderando, y nuestras nuevas fuerzas nos harán sentirnos más confiados, incluso orgullosos.

No intentaré ocultarla ni esquivarla. Pasaré por el centro mismo de mi aflicción, y saldré por el otro lado, fuerte y orgulloso.

5 de mayo

> Cuando atravieses las aguas, estaré a tu lado; y cuando cruces los ríos, no te anegarán. Cuando camines por el fuego, no te quemarás, y las llamas no te consumirán.
>
> ISAÍAS 43, 2

No se nos está prometiendo que vayamos a ser inmunes a las inundaciones ni a los incendios, ni a ningún otro tipo de desastre, ni que vayamos a quedar libres de la muerte.

Lo que nos promete Dios en este pasaje es que cuando pasemos por profundas adversidades, no estaremos solos, y que, por muy penosas que sean, no nos destruirán.

Pero nosotros debemos hacer algo por nuestra parte para hacer valer esta promesa.

¿Somos capaces de tender la mano hacia la oscuridad, creyendo que allí está Uno que nos apoyará, que nos ayudará a superar esta época terrible? Según un dicho, por cada paso titubeante que damos nosotros hacia Dios, Dios avanza mil kilómetros hacia nosotros envuelto en su luz cegadora.

Voy a tender la mano hacia la oscuridad, confiando en que no estaré solo en el camino.

6 de mayo

> El aire cálido me hace soñar con lo que fue y con lo que sería si tú estuvieras aquí. Sé que este sueño no es más que una incapacidad para vivir el presente. Me dejo llevar por esta corriente sin mirar muy lejos ni muy hondo. Espero el momento en que volveré a recuperar mis fuerzas. Ese momento llegará.
>
> Anne Philipe

Nuestro mundo está lleno de cosas que nos hacen volver al pasado, que nos recuerdan a nuestro ser querido y lo que hemos perdido por su falta. Viejas canciones. Aromas. Cambios de estación. Festividades. Cumpleaños. Y más cosas.

Y bien; pues dejemos que lleguen estos recordatorios. Unas veces traen consigo una dulzura penetrante. Otras veces nos vuelven a agudizar la sensación de pérdida de tal modo que nos parece que se nos va a partir el corazón.

Con el transcurso del tiempo, estos asedios serán más breves, resultará más fácil atravesarlos y salir por el otro lado.

Es conveniente no presentar batalla a esas imágenes de un mundo perdido; dejar que pasen por nosotros, saborear su dulzura si la tienen, soportar el dolor mientras dure, sabiendo que al cabo de un poco de tiempo podremos recobrar de nuevo nuestro ser.

Los viajes al pasado siempre tienen un camino de vuelta al presente, que es donde yo vivo.

7 de mayo

No olvides nunca que no estás solo. Está contigo lo Divino, que te ayuda y te orienta. Es el compañero que no falla nunca, el amigo cuyo amor consuela y da fuerzas. Ten fe, y él lo hará todo por ti.

AUROBINDO (HINDUISTA)

La soledad es una de las aflicciones del duelo. Echamos de menos a la persona que hemos perdido; pero eso no es todo. También echamos de menos el mundo tal como era, sin esta pérdida que nos sigue a cada paso como si fuera nuestra sombra. Echamos de menos nuestra imagen de un futuro en el que figuraba ese ser amado.

Nos sentimos solos porque una parte importante de nuestra vida actual es interior: las preguntas atormentadoras; la confusión. ¿Con quién podríamos compartirlo? Nos sentimos separados del resto del mundo. La gente que nos cruzamos por la calle nos parece despreocupada, libre de cargas. En realidad no es así, por supuesto; pero cuando nuestro duelo nos consume de este modo nos parece que las demás personas son de una tierra extraña.

Tenemos cerca de nosotros a nuestros familiares y amigos, claro está; pero ni siquiera ellos son capaces de conocer nuestro duelo en toda su profundidad.

¿A quién podemos acudir? Sería una ayuda inmensa que fuésemos capaces de pensar en la Presencia Divina que está viva en nosotros y en toda la creación. Una presencia que nos estabiliza, nos abraza con compasión, está en nuestro aliento, nos trae la paz. Inténtalo. ¡Cierra los ojos y familiarízate con esa presencia que está dentro de ti!

Dentro de mí hay una Presencia Sagrada, digna de confianza, bondadosa, fuerte.

8 de mayo

> Dirijo mis oraciones a los pájaros porque creo que ellos transportarán hacia lo alto los mensajes de mi corazón. Les dirijo mis oraciones porque creo en su existencia, en cómo comienzan y terminan cada día sus cantos, las invocaciones y bendiciones de la tierra. Dirijo mis oraciones a los pájaros porque me recuerdan lo que amo más que lo que temo. Y, cuando concluyo mis oraciones, ellos me enseñan a escuchar.
>
> TERRY TEMPEST WILLIAMS

¿Quién no ha sentido que le flotaba el corazón al ver volar por el cielo a las aves? ¡Cómo nos levanta el ánimo contemplar su libertad, las figuras que hacen en formación, trazando giros, cayendo en picado, hasta poner rumbo hacia algún lugar lejano? Son un buen símbolo de las corrientes turbulentas de nuestra vida, de los misterios de los comienzos y de los finales.

Recuerdo una ocasión en la que visité la granja de un amigo, poco después de la muerte de mi hija. Aquel amigo había instalado un columpio colgado de la rama de un árbol. Yo me subí al columpio, fui dándome impulso y, cuando estaba en lo más alto de cada oscilación, me preguntaba cómo sería soltarme y ascender volando hacia el cielo. Creo que aquélla fue una de las primeras ocasiones en que tuve esperanza, en que pensé que podría salir de aquello, que vendrían días más luminosos.

❋❋

En un mundo en el que hay belleza tal como la de las aves que vuelan, podré llegar a sentirme a gusto de nuevo, incluso después de mi pérdida. Y si me sumo con la imaginación a las aves en su vuelo, ¿quién sabe dónde podré llegar?

9 de mayo

> Si fuésemos capaces de ver más allá de hasta donde alcanza nuestro conocimiento, e incluso un poco más allá de los últimos límites de nuestras conjeturas, quizá pudiéramos soportar nuestra tristeza con más confianza que nuestras alegrías. Pues son momentos en los que ha entrado en nosotros algo nuevo, algo desconocido; nuestros sentimientos enmudecen con tímido encogimiento; todo lo que hay en nosotros se retrae; se produce una quietud, y lo nuevo, lo que nadie conoce, se yergue en el centro de todo y calla.
>
> RAINER MARIA RILKE

Estas épocas de duelo por la pérdida de un ser querido son épocas de cambio. Es como si saliésemos para siempre de una habitación en la que estábamos cómodos y funcionábamos bien, para entrar en otra habitación distinta. En esta nueva habitación hay algunos de los mismos muebles de la anterior, y están algunas de las mismas personas; pero, a pesar de todo, la habitación es distinta, y tenemos que acostumbrarnos de nuevo a ella desde cero, y probablemente también tengan que acostumbrarse las demás personas que están allí con nosotros.

Tenemos diversas opciones. Podemos refugiarnos en un rincón, acurrucados, sin querer mirar lo que nos rodea. O podemos ponernos a dar vueltas sin rumbo, buscando una salida, aunque sepamos que no la hay. O bien podemos explorarla, ver dónde están las ventanas y dónde hay puertas que dan al futuro, ya que la puerta por la que hemos entrado está clausurada. Podemos buscar a personas que puedan ayudarnos y podemos empezar a atender a nuestra vida presente, día a día.

❋❋

Aunque sea despacio y con cierta incertidumbre, empezaré a conocer lo que hay de nuevo en mi vida.

10 de mayo

La sustancia de todo pesar tiene veinte sombras.

WILLIAM SHAKESPEARE

Están en todas partes; son los recordatorios de nuestra pérdida. Rebotan unos en otros; llenan los espacios vacíos de nuestra vida.

Viene a visitarnos mi nieta. Tiene dos años y medio, justamente la edad que tenía mi hija cuando hizo de niña de las flores en la boda de mi hermana. Yo conservo el vestido. A mi nieta, de pelo moreno, le viene tan bien como le venía a mi hija de pelo moreno. Mi nieta se lo prueba, se mira y se remira ante el espejo. «Me gusta» dice. Y ya es suyo.

Mi hija vivió más de doce años después de haber llevado aquel vestido. Sin embargo, el vestido no sólo nos evoca la felicidad de aquel día de boda, sino también la muerte, años después, de la que llevaba el vestido.

Más tarde, durante aquella misma visita, leo en voz alta a aquella niña pequeña y maravillosa un cuento que había sido de los favoritos de mi hija. Junto a mi voz, oigo la de mi hija a sus dos años y medio, adelantándose a la lectura del texto cuando pasábamos página. El recordatorio es una sombra. También es sol, luz solar maravillosa y vivificadora, que esta niña preciosa, a la que mi hija no vio nunca, goce de su vestido y de su libro de cuentos, y que yo esté haciendo de puente entre las dos.

No hay sombra sin sol.

11 de mayo

> Toda crisis nos brinda una oportunidad de renacer, de volver a concebirnos a nosotros mismos como individuos, de elegir el tipo de cambio que nos ayudará a desarrollarnos y a realizarnos de manera más completa.
>
> NENA O'NEILL

Sabemos que nadie sale ileso de un duelo. Pero lo que a veces no advertimos plenamente es el poder que tenemos, después de pasado el primer duelo, para elegir lo que vamos a hacer con nuestra vida, a pesar de nuestra pérdida.

En cierto modo, nos resistimos a hacer uso de ese poder. Estamos cansados. No queremos hacernos responsables de nada. Estamos doloridos. Queremos que nos cuiden con ternura, no que nos digan que tenemos que labrarnos un nuevo comienzo.

Todos conocemos casos de personas que, tras haber sufrido una pérdida devastadora, se forjan una vida nueva hasta un nivel heroico. Recuerdo el caso de Elizabeth Gray Vining, que perdió a su marido siendo ambos muy jóvenes, y que llegó a ser institutriz del príncipe heredero de Japón.

Todos tenemos posibilidades de elegir; y, en calidad de supervivientes de una crisis, tenemos nueva fuerza, energía nueva, si optamos por aceptarlas.

Cuando la vida te dé un limón, haz limonada.

12 de mayo

> Su amor está en todas partes. Me sigue por la casa; sale a mi encuentro en el jardín; me envía cisnes a mis sueños. De una manera extraña, aérea o subacuática, soy casi feliz.
>
> SILVIA TOWNSEND WARNER

Es cierto que, de una manera extraña y paradójica, parece que los muertos nos acompañan como una sombra muy cercana a nuestro propio ser. Creo que esto no sucede de manera continuada desde un primer momento. Puede que tengamos que esperar un poco, que conocer la realidad de la separación y que concedernos el tiempo necesario para que los componentes de nuestra vida se vayan asentando en sus nuevas pautas, para después poder empezar a ver que nuestra relación con la persona muerta no ha concluido. Es distinta, pero no ha concluido. No es lo que nosotros quisiéramos, pero tiene su realidad y su consuelo propios.

Es posible que nuestra sensación del ser amado nos venga sin que la llamemos; o puede ser que la invoquemos con nuestros pensamientos. Nos viene de diversos modos: una sensación de la presencia de la persona, de calor y de amor en la habitación. Un sueño que aborda exactamente nuestras necesidades.

Hace mucho tiempo, cuando mi duelo era aún bastante reciente, me planteé ante mi hijo, pensando en voz alta, el origen y el significado de una de esas vivencias. ¿Sería real? ¿Podía yo creer en ella? Y él me dijo: «¿Por qué no te limitas a aceptarla como un regalo?».

Escucharé. Recibiré como regalos todos los recuerdos y la presencia del amor.

13 de mayo

Ten toda sencillez; no anheles alcanzar la paz mental, y así tendrás más paz. No estudies con tanto detenimiento los progresos de tu alma. No ansíes tanto ser perfecto; deja, más bien, que tu vida espiritual se ciña a tus deberes y a los actos convenientes para tus circunstancias. No pienses demasiado en el día de mañana. Dios, que te ha traído a salvo hasta aquí, te seguirá guiando hasta el fin.

San Francisco de Sales

Cuando nos estamos recuperando del duelo nos dan vueltas en la mente muchas cosas: nuestros recuerdos de nuestro ser querido; las circunstancias de su muerte; cómo nos sentimos y cómo nos comportamos en el momento de la muerte y en los días sucesivos. Queremos ser «buen ejemplo de cómo se lleva un duelo», y para ello quizá debamos dar expresión plena a nuestro duelo para que no se nos quede en el corazón, sin digerir. Otras veces se adueña de nosotros una especie de insensibilidad, y nos preguntamos: «¿Qué me pasa, que no puedo llorar?».

Este estarnos tomando la temperatura emocional puede resultar agotador. Si nos parece que estamos siendo demasiado introspectivos, podemos intentar cortarlo durante un rato yendo a dar un paseo, viendo algún programa de televisión intrascendente o haciendo alguna cosa que requiera concentración mental, para que no estemos evaluando a cada momento cómo tenemos el ánimo.

Estoy bien tal como estoy. Ahora, voy a dejar de pensar en ello un rato.

14 de mayo

> El tablero de ajedrez es el mundo; las piezas son los fenómenos del universo; las reglas del juego son las que llamamos leyes de la Naturaleza. No se nos permite ver al otro jugador. Sabemos que esta partida siempre es justa, equitativa y paciente.
>
> THOMAS HUXLEY

Si pudiésemos distanciarnos lo suficiente para ver, como ven los astronautas, nuestro planeta girando en el espacio, sus manchas azules y verdes, ¿estaríamos más capacitados para afrontar nuestras catástrofes?

Si tuviésemos una visión tan amplia como para vernos desde distancias astronómicas o en el marco temporal de las eras geológicas, ¿acaso no veríamos cómo encaja todo, cómo los vivos y los que han pasado por las puertas de la muerte forman parte todos de una misma creación? Y todos construimos, formamos, observamos, potenciados por la Luz Invisible. Los que hemos despedido a un ser querido desde las puertas de la muerte tenemos todo el derecho a dejar volar la imaginación mientras consideramos lo desconocido.

❋❋

Puedo soltarme de las ataduras de Lo Conocido y dejar volar mi espíritu.

15 de mayo

Tenemos un deber para con nuestros seres queridos muertos, ya fueran jóvenes o viejos: el de borrar de nuestros recuerdos todo lo que no era lo mejor de ellos, y llevarlos en nuestro corazón en sus momentos de mayor sabiduría, solidaridad y creatividad. ¿Acaso no es lo que esperamos nosotros por parte de los que nos sobrevivan?

ELIZABETH WATSON

En último extremo, es cierto que tenemos este deber para con ellos y que esperamos que los demás hagan lo mismo con nosotros. Pero no nos precipitemos a rehacer la imagen de los muertos. Debemos recordar a nuestros seres queridos en su totalidad; de lo contrario, acabaríamos teniendo sólo sombras de recuerdos vistos a media luz. Qué duda cabe de que nuestros recuerdos de nuestros seres queridos son lo bastante amplios como para abarcarlos por completo en todo su ser, incluidas las faltas y los errores propios de la naturaleza humana. Las debilidades de nuestros seres queridos nos pueden inspirar risa, rabia, lágrimas..., todos los componentes esenciales de los vínculos familiares.

Más adelante, cuando todos esos recuerdos vayan filtrándose por las cribas del tiempo y por el amor esencial que nos tenemos mutuamente, lo que nos quedará en la mente serán las cualidades más adorables y más sabias, con unos mínimos fragmentos de debilidades y de defectos, que recordaremos con perdón y con amor y nos humanizarán.

En la imagen recordada de un ser querido hay sitio (y afecto) para toda la persona, en su integridad.

16 de mayo

> [...] incluso en la muerte, su rostro familiar le daba seguridad [...], como si le estuviera diciendo: «Me he muerto, nada más». Le acudieron las lágrimas, y eso fue todo. La tomó de la mano.
> Fue entonces cuando vi por primera vez a los dos tal como eran de verdad. Ella, a la que yo había conocido como principio y fin de todo lo que era cálido y amable, como lo único que me redimía verdaderamente de todo, no era más que una muchacha que llevaba una blusa con cuello de encaje, cuyo nombre él no era capaz de figurarse, y él era un muchacho apuesto de pelo rubio, y se habían conocido una tarde en Coney Island.
>
> JOSEPH PINTAURO

Cuando nuestros seres amados nos dejan, uno de los modos en que nosotros mantenemos viva su presencia es volver a contar sus historias. ¿Cómo eran de más jóvenes? ¿Cuáles eran sus anécdotas favoritas que contaban sobre ellos mismos? ¿Y las que contaban ellos de nosotros?

Ahora que ya no están, nuestra imaginación queda liberada en cierto modo para recuperarlos de una manera más amplia, con fantasía pero sin falsedad. Nuestra nostalgia es auténtica. Además, es benévola y tierna. Vemos a nuestros seres amados en su fragilidad, suspendidos en el tiempo como los personajes de un drama, ocupando un lugar entre los otros personajes legendarios de los que nos hablaban ellos. Puede que los conozcamos con más claridad (y con más caridad) que la que nos resultaba posible cuando estábamos enfrascados en el dinamismo del trato personal.

Mi vida seguirá siendo dichosa mientras las historias de mi ser querido se van desarrollando y asentando en mi mente.

17 de mayo

Echaré de menos ver su cara y oír su voz y saber que siempre estuvo allí, cerca de mí. Ha cruzado un río que la separa de mí, y deberé esperar a cruzarlo yo mismo para poder volver a verla. Cada vez que vea un río pensaré en ella.

TERRY KAY

Cuánto echamos de menos la compañía corriente y cotidiana de nuestro ser amado: su cara al otro lado de la mesa, su presencia en la cama, su voz que nos llama por nuestro nombre.

Esta presencia tiende a perdurar mucho tiempo, hasta que la herida se ha sanado lo suficiente como para que seamos capaces de reconocer por fin la separación.

Entonces, nuestra imagen de nuestro ser querido puede volverse más centrada, en vez de estar dispersa por aquí y por allá en todos los lugares donde estábamos acostumbrados a su presencia. En efecto, la persona ha «cruzado un río».

Resulta beneficioso representarnos mentalmente esta fantasía. Es una imagen adecuada y potente, y por ello mismo aparece en mitos que tratan del paso de la vida a la muerte. Recuerdo que yo misma lo hice con la ayuda de un amigo psicoterapeuta. Llegué mentalmente a la orilla de un río, solté a mi hija de la mano y la vi cruzarlo. Recuerdo el forcejeo, y las lágrimas y, por último, el sentimiento de alivio al saber que se había reconocido la verdad, que ella estaba a salvo y que yo cruzaría aquel mismo río cuando llegara mi hora.

Cada vez que vea un río pensaré en ti.

18 de mayo

El mundo no se divide en los fuertes que cuidan a los demás y los débiles que son cuidados. Todos debemos cuidar y ser cuidados alternativamente; no sólo porque esto es bueno para nosotros, sino porque las cosas son así.

SHEILA CASSIDY

A los que estamos debatiéndonos con el duelo nos cuesta trabajo a veces reconocer nuestra necesidad de que nos cuiden. ¿Estamos siendo débiles? ¿Pretendemos llamar la atención? Sobre todo, si estamos acostumbrados a ser «ayudadores», a veces no estamos cómodos en el papel de la persona que necesita ayuda. Puede que seamos demasiado orgullosos como para dejar que otras personas vean que estamos sufriendo. Además, teniendo en cuenta todo el dolor y sufrimiento que hay en el mundo (países enteros azotados por el hambre; grandes grupos sociales que viven en condiciones terribles), ¿cómo vamos a pedir que el mundo dedique un poco de sus cuidados a nuestro propio duelo particular?

Es bien sabido que en el mundo hay sufrimientos para todos, y más. Pero cada uno de los seres humanos vivimos sólo una vida, y si bien hacemos lo que podemos por aliviar la carga a los demás, habrá ocasiones en las que nuestra propia carga será abrumadora y necesitaremos ayuda. Puede que necesitemos durante algún tiempo algo más de ayuda de la que nos parece que «nos corresponde». No importa. Tenemos esa necesidad. Ahora nos toca a nosotros. Tenemos derecho.

Soy un ser humano, y no tengo necesidad de presentar una fachada de fuerza.

19 de mayo

> Pensó en las mujeres que habían asistido al funeral de Chicken Little [...]. Aquella conducta que ella había considerado inoportuna le parecía ahora conveniente; habían gritado al cuello de Dios, a su cogote inmenso, a su coronilla gigante, que les había presentado al darles la espalda con la muerte. Pero ahora le parecía que el duelo de aquellas mujeres no era una aflicción de las que hacen apretar los puños, sino una mera obligación de decir algo sobre el difunto, de sentir algo por él. No podían dejar que aquel hecho descorazonador pasara sin que ellas lo registraran, sin que lo señalaran.
>
> TONI MORRISON

Muchos de nosotros hemos tardado en reconocer el valor de expresar la angustia y el desánimo en toda su intensidad. Nos puede parecer que las manifestaciones de emociones fuertes son indecorosas de alguna manera.

El duelo no es un examen. No nos ponen nota. No hay aprobados ni suspensos. Pero si tendemos a reprimir nuestros sentimientos porque pensamos que es lo mejor para nosotros, o que así molestamos menos a los demás, podemos probar a ir a algún lugar donde no sea fácil que nos oigan y darles salida. Gritar. Chillar. Regañar. Aullar. Dar puñetazos en la pared.

En algunos hospitales hay «salas de gritar», lugares acondicionados para que los que acaban de perder a un ser querido puedan retirarse a gritar y a chillar sin miedo de molestar a otros ni de ponerse ellos mismos en situación embarazosa.

¿Que no es un espectáculo ni un sonido agradable? Es un sonido humano.

❋❋

Haré lo que me salga de dentro, sin miedo.

20 de mayo

> Es muy frecuente que creamos haber llegado a un lugar carente de esperanza y carente de posibilidades, pero que descubramos entonces que esa desesperanza es lo que nos permite llegar hasta el fondo, renunciar a nuestra ilusión de que tenemos el control, darle la vuelta y pedir ayuda. En las cenizas de nuestra desesperanza se enciende el fuego de nuestra esperanza.
>
> ANNE WILSON SCHAEF

Cuando estamos muy bajos, tocando fondo en nuestra desesperación y en nuestra desesperanza, nos resulta totalmente ajena la idea de ir a alguna parte. No es que nos pudiera resultar muy difícil; es que nos resulta impensable movernos de ningún modo. Parece como si la vida se hubiera quedado plantada en el camino como una mula terca que se niega a moverse, sin que valgan buenas palabras, promesas, razones ni amenazas para hacerla seguir adelante. El futuro no encierra ni atractivos ni promesas.

Llegados a este punto, es posible encontrar el camino de la plenitud y, en último extremo, de la vuelta a la salud, a base de quedarse quietos y reconocer el grado en el que nuestra vida está llena de duelo hasta los bordes. Pero, al cabo de un tiempo, hasta el corazón sumido en el duelo termina por sentirse inquieto y por ponerse a pensar. *No puedo seguir así toda la vida*. Empezamos a mirar a un lado y a otro, a salir del cuadro quizá, por así decirlo, a dejar atrás esa oscuridad, y empezamos a apartarnos, fijándonos en una flor que crece al borde del camino, en una nube que flota por un cielo azul, en un amigo que nos ha estado esperando desde el principio.

❋ ❋

Desde el fondo del pozo podemos alzar la vista y ver el cielo.

21 de mayo

Que no sea muerte, sino culminación.
Que el amor se fusione en recuerdo y el dolor en las canciones.
Que el vuelo a través de la noche termine plegando las alas sobre el nido.
Que el último roce de tus manos sea delicado como la flor de la noche.
Quédate inmóvil, oh, Hermoso Final, y di en silencio tus últimas palabras.
Me inclino ante ti, y sostengo mi lámpara para iluminarte
por el camino.

RABINDRANATH TAGORE

Así podemos despedirnos de nuestros seres amados que se adentran en el país que está más allá, deseándoles una travesía fácil y segura. Guardando un santo silencio, sostenemos una lámpara para que se guíen por el camino.

Es un acto de fe confiar en que todo está bien; es más difícil todavía imaginarnos que sostenemos una lámpara para guiarlos, teniendo en cuenta que lo más probable sea que no estemos dispuestos para dejarlos partir.

Pero no estamos en condiciones de elegir si se van o se quedan. Sólo podemos elegir cómo reaccionamos nosotros ante su marcha, cómo la concebimos.

Si somos capaces de concebirla con imágenes líricas como las de Tagore, puede que esto mismo nos alivie el dolor.

❁ ❁

No sé hacia dónde vas; pero sostengo en alto la lámpara de mi amor para acompañarte por el camino.

22 de mayo

> Esta noche se han abierto de nuevo todos los infiernos del duelo reciente; las palabras furiosas, el resentimiento amargo, los temblores en el estómago, la realidad de pesadilla, la complacencia en las lágrimas. Pues en el duelo nada «se queda quieto». Siempre estamos saliendo de una fase, pero la fase siempre vuelve. Es un círculo. Todo se repite. ¿Estoy dando vueltas sobre el mismo punto, o puedo albergar la esperanza de ir ascendiendo en espiral?
>
> C. S. Lewis

Este sentimiento de volver a hundirnos en un duelo reciente y renovado nos llega sin previo aviso: es la misma sensación de desconcierto, de estar desorientados, de tener la vida desorganizada. Con frecuencia, no sabemos qué es exactamente lo que nos lo ha desencadenado de nuevo. ¡Y nosotros que habíamos creído que ya estábamos mejor!

Es probable que el ser querido al que hemos perdido haya estado con nosotros muchísimo tiempo, o incluso toda la vida, como sucede en el caso de la muerte de un padre o de una madre. Vamos a tardar mucho tiempo en adaptarnos a esa pérdida. Y tampoco es una cosa que vaya a pasar con suavidad, como si fuésemos a salir del valle de la desesperación subiendo por una ladera leve y sin tropiezos. Se parece más bien a la labor de limpiar un campo pedregoso como los de Nueva Inglaterra. Se retiran las piedras con gran trabajo; pero, después, la tierra se mueve, pasan las estaciones, y van saliendo nuevas piedras a la superficie. El terreno quedará limpio tarde o temprano, ¡pero puede costar mucho tiempo!

Seré delicado conmigo mismo, aceptando estas tormentas de la psique como parte integral de mi viaje por el camino que conduce a la recuperación.

23 de mayo

Todo avanza y todo se dilata; nada se hunde,
y morir es distinto de lo que cree nadie, y más venturoso.

WALT WHITMAN

¿Somos capaces de leer en el flujo de la vida, en el regreso de los pájaros cantores y de los arándanos, alguna confirmación de que la vida no tiene el propósito de derrochar nada, sino el de mantener en marcha la sustancia básica misma de la vida? Y si esto se cumple con las obras menores y más complejas de la creación, tanto más deberá cumplirse con esta creación intrincada y maravillosa que es el ser humano.

La muerte nos ayuda a definir nuestra vida, a enmarcarla de alguna manera y a sentir el impulso de hacer y de ser lo que podemos hacer y ser, teniendo en cuenta que nuestra vida, tal como la conocemos, ha de tener fin.

Y después, ¿qué? Nadie lo sabe. Pero podemos extraer algunas indicaciones de lo que sí sabemos acerca del resto de la creación. Estas indicaciones nos conducen a la esperanza, como también nos conducen a la esperanza los casos de las personas cuyos rostros se llenan de alegría y de asombro en el momento de la muerte. No todas las personas tienen esta experiencia en el trance de la muerte. Ni tampoco necesitamos nosotros una confirmación al cien por cien, del mismo modo que no necesitamos sumar todas las cifras del mundo para saber que dos y dos son siempre cuatro.

Al encontrarnos ante lo desconocido, la esperanza es tan razonable como la desesperanza.

24 de mayo

> Llega el momento en el que se nos abren los ojos y vemos y comprendemos que la gracia es infinita. La gracia, amigos míos, sólo nos exige que la esperemos con confianza y que la reconozcamos con agradecimiento [...]. Lo que hemos elegido se nos da; y lo que no hemos querido se nos otorga al mismo tiempo [...]. Lo que hemos rechazado se derrama con abundancia sobre nosotros.
>
> ISAK DINESEN

Todas las esperanzas perdidas, todos los planes de futuro que se pierden cuando muere un ser querido..., ¿cómo vamos a aceptar estas pérdidas?

En el relato de Dinesen *El festín de Babette*, el general Lowenhielm regresa al lugar donde mantuvo una relación amorosa breve y no consumada, y hace la afirmación asombrosa de que los años de privación quedan redimidos por la gracia de aquel instante.

¿Podemos esperar nosotros un instante de gracia como aquél? ¿En qué puede consistir?

Puede que sea algún momento solitario en el que sintamos en la habitación la presencia casi palpable de nuestro ser querido, que participa con nosotros en alguna de las actividades de nuestra vida.

Puede suceder que, en alguna reunión familiar en la que no habíamos esperado más que aflicción melancólica, tengamos, además de la tristeza, una sensación de que el ser querido está participando de la reunión, sonriendo, bendiciéndola.

O puede que sintamos una oleada de esperanza y de confianza en que volveremos a estar juntos en algún otro plano o espacio.

❋ ❋

Entre la ausencia se da a conocer una presencia.

25 de mayo

No hay manera de huir. La barquilla se adentra en las aguas oscuras y temibles, y nosotros sólo somos capaces de gritar pidiendo la libertad: «¡Déjame en la orilla otra vez!». Pero es inútil. Nadie nos escucha. La figura sombría sigue remando. Debemos sentarnos, inmóviles, y descubrirnos los ojos.

KATHERINE MANSFIELD

Quizá sí que intentamos huir. Si no hablamos de ello…

Si bebemos hasta quedar insensibles…

Si nos sumergimos en el trabajo para no tener tiempo de pensar en ello…

Si dormimos, nos olvidaremos de ello…

Pero nuestro silencio nos grita. Las drogas nos destruyen. Al final de la dura jornada de trabajo, nos miramos al espejo y vemos nuestra desesperación. Y cuando nos refugiamos en el sueño…, tendremos que afrontar la verdad desde el principio cuando nos despertemos.

Hace años, monté en una noria de feria con mi hija y, como me dan vértigo las alturas y me imaginaba todo tipo de accidentes, me cubrí los ojos con las manos.

Ella no me lo consintió. «¡Abre los ojos, mamá!» me gritó.

Los abrí…, y tampoco sentí tanto miedo, después de todo.

❋❋

Es mejor que abramos los ojos y hagamos frente a nuestra pérdida. A la larga, nos costará menos.

26 de mayo

La única cosa insoportable es la negativa a amar.

MADELEINE L'ENGLE

A veces nos parece que este duelo que estamos viviendo es la única cosa insoportable.

Pero piensa una cosa: ¡qué apagadas, qué terribles habría sido nuestra vida si no hubiésemos querido a una persona lo suficiente como para sentir duelo por ella!

Y esta persona en concreto..., ¿cómo habría sido nuestra vida sin esta persona a la que tanto quisimos? ¿Vale la pena estar sintiendo este dolor, a cambio de haber tenido a esa persona querida durante el tiempo que la tuvimos?

Sí; pero...

Está claro: estos intentos de recurrir a la razón no van a servir para reducir nuestro duelo. Ahora no. Ni nunca. Pero sí que puede resultar útil mirar de cuando en cuando el reverso de este dolor, como quien levanta una hoja para contemplar su envés plateado, y advertir las riquezas que hemos tenido en la vida de esta persona cuya muerte lloramos.

En algún lugar del camino (el *cuándo* es tan variable como son variables las personas que lloran), el duelo estará en el envés, y el sentimiento de bendición y de gratitud será la superficie brillante, verde y luminosa.

❋❋

A veces, cuando el dolor sea abrumador, intentaré rodearme de los recuerdos del amor.

27 de mayo

No me importaría morir joven [...], ya he vivido una vida plena.
MARY HICKMAN

Los que hemos perdido a seres queridos en accidentes repentinos acabamos repasando meticulosamente nuestros recuerdos en busca de presagios. ¿Hubo alguna pista, alguna indicación de que fuera a suceder algo terrible como aquello? Si las encontramos, quizá aporten un cierto grado de sentido a una vida que ha quedado reducida al caos. ¿Lo sabía nuestro ser querido, en algún ámbito inconsciente?

Mi hija dijo las palabras que encabezan esta página, sin darles importancia, durante los meses que precedieron a su muerte repentina a los dieciséis años por una caída de caballo. Yo le respondí: «¡Mary! Hay que vivir un mundo cada vez».

Después de su muerte, recordé sus palabras. ¿Había tenido ella más razón que yo? ¿Hay algo en virtud de lo cual sea posible tener un vago presentimiento de un hecho como aquél?

Si es posible, ¿qué otros misterios insondables existen en un universo del que sólo podemos conocer un fragmento mínimo?

Estas «señales y presagios» no mitigan la pena de la pérdida; pero sí que pueden darnos la esperanza de que hay un Plan Trascendental que funciona a algún nivel y que sabe lo que hace.

Voy a tener la mente abierta a todas las posibilidades de conocimiento y de fe.

28 de mayo

> Oh, Dios, haz que pase este día en paz; haz que pase esta noche en paz, oh, Señor que no tiene señor. Sólo en ti hay fuerza. Sólo tú no tienes compromisos.
> Bajo tu mano paso la noche. Eres mi Madre y mi Padre. Amén.
>
> ORACIÓN TRADICIONAL BORANA (ÁFRICA)

Haber pasado algún tiempo en paz cuando estamos de duelo es todo un logro. No podemos contar con ello: hacemos bien en pedir ayuda para conseguir otro rato de paz. Y en pedir ayuda a uno que siempre está disponible.

Esta oración contiene un rasgo conmovedor de sabiduría: el que reza, reza a un Señor que no tiene compromisos previos. «Préstame atención a mí, por favor».

Nos dirigimos a la idea más pura que podemos tener de lo que es el consuelo y la seguridad: una madre y un padre. No obstante, con el discreto recordatorio de que esa madre y ese padre no estén distraídos, por favor, sino que puedan dedicarnos su atención plena. Entonces sí que podemos confiar en que esa madre y ese padre velarán por nosotros durante toda la noche.

En mi debilidad, puedo recurrir con confianza a Aquel que es fuerte.

29 de mayo

¿Ha dicho alguien que tendrían fin
un fin, oh, un fin, el amor y el duelo?

MAY SARTON

No; ninguno de los dos. Y supongo que esto mismo es lo que nos consuela: que aunque nunca llegamos a «superar» una pérdida importante, tampoco «superamos» nunca el amor que compartimos con esa persona, un amor que, de modos que ya iremos conociendo, se queda con nosotros y sigue enriqueciendo nuestra vida a lo largo de los años.

Pero se impone una advertencia. No debemos confundir el duelo con la imagen de la persona que queríamos. Si dejamos que lo uno se solape demasiado con lo otro, no podremos dejar el duelo, porque entonces perderíamos también al ser querido. Pero son cosas distintas; y nos irá mejor en la vida si establecemos, en cuanto nos sea posible, una separación consciente entre la persona querida y el duelo que nos produce su pérdida. Cada una de estas dos cosas tiene su lugar, pero no es preciso que vayan siempre unidas.

Aunque sé que mi recuerdo de mi ser querido tendrá siempre un regusto de tristeza, seré capaz de dejarlo en segundo plano si quiero hacerlo.

30 de mayo

> El duelo se disuelve
> como la nieve en mayo,
> como si no hubiera tal cosa fría.
>
> George Herbert

Nosotros habíamos pensado que no podría llegar a pasar nunca; que este duelo no se aliviaría nunca, ni mucho menos que llegaría a disolverse.

Pero el duelo, como la nieve, se va disolviendo poco a poco, en efecto; hasta que un día descubrimos, quizá con sorpresa, que el paisaje ha cambiado: ya no hay nieve. Vuelve a verse la hierba, las piedras y las flores. Del mismo modo, nuestro duelo se va fundiendo poco a poco, hasta que un día descubrimos que nos sentimos mejor, que casi hemos vuelto a ser los que éramos.

Siguiendo con la metáfora, la nieve fundida se ha convertido en agua que fertiliza esta tierra u otra, en función de la disposición del terreno y de qué suelo tiene más sed. O puede que la humedad haya ascendido a las nubes, para que flote por el cielo y vuelva a caer de nuevo para regar otras tierras.

Del mismo modo, nuestro duelo se transmuta en otras formas de energía y de vida. Seguirá formando parte del sistema de nuestra vida y de la vida de los que nos rodean, en función de las circunstancias y de dónde hay mayor necesidad. No se perderá. Se transformará.

Dejaré en manos de los procesos de la vida este duelo que siento tan frío sobre mi corazón.

31 de mayo

El que da la vida no pierde nunca de vista ni una sola vida; no hay una sola vida que peque tanto que él la deseche; no hay una sola vida que no esté tan cerca de él, que todo lo que conmueve a esa vida lo conmueve a él, con pena o con alegría.

PHILLIPS BROOKS

Hay una duda irracional de la que resulta difícil librarse, sobre todo si la persona fallecida ha estado a nuestro cuidado: «¿Quién cuidará ahora de él o de ella?». ¿Quién estará brindando su amistad a nuestro ser querido? ¿Quién estará a su lado para consolarlo y darle seguridad, para enseñar al recién llegado al otro lado qué debe hacer, cómo funcionan las cosas por allí?

Estas dudas resultan especialmente pertinaces e inquietantes si el que ha muerto es un niño o un adolescente, una persona que necesitaba de nuestros cuidados, que tendería a sentirse insegura en situaciones nuevas.

Estas preguntas son irracionales y ociosas a cierto nivel. Pero la muerte suele tener poco o nada de racional, y lo cierto es que las dudas que rodean el tema desencadenan nuestras angustias y nuestras esperanzas más primigenias y más huidizas.

Buscamos a tientas imágenes que nos calmen los miedos. La figura del Vivificador que nos ofrece Phillips Brooks tiene visos de realidad..., ¡y es precisamente lo que necesitamos!

Encomiendo a mi ser amado en tus manos, ¡oh, poder de la vida y del amor, omnipresente y siempre solícito!

1 de junio

Debemos estar dispuestos a dejarnos interrumpir por Dios.
DIETRICH BONHOEFFER

¿Quién está dispuesto? Tenemos nuestros planes, las cosas que esperamos con interés...; nuestra vida, que sigue adelante a su ritmo, un ritmo a veces desagradable pero que al menos es previsible.

Entonces pasa algo, un accidente, una muerte o una enfermedad, que lo cambia todo, que nos obliga a replantearnos nuestras prioridades y, con frecuencia, a reorganizar nuestras vidas.

Las personas que han podido librarse por poco de una catástrofe manifiestan después un nuevo aprecio de los placeres sencillos de la vida, del don que es cada nuevo día, y manifiestan también su resolución de no dejar para «otro día» los placeres ni las buenas obras, porque puede que no llegue nunca «otro día».

Los que hemos perdido a seres queridos hemos aprendido también el valor de los dones sencillos, de no dejar para más adelante las buenas obras ni las buenas palabras, porque no sabemos cuándo se van a producir hechos que nos cambiarán el mundo y la marcha esperada de nuestras vidas, y puede que ya no estén los que debían haber sido beneficiarios de nuestras buenas palabras y obras.

El valor precioso de este día es, de suyo, un don.

2 de junio

> Nuestras alegrías vuelan como sueños alados;
> ¿por qué han de durar las penas?
> Si el duelo no hace sino agravar tu pérdida,
> no te duelas de lo ya pasado.
>
> THOMAS PERCY

¿Tiene nuestro duelo el efecto de agravar nuestra pérdida? En esto interviene un equilibrio delicado.

Por una parte, debemos prestar atención al duelo, debemos recorrer con duelo el valle de la pérdida; de lo contrario, no llegaríamos a ser capaces de asimilar la pérdida, de volver a ser personas completas. Por otra parte, tampoco debemos detenernos demasiado por el camino; de lo contrario, podríamos quedarnos atascados, sin llegar nunca al otro lado.

Si observamos que estamos dando vueltas una y otra vez, durante mucho tiempo, a lo mal que nos sentimos, podemos intentar pensar más bien en algunas de las alegrías que vuelan «como sueños alados», en los momentos maravillosos que hemos compartido con nuestra persona querida. O en momentos que no tengan nada que ver con ella, pero que nos hayan producido gozo.

Tenemos un cierto grado de control sobre el tiempo que tenemos nuestra atención puesta en algo. Así pues, no dejemos marchar demasiado pronto los temas alegres. ¡Los necesitamos!

Entraré de vez en cuando en mis aposentos de los recuerdos alegres... ¡y cerraré las puertas!

3 de junio

> Qué pronto, inexplicablemente, me cansé y me hastié,
> hasta que me alejé en solitario, ascendiendo y flotando
> por el aire nocturno, húmedo y místico, y de cuando en cuando
> alzaba la vista a las estrellas, en silencio absoluto.
>
> WALT WHITMAN

¡Qué sencillo nos resulta identificarnos con esa inquietud de Whitman!

A veces parece que no hay nada que pueda captar nuestra atención, que no hay nada que valga la pena hacerse durante mucho tiempo. La vida parece apagada, sin brillo, casi carente de significado.

¡Qué reconfortante puede ser entonces salir a contemplar las estrellas en una noche tranquila! En un mundo de orden y belleza tan vastos, de extensiones tan insondables de tiempo y de espacio, deben existir, sin duda, significados que no somos capaces de entender.

La noche también tiene su sensación de intimidad. Esa estrella más cercana que tanto brilla en el cielo ¿será una señal?

El misterio perdura. Pero, de alguna manera, nos consuela.

Hasta en mi soledad y en mi aflicción, el mundo me tiene en sus brazos.

4 de junio

En verdad que es lícito llorar. Al llorar, dispersamos nuestra rabia, y las lágrimas nos surcan el corazón como un río.

OVIDIO

Esto lo sabemos todos por experiencia. Hablamos de «llorar a gusto». O alguien nos dice que «se sintió mejor cuando pudo llorar». Lo habitual es que nos sintamos mejor, aunque sí que podemos sentirnos un poco avergonzados si hemos sucumbido a las lágrimas en un lugar público.

¿Por qué? Yo no he visto nunca que nadie reaccione con desasosiego ni con desprecio ante una persona que estuviera derramando lágrimas sinceras. Si viera tal cosa, pensaría más bien que el que está mal es el observador, y no el que llora.

El alivio de la presión del duelo (incluida la «rabia» del duelo, como la llama Ovidio) parece casi un efecto físico, una cuestión de aliviar la presión interna. También se ha apuntado que las lágrimas tienen una buena acción química, que nos permiten eliminar sustancias no deseables en el organismo.

Hay personas incapaces de llorar, por una enfermedad o por sus limitaciones emocionales. ¡Qué triste!

Así pues, deja correr las lágrimas. ¿Qué importa que se te pongan rojos los ojos y que se te hinchen las mejillas? Tu cara no tardará en recobrar la normalidad, y, mientras tanto, tú te sentirás mucho mejor.

❋❋

Agradezco el don de las lágrimas.

5 de junio

> Al alba, acostado, los recuerdo,
> con un amor que es casi alegría, los recuerdo:
> perdidos, y todos míos, todos míos para siempre.
>
> JOHN HALL WHEELOCK

El modo en el que nuestros amores perdidos quedan para siempre en nuestro corazón y en nuestra mente nos proporciona una alegría agridulce, pero verdadera. Están en nuestra conciencia, en efecto, de una manera tan constante como no podrían haberlo estado cuando vivían; porque entonces dependíamos de sus idas y venidas, de los altibajos de su convivencia con nosotros, de los caprichos de la presencia y de la conveniencia.

Pero ahora podemos evocar sus recuerdos a voluntad, e incluso cuando no estamos pensando en ellos conscientemente nos parecen una parte tan integral de nuestro ser como nuestra propia piel, o como una bata cómoda que nos ponemos al final de una jornada agitada y cansada. Un ser amado, un recuerdo con el que estar, un compañero silencioso.

Tampoco en este caso se trata de lo que habríamos preferido. Pero es, de suyo, una bendición.

❋❋

Voy a relajarme en el recuerdo y en la presencia espiritual de mi ser amado, y me sentiré en paz.

6 de junio

Aprender a tener confianza ha de ser, para todos nosotros, el medio por el que las raíces se fortalecerán y nutrirán el árbol de la vida.

ELAINE M. PREVALLET

En muchas regiones, la tierra ha estado desnuda y estéril, o cubierta de fría nieve, durante todo el invierno.

Pero, bajo esa tierra sin vida aparente, las raíces de las plantas se han mantenido en un estado de hibernación necesaria. Después, al llegar la primavera año tras año (¡y con un poco de ayuda por nuestra parte!), la tierra vuelve a cobrar vida y florece, llena de belleza y de fertilidad.

Esto puede servirnos de ejemplo de confianza en estos meses del reverdecimiento que acompaña a la llegada del buen tiempo: nos hace ver que tras la estación de la depresión y de la pena llegará, con el tiempo, un amor renovado a la vida y un nuevo aprecio de sus dones, entre ellos, el don de la vida y el legado de la persona a la que hemos amado.

Así como he aprendido a confiar en el retorno de las estaciones, quiero tener confianza en la vida que me apoya a lo largo de mi viaje a través del duelo.

7 de junio

> No podemos recrear este mundo [...]. Ni siquiera podemos recrearnos a nosotros mismos, en realidad. Sólo podemos recrear, o crear de nuevo, nuestra conducta.
>
> ALICE WALKER

¿Cómo podemos salir de este valle de desaliento en el que tiende a sumirnos el duelo?

No puede ser a base de cambiar el hecho de la pérdida. Bien sabemos que eso no podemos esperarlo. Ni tampoco con un acto de voluntad de tal envergadura que nos lleve el ánimo de la tristeza a la aceptación y a unas nuevas ganas de vivir. Quizá lo hayamos intentado, pero no da resultado; lo más que conseguimos es un cambio de ánimo transitorio, pero no es duradero.

En la espiritualidad cristiana existe un principio clásico según el cual el modo de poner a prueba la validez de la fe es obrar como si fuera cierta, y ver qué pasa.

Del mismo modo, podemos empezar a obrar como si tuviésemos intereses puestos en el futuro, como si estuviésemos reemprendiendo las actividades de nuestra vida y volviendo a disfrutar de ella (de nuestros amigos, de nuestro jardín, de nuestra música, de nuestro trabajo)..., y ver qué pasa.

Voy a entrar de nuevo en la corriente de la vida... a ver qué pasa.

8 de junio

> Que el invierno, con ruda mano, no desfigure
> en ti tu estío, antes de destilar tu esencia.
>
> WILLIAM SHAKESPEARE

El duelo se aferra a nosotros con insistencia, y algunos días nos parece que no vamos a salir nunca de su sombra.

A veces no nos queda otra opción. Nos golpea como un mazo, y tardamos mucho tiempo en recobrar el aliento.

Pero a veces sí que nos queda opción. Es bueno que lo recordemos, aunque nos resistamos al concepto, pensando: «No hay duelo como éste. ¿Cómo voy a poder apartarme de él?».

Pero quizá podamos. Al menos, vale la pena intentarlo, apartar durante algún tiempo el manto sombrío que nos ha cubierto desde que perdimos a nuestro ser querido.

Visualiza la imagen de que te estás quitando un manto pesado que te cubre la cabeza y los hombros; que lo pliegas cuidadosamente, que lo guardas con cuidado en un estante del armario, que cierras la puerta y te marchas.

Y ahora (¡suponiendo que no te esté mirando nadie que se pueda preguntar qué diantres haces!) representa el mismo acto con tu cuerpo. Adelante: levanta el pesado paño, pliégalo, ponte de pie, camina hasta un armario y guárdalo en un estante. Después, cierra la puerta, y apóyate un rato sobre la puerta. Y márchate.

Y saborea, al menos durante un rato, la realidad de este día, de este día de verano.

Puedo elegir hasta cierto punto cuándo ocupa el duelo un lugar de primer orden en mi vida.

9 de junio

> Por encima de todo, no perdáis el deseo de caminar. Yo camino todos los días hasta alcanzar un estado de bienestar, y alejo todas las enfermedades caminando. He llegado a caminar hasta llegar a mis mejores pensamientos, y no conozco ningún pensamiento tan pesado que no podamos alejarnos de él a base de caminar.
>
> SÖREN KIERKEGAARD

Me figuro que no es indispensable que se trate de caminar, aunque es cierto que caminar suele estar al alcance de todos y que es uno de los mejores ejercicios físicos. Es una labor física potenciadora y que te lleva a alguna parte: estás representando el hecho de dejar atrás la tristeza y la depresión.

A veces nos resulta difícil acopiar la energía suficiente para levantarnos y ponernos en marcha; pero, si esperamos a que «nos apetezca», quizá no nos lleguemos a levantar nunca del sillón… ¡o de la cama!

Pero no podemos cansarnos de resaltar el valor del acto de caminar. A las personas que tienen un equilibrio emocional frágil se les recomienda que caminen. También forma parte de la rehabilitación tras someterse a una operación de corazón. Una escritora amiga mía me dice que, cuando llega a un pasaje difícil en el libro que está escribiendo, se da lo que ella llama «una caminata de pensar», de la que siempre regresa con ideas nuevas.

Así pues, si nos está costando trabajo «despegarnos» del dar vueltas a la cabeza sumidos en el desánimo o en los remordimientos, probemos a caminar.

No estoy en casa, ¡he salido a caminar!

10 de junio

> [...] había sido arrojado violentamente a un mundo completamente nuevo, en el que se había perdido. El cielo era diferente. Un bocadillo de jamón era diferente. Decía que hasta sus propios zapatos, juntos en el armario aquella mañana, le habían parecido tan raros que apenas había sido capaz de tomarlos con la mano.
>
> JOSEPHINE HUMPHRIES

Toparnos con el mundo corriente al que estábamos acostumbrados nos produce un asombro constante. Ahora lo vemos todo a través de un velo de duelo y de pérdida. ¡Claro que el mundo nos parece distinto!

¿No sería más fácil que nos pudieran transportar a algún entorno donde no se nos estuviera recordando siempre a la persona que falta, a la que nos acompañaba la última vez que entramos en aquella tienda o que fuimos por este camino rural?

Hay personas que, pensando esto mismo, se alejan de su casa en las primeras Navidades, o se van de vacaciones a un sitio diferente del habitual. Así no tienen que soportar ese entorno familiar con sus recordatorios constantes, como un eterno juego de «buscar las siete diferencias».

No obstante, casi todos nosotros tendremos que acabar por hacer frente a las pautas habituales de nuestra vida, tendremos que construir un mundo nuevo dentro del mundo que ya conocemos. Y al cabo de algún tiempo descubrimos, con sorpresa y con satisfacción, que este mundo vuelve a resultarnos acogedor.

En el mundo que habito encuentro estabilidad y también un espacio donde estar.

11 de junio

> Pero las almas de los justos están en manos de Dios, y ningún tormento los alcanzará. A los necios les parece que mueren, y consideran que su partida es una desgracia y que su marcha es la destrucción absoluta; pero ellos están en paz.
>
> SABIDURÍA, 3,1-3

Estas sabias palabras del libro bíblico deuterocanónico de la Sabiduría de Salomón parecen ahora tan actuales como lo debieron de parecer cuando se escribieron por primera vez. En ellas se refleja toda nuestra angustia, nuestra percepción, nuestras esperanzas, como se han reflejado en los escritos a lo largo de los siglos.

Es un consuelo ver lo perdurables que han sido las preguntas y las respuestas acerca de la muerte y de lo que está más allá. Si son tantas las personas que han creído firmemente, durante tanto tiempo, que, cuando morimos, regresamos a Dios y estamos en paz, entonces nosotros bien podremos abrazar también esta esperanza, por nuestros seres queridos, y por nosotros mismos.

Quiero encontrar consuelo y esperanza en la sabiduría a lo largo de los siglos.

12 de junio

Y está también la cuestión de la idealización. Es otra distorsión. Idealizarla de una manera reñida con su naturaleza. Bella no era una *madonna* altiva, ni una María enigmática, ni una *mater dolorosa*. Era una dama de carne y hueso que se comprometía, en cuya vida entraba también el dolor y el sufrimiento. Era un ser humano, con defectos de ser humano. Recordar únicamente las partes buenas es una traición.

TOBY TALBOT

No sólo es una traición, sino que mantener esas ilusiones imperfectas nos cuesta mucha energía, una energía que nos hace falta para hacer frente al resto de nuestro duelo y al resto de nuestra vida.

Quizá creamos que al exagerar las buenas cualidades de los muertos, pasando por alto al mismo tiempo lo menos admirable, los estamos honrando. Ya lo recomendaba así la máxima latina *De mortuis, nihil nisi bonum* («De los muertos, nada más que lo bueno»).

Pero esto no se puede mantener a largo plazo, si lo que queremos es recordar en su integridad a personas muy cercanas a nosotros y a las que quisimos.

¿Qué preferiríamos nosotros mismos? ¿Que nos recordasen como una especie de dechado de perfecciones? ¿O que nos recuerden como las personas que somos, en todas nuestras dimensiones?

Celebro la vida de mi ser querido, en toda la plenitud de sus cualidades humanas.

13 de junio

> Tengo que aprender a: descorchar botellas; abrir muebles; abrir ventanas encajadas; volver a casa yo sola; ir a ver qué es ese ruido, de noche; comer sola; tomar decisiones sola; administrar el dinero sola; ir de viaje sola; pelearme con las compañías de agua de la luz y del gas sola; estar enferma sola; dormir sola; cantar sola.
>
> SONJA O'SULLIVAN

Suele pasar que estemos más prevenidos, más preparados, para afrontar los grandes trances, como los cumpleaños y las fiestas, que para algunos de esos otros momentos más informales en los que nos habíamos acostumbrado a la presencia de nuestro ser querido. Una mujer que había perdido a su marido recordaba la primera vez que oyó por la radio una noticia importante y se volvió con intención de comunicársela a su marido... «Fue entonces cuando comprendí que él ya no estaba».

Los circuitos de este nuevo concepto se nos van quedando marcados en el cerebro poco a poco, pero tardan algún tiempo, y tendremos muchas recaídas, anhelos desesperados de que nuestros seres queridos vuelvan a ocupar de nuevo sus lugares acostumbrados.

Pero, con el tiempo, el recuerdo de que han compartido con nosotros tal o cual vivencia concreta nos aportará un sentimiento penetrante de agradecimiento por todas aquellas ocasiones en las que estuvieron con nosotros. Y encontraremos la fuerza necesaria para seguir adelante solos.

Que mis recuerdos amorosos me den fuerza mientras yo aprendo de nuevo mi vida.

14 de junio

> Dios no dice nunca «debiste haber venido ayer»; ni dice nunca «vuelve mañana»;
> antes bien, si oyes hoy su voz él te escuchará a ti hoy [...].
> Él, que sacó la luz de la oscuridad, y no de una luz menor,
> puede darte verano en el invierno, aunque no tengas primavera.
> Todas las ocasiones propician su misericordia, y todos los tiempos son su sazón.
>
> JOHN DONNE

¿Qué creemos que debemos hacer, qué debemos hacer, para sentir algún alivio en el dolor de este duelo?

No tenemos que pasar por ningún aro; no tenemos que hacer ninguna concesión a dogmas que no somos capaces de creer. Hay personas que son, para nosotros, la personificación del amor. ¿Somos capaces de creer que somos aceptados, que en el universo hay una Unidad, un Amor que Todo lo Abarca, un Dios (llamémoslo con la palabra o con el impulso de ánimo que nos resulte posible)? Si somos capaces, entreguemos una parte de nuestro duelo a ese Otro, como hace un niño que, en la oscuridad, entrega a un amigo de confianza una carga que es demasiado pesada para él.

No hay carga demasiado pesada... ni demasiado liviana.

No hay angustia demasiado intrascendente... ni demasiado inmensa.

No quiero aferrarme a mi duelo con tanta fuerza que no sea capaz de recibir ayuda cuando me la ofrezcan.

15 de junio

> Descubrimos que nuestro círculo más cercano de amistades se desplazaba [...]. Vimos con sorpresa y con desilusión que ciertas personas a las que habíamos tenido por buenos amigos se volvían distantes, incómodas y parecían incapaces de ayudarnos. Otros, que hasta entonces habían sido meros conocidos, se volvieron de pronto íntimos, apoyos vitales. El duelo cambia las reglas, y a veces reorganiza las combinaciones.
>
> MARTHA WHITMORE HICKMAN

La gente suele comentar que las personas que se sienten más incómodas a la hora de hablar con nosotros de nuestra pérdida se están protegiendo a sí mismas de su propio miedo a la pérdida y a la muerte.

Esa actitud suya no es ni «correcta» ni «incorrecta». Puede que esas personas no sean conscientes de su propia angustia.

Pero a nosotros nos puede resultar desconcertante que unas personas con las que habíamos contado en el pasado no parezcan ahora tan serviciales, tan comprensivas ni tan dispuestas a acercarse a nosotros como habíamos esperado. No es que sea «culpa» suya. Pero también es importante que nos demos cuenta de que tampoco es «culpa» nuestra. Las circunstancias cambian. La vida nos sirve diversas vivencias. De modo que podemos sentirnos más vinculados con personas a las que antes apenas conocíamos, pero cuyas vivencias concuerdan con las nuestras.

❋ ❋

A lo largo del viaje de mi vida tendré muchos compañeros. Me alegro de mis amigos, de los antiguos y de los nuevos, y de los modos en que nuestras historias respectivas nos unen.

16 de junio

> Yo sabía que [...] la aceptación plena del carácter definitivo de la pérdida y de todo el dolor que la acompaña no tenía por qué empequeñecer la vida, sino que podía aportarle un nuevo sentimiento de realización. Sabía también que esto no se podía alcanzar sin pasar por los suplicios del duelo y de la aflicción.
>
> LILY PINCUS

Esta afirmación de que el sufrir una pérdida importante en la vida puede conducirnos a un sentimiento nuevo de realización es valiente, y cuesta trabajo creerla en un primer momento. Al principio sólo pensamos en ir aguantando los días y las noches conservando un mínimo de equilibrio. La idea de que esto tiene su «lado bueno» es inconcebible, incluso ofensiva.

Como sucede con tantos otros hechos cruciales de nuestra vida, la lección sólo la aprendemos *a posteriori,* cuando hemos tenido ocasión de dejar que se asienten las cosas y de ver lo que nos ha quedado. Entonces, en efecto, sí que podemos reconocer que hemos aprendido algo, que hemos adquirido una cierta capacidad para soportar el dolor y la incertidumbre.

Pero esta lección no la aprendemos inmediatamente ni podemos precipitarla. Y puede que las cosas no lleguen a asentarse nunca, a menos que dejemos que los diversos temas y exigencias del duelo sigan su curso, que nos formulemos sus preguntas y que respetemos su confusión.

❋ ❋

No intentaré precipitar el proceso del duelo. Iré día a día.

17 de junio

> Me amaneció un nuevo día. Era como si me hubiera surgido en el cielo un sol distinto. El cielo tenía un brillo superior, indescriptible, y la tierra estaba más hermosa; y este nuevo día me ha seguido iluminando hasta este momento.
>
> ORVILLE DEWEY

¿Podemos creer que llegará un día como aquél cuando estamos empantanados por el duelo intenso? Una persona que se recuperaba de una enfermedad grave dijo: «Casi me ha merecido la pena haber estado enfermo, porque ahora vuelvo a apreciar íntegramente lo maravilloso que es estar sano».

Tarda algún tiempo en llegar. Pero si tenemos la fortuna de contar con buenos amigos y con una fe que nos pueda ayudar a pasar los tiempos malos, llegará un momento en el que volveremos a despertarnos a la belleza de la vida que nos rodea, y a un nuevo amanecer de junio, a un mundo de belleza y de promesas increíbles.

Si no eres capaz de sentirte así todavía, sigue con tu duelo. Pero conserva presente en la mente la promesa de que algún día, cuando hayas pasado por lo peor, te encontrarás con lo mejor, y muy posiblemente lo apreciarás de una manera nueva por haber pasado por lo que has pasado.

Tendré ante mí la promesa de una vida renovada y alegre.

18 de junio

> Nada podía detenerte.
> Ni el día más luminoso. Ni la calma. Ni el rumor del mar. Tú seguías muriéndote.
>
> MARK STRAND

Cómo seguía a lo suyo el que se estaba muriendo. Sabía que estábamos aquí. Nos quería, quería ahorrarnos el dolor. Sí: nos echaría de menos. Pero ya tenía los ojos puestos en otro paisaje, y nosotros lo veíamos zarpar.

¿Nos sentimos abandonados ahora que ya no está?

No tenemos por qué. Nos sigue queriendo. Ha alcanzado su destino.

¿Tenemos que pedirle permiso para dejarlo marchar? Ya nos lo dio, sin duda, con el acto de morirse.

Puede que sea él quien necesite nuestro permiso para sentirse plenamente a gusto con su marcha. Un amigo mío cuenta que, inmediatamente después de la muerte de un tío suyo al que quería mucho, sintió su presencia con él, en el pasillo, y a la pregunta «¿Me puedo marchar, Buddy?» (así era como llamaban familiarmente a mi amigo), él respondió: «Sí, adelante»; y sintió que cambiaba el ambiente, que lo invadía una cierta paz y tranquilidad.

❋❋

La muerte es un misterio en el que los vivos sólo hacemos de público; pero es un misterio en el que hay que confiar.

19 de junio

> El mero hecho de haber vivido es una medida de inmortalidad; que nazca un niño, que se haga hombre o mujer, que engendre a otros como él, es, en sí mismo, un acto de fe, incluso es un acto de desafío. Es como si todos los seres humanos que nacieran en este mundo brillaran durante unos momentos como una estrella, y por lucir en la oscuridad este punto de luz, por eso hay gloria, por eso hay vida.
>
> DAPHNE DU MAURIER

Cuando consideramos los procesos de la naturaleza por los que llegamos a existir cada uno de nosotros, la selección genética, la combinación de un óvulo con un espermatozoide determinados, nuestra vida en el vientre materno, nuestro paso a la vida como criaturas independientes y que respiramos..., comprendemos que el hecho mismo de que estemos vivos es, de suyo, un milagro de supervivencia, asombroso y digno de ser celebrado. Y lo mismo sucede con la venida a la tierra de nuestro ser querido, y con los flujos y reflujos del parentesco y del amor que nos pusieron juntos en un mismo drama, en una misma escena. Aunque lloremos la falta de ese ser querido, ¡piensa cuánto más pobres habrían sido nuestras vidas si no hubiésemos habitado juntos en el mundo! Mientras esperamos una continuación de la vida juntos, más allá de la muerte, no es poca cosa haberse conocido y querido el uno al otro en este entorno espectacular que es la vida.

Agradezco desde lo más hondo de mi ser la vida que he compartido con mi ser querido.

20 de junio

> Me alegro de que se llegara a escribir el libro. En cierto modo extraño, me ha purificado algunos residuos que llevaba dentro. Aunque esta no ha sido la primera lección, me ha enseñado a aceptar las alegrías y las vicisitudes de la vida y a volver a enamorarme de ella tal como es, extraña, hermosa y terrible.
>
> ALAN PATON

No seremos muchos los que hagamos lo que hizo Alan Paton, que escribió un libro entero como ayuda para ir resolviendo su pérdida. Pero a muchos nos ha venido bien llevar un diario, un simple cuaderno donde escribimos nuestros pensamientos y nuestras dudas, donde recogemos por escrito nuestro dolor, para no tener que llevarlo todo en la cabeza constantemente.

Puede interesarnos repasar el diario de cuando en cuando, para que nos recuerde los altibajos emocionales de nuestro viaje o para refrescarnos la memoria sobre cómo se sucedieron ciertos hechos. Pero aunque no volvamos a mirar nunca esas páginas, todavía nos habrán hecho un buen servicio. El mero acto de buscar las palabras para expresar todo el tumulto nos ayuda a entenderlo un poco mejor, a recorrerlo con menor peligro de quedarnos atascados, para que podamos llegar hasta ese lugar donde podremos «volver a enamorarnos de la vida».

Naturalmente, escribir no gusta a todos; hay quien prefiere pintar, o tocar el piano, o cualquier otra cosa que nos abra los poros emocionales y que dé salida a la energía del duelo, liberándonos para la nueva vida.

❋ ❋

El duelo es como el fuego de un crisol. De él saldrá algo hermoso.

21 de junio

> No necesitas valor para el momento del golpe, sino para la larga ascensión posterior hasta volver a alcanzar la cordura, la fe y la seguridad.
>
> ANNE MORROW LINDBERGH

En la primera oleada del duelo, somos conscientes, casi a pesar nuestro, de lo que es preciso hacer en esas circunstancias. Existen unas formas sociales y unas costumbres bastante establecidas que nos indican lo que hay que hacer, cómo hay que comportarse, y sólo tenemos que acopiar un mínimo de energía y de fuerza de voluntad para seguir las instrucciones, para hacer lo que se espera de nosotros. Pero, después, concluyen los ritos y la vida adopta formas más libres. Ya no es cuestión de determinar los detalles del funeral ni dónde van a dormir los familiares que han venido a vernos, sino cómo seguir adelante con nuestra vida, qué hacer con los silencios. Entonces será cuando nos hará falta valor y fortaleza.

Y necesitaremos estas cualidades durante mucho tiempo, mientras estemos luchando por volver a poner los pies en un camino que ha cambiado espectacularmente. Necesitaremos valor para la marcha diaria y confianza en las metas que nos hemos marcado (o vuelto a marcar) ahora que uno de nuestros compañeros ya no está con nosotros.

Dame valor para el largo viaje, y valor para la etapa de cada día.

22 de junio

> El momento presente es significativo no como puente entre el pasado y el futuro, sino en virtud de su contenido, un contenido que puede llenar nuestro vacío y hacerse nuestro si somos capaces de recibirlo.
>
> DAG HAMMARSKJÖLD

Cuando estamos de duelo, la mente se nos inunda constantemente de recuerdos del pasado. Algunos recuerdos nos evocan aquel mundo más feliz, más despreocupado (o así lo recordamos nosotros), antes de que esta pérdida conmocionara nuestra vida. Otros recuerdos pueden ser de momentos que lamentamos y que ya no podemos «arreglar». Y cuando no estemos recordando, podemos estarnos trasladando mentalmente a un futuro con su espacio vacío para siempre, a todos los años que pasaremos echando de menos a nuestro ser querido.

Pero… espera. El momento es éste mismo. El día que tenemos es éste mismo.

Prueba el siguiente ejercicio para recibir los contenidos del día presente. Ponte de pie, allí donde estés, e imagina que dejas que se te deslicen todos los residuos del pasado y todos los pensamientos acerca del futuro, hasta que caigan y queden tirados a tus pies como ropa usada que te hayas quitado de encima. Después, pasa por encima de ellos, entra en otra habitación y mira a tu alrededor.

❋❋

Procuraré estar plenamente presente en este día, en este día que es precioso por sí mismo y que es distinto de todos los demás días que he vivido y que viviré.

23 de junio

> [...] no hay costumbre más ridícula que aquella que nos obliga a manifestar nuestro pésame en un día determinado, y de una vez para siempre, a una persona a la que la pena le durará tanto como le dure la vida. Ese duelo, sentido de ese modo, siempre está «presente»; nunca es tarde para hablar de ello; nunca es redundante comentarlo una vez más.
>
> MARCEL PROUST

Éste asunto es delicado. A algunas personas les parece que volver a referirse a un duelo «antiguo» equivale a reavivar una herida que quizá ya había dejado de doler, o que al menos no dolía tanto.

Quizá dependa de la gravedad de la pérdida. Cuando la pérdida parece fuera de lo común y como para durar toda una vida (como en el caso de la muerte de un niño), el duelo nunca se habrá «acabado». Estará en una etapa distinta, pero seguirá allí; y nosotros, como padres, bien podemos sentirnos agradecidos de que alguien, «después de tanto tiempo», tenga presente un duelo que a nosotros no se nos marcha nunca.

Yo, por mi parte, sé que mi marido y yo nos sentimos agradecidos en las diversas ocasiones en las que, mucho después de la muerte de nuestra hija, nos encontramos con amigos que conocían nuestra pérdida, pero a los que no habíamos visto en persona hasta entonces, y aprovecharon la ocasión para manifestarnos su pésame. Supongo que la mayoría de nosotros preferiríamos que la gente se arriesgue a ofrecer demasiado, en vez de adoptar una actitud falsa de contención, dejándonos en la duda de si lo saben o de si no les importa.

Sí, aunque llore cuando me hablas de ello, no dejo de agradecer tu apoyo.

24 de junio

El cielo es el pan de cada día de los ojos.

RALPH WALDO EMERSON

Algunos contemplan el mar para encontrar paz mental y de espíritu.

No todos tenemos esa oportunidad.

¡Pero todos tenemos el cielo! Y el cielo es infinitamente más variado en sus estados de ánimo, más evocador para la imaginación, está más lleno de maravillas, que el más amplio de los océanos.

«Cuando veo tus cielos –escribió el Salmista–, obra de tus dedos, la luna y las estrellas que tú formaste, digo: "¿Qué es el hombre, para que tengas de él memoria, y el hijo del hombre, para que lo visites?". Lo has hecho poco menor que los ángeles, y lo coronaste de gloria y de honra».

Contemplar la creación mirando el cielo es recuperar nuestra perspectiva, ver la obra de Dios en visión panorámica, y sentir, quizá, que una creación tan intrincada, tan capaz, tan misteriosa, nos cuida y nos tiene a salvo, a nosotros mismos y a nuestro ser amado.

Bajo la vasta extensión del cielo, bajo el panorama de las nubes y de las estrellas, percibo el orden del mundo y me siento seguro.

25 de junio

El futuro no es nuestro todavía; quizá no lo sea nunca. Si llega, puede que llegue bajo una forma completamente distinta de la que habíamos previsto. Cerremos, pues, los ojos a aquello que Dios nos oculta y que se reserva en las arcas de sus planes profundos. Adoremos sin ver; guardemos silencio; tengamos paz.

FÉNELON

¡Cuánto tiempo pasamos angustiándonos por un futuro sin nuestra persona amada, previendo todas esas ocasiones en las que habríamos esperado que esa persona estuviera presente con nosotros, compartiendo nuestra vida!

Pero no conocemos el futuro. Puede que ni siquiera nosotros mismos vayamos a estar presentes en esas ocasiones que prevemos, adelantando nuestro duelo. ¿Por qué derrochar la energía de nuestra vida pensando en un futuro que no podemos conocer, mientras estamos rodeados del mundo presente, momento a momento, día a día? Ya tenemos bastante duelo aquí mismo. No nos hace falta multiplicar este duelo trasladándonos mentalmente a un tiempo que está fuera del alcance de nuestro conocimiento y de nuestro control.

Cuando dejo de imaginarme mi tristeza futura y sólo vivo en el presente, siento una libertad maravillosa.

26 de junio

Si me quieres, déjame marchar.

ANÓNIMO

No sé a quién debo atribuir esta cita. Me vino a la cabeza como variante de la letra de una canción que sonaba mucho algunos meses después de la muerte de mi hija. A lo largo de muchos años, he observado que las canciones que me pasan por la cabeza me suelen estar diciendo algo. En este caso, la melodía correspondía a una canción que sólo me sonaba un poco, y que decía: «Si me quieres, dímelo». Pero la letra que me vino a mí decía: «Si me quieres, déjame marchar».

Si es verdad lo que han propuesto algunos, que los espíritus de los muertos siguen rondando cerca de nosotros hasta que ven que vamos a estar bien, hasta que se sienten libres para marcharse, entonces puede ser que fuera mi hija quien me estuviera diciendo algo, metiéndome aquello en la mente en un instante. Así concebí yo el mensaje entonces.

Todo esto son conjeturas, claro está, y nadie sabe si no hacemos más que proyectar nuestras propias necesidades en esas imágenes de Lo Que Pasa Después, o si verdaderamente tenemos una idea intuitiva de algo real.

Pero sea cual sea la fuente, contrastada o no, a mí me vino bien oír entonces aquel mensaje.

Bendito seas, querido difunto. Espero alcanzarte un día de éstos.

27 de junio

> Desde que su primer duelo la había hecho nacer y despertar plenamente a este mundo, se había avivado en ella una solidaridad irrefrenable como un río subterráneo caudaloso, con la cual se conocía a sí misma, conocía a los demás y conocía el mundo.
>
> WENDELL BERRY

Esto de alcanzar el despertar pleno por medio del duelo es una manera difícil de nacer, y no todos salen ennoblecidos de ello. Pero si tenemos en cuenta que las recompensas que alcanzamos si lo hacemos bien son tan incontables como las estrellas del cielo, vemos claramente que nos conviene hacer todo lo que esté a nuestro alcance para salir de ello con éxito.

¿Qué puede hacer falta para ello? Atender a nuestras propias necesidades, a nuestro estado mental. Leer. Descansar. Estar dispuestos a volver a hacernos vulnerables. Quizá acudir a un asesor o consejero. Hablar con amigos comprensivos. Para algunos, la oración, la meditación, participar en una comunidad de sanación.

Lo que sí podemos tener claro es que seremos diferentes. Tampoco está plenamente a nuestro alcance el asegurar si saldremos de ello amargados y tristes o solidarios y, en un sentido hondo, felices. Pero puede que el resultado dependa de nosotros más de lo que creemos. Tiene sus dolores y sus peligros, como cualquier nacimiento. Pero lo que está en juego aquí es una nueva vida..., ¡una nueva vida!

❋❋

Pondré en juego toda la sabiduría y toda la fuerza que poseo para salir con éxito de esto.

28 de junio

Ella me enseñó que el duelo es una época que hay que vivir de principio a fin, que hay que conocer plenamente y que no se me va a caer el cielo sobre la cabeza si en esa época expreso en voz alta mi rabia contra Dios.

ELIZABETH WATSON

A veces cuesta trabajo reconocer que la rabia forma parte de nuestro duelo. Puede que sintamos rabia contra los médicos y el personal sanitario por no haber sido capaces de curar a nuestro ser querido. O por no haber aliviado sus sufrimientos. O por no habernos tenido mejor informados.

Quizá sintamos rabia hacia el ser querido por no haberse esforzado lo suficiente por curarse, o no haberse cuidado mejor. O, simplemente, por habernos dejado. O puede que sintamos rabia hacia nosotros mismos. O hacia Dios.

Aun en el caso en el que no responsabilicemos de la muerte de nuestro ser querido a ninguna persona determinada (ni a Dios), también sentimos rabia. Se ha truncado nuestra vida.

Tal como sucede con otros aspectos del duelo, es preciso que reconozcamos la rabia y que la expresemos. Quizá debamos ir con cuidado en el caso de los parientes y de los amigos. Pero con Dios no tenemos que preocuparnos, podemos dar rienda suelta.

Mi rabia es legítima, y si la reconozco y la expreso, se quemará antes.

29 de junio

> El día pasa por el corazón como una sombra, con pena donde todo era alegría.
>
> STEPHEN FOSTER

A veces nos cuesta trabajo recordar cómo nos parecía la vida antes de que llegara esta pérdida a movernos el suelo bajo los pies, ni más ni menos que un corrimiento de tierras o un terremoto.

Durante algún tiempo, vamos clasificando los hechos con una especie de síndrome del «la primera vez que ocurre desde que pasó aquello». Los hechos en cuestión suelen ser corrientes e inmediatos al principio: «la primera vez que fui al supermercado, la primera vez que lavé el coche, la primera vez que fui al cine». Después van llegando los hitos estacionales: «la primera Semana Santa, las primeras Navidades, el primer cumpleaños», etc. Y todo ello ensombrecido por esa pérdida que oscurece todo lo que hacemos, todo lo que pasa.

Nos preguntamos si será siempre así y, en caso de serlo, cómo podremos soportarlo.

Nuestra pérdida cambiará la constelación de nuestra vida. Es un hecho que no va a desaparecer. Pero se irán suavizando sus bordes, y llegarán otros hechos que enriquecerá nuestra vida, de manera que este duelo que parece ahora que va a estar siempre «en primer plano y en el centro de la imagen» irá pasando a un segundo plano, y nuestro corazón se alegrará con frecuencia y profundamente.

La pena ocupa todo el paisaje durante cierto tiempo, pero la alegría volverá.

30 de junio

Sintió una mano sobre el hombro.

—Está bien –dijo en voz baja–. Está bien.

Se irguió tras su andador. Notaba que unos ojos lo miraban fijamente.

—Adiós –dijo al ataúd.

Se volvió con su andador, y se alejó.

Era un día soleado, despejado y cálido, con leve brisa del oeste. La tierra estaba verde. Le agradaba sentir el sol en la cara y en las manos.

TERRY KAY

Suele acompañar a los rituales de la muerte una quietud extraña, como si la creación misma se hubiera detenido y guardara silencio ante este momento de verdad absoluta. Quizá representemos el papel que nos corresponde, en un estado que nos parece de aturdimiento, sólo que no es aturdimiento, sino la representación del papel de persona que ha perdido a un ser querido. Los rituales son antiguos, pero la experiencia es nueva para nosotros, y dolorosa y cruda.

Así pues, no es malo que dispongamos de rituales y de costumbres que nos guíen, de actos que señalen lo que ha sucedido. Los rituales y las costumbres, además de aportarnos un contexto de fe donde situar nuestra pérdida, nos ayudan a Saber Qué Hacer con toda nuestra energía del duelo y del dolor; nos dan una seguridad a la que aferrarnos cuando todo nuestro mundo interior está sumido en la confusión.

Y entre la quintaesencia sagrada de este momento, ¡cómo nos consuela la bendición del calor del sol, del viento suave, de la tierra verde!

A veces, en los momentos más sencillos se encierran las verdades más profundas.

1 de julio

> Yo sé bien que este dolor de la despedida no tiene consuelo: siempre queda la herida; pero aprendemos a soportar el dolor, y aprendemos a dar gracias a Dios por lo que nos dio, por los recuerdos hermosos del pasado y por las esperanzas del futuro, más hermosas todavía.
>
> MAX MÜLLER

Una mujer que había pasado por muchos momentos difíciles en su vida, decía: «El dolor más duro que he tenido que soportar es esta separación temporal de mi hija». Sin duda, aquella fe en virtud de la cual veía la muerte de su hija como una separación temporal era una ayuda inmensa para ella. Pero también anhelaba la presencia de su hija en el tiempo presente, claro está.

Es absurdo esperar «superar» un duelo grave. Siempre perdura el dolor, la ilusión de lo que podría haber sido. Estoy segura de que, en el caso de esta mujer, el dolor estaba mezclado con recuerdos felices de la infancia y adolescencia de la hija, además de con la ilusión del reencuentro de ambas.

Así se establece el mosaico de los ajustes. Algunos días, el duelo se hace notar más; en otros, se imponen los recuerdos felices; en otros, brilla la esperanza del reencuentro.

Pensando en mi pérdida, los hilos del duelo, de los recuerdos y de la esperanza se trenzan misteriosamente entre sí.

2 de julio

Todo el mundo puede vencer un pesar..., salvo el que lo tiene.
WILLIAM SHAKESPEARE

Nosotros mismos solemos ser los mejores jueces de cuál debe ser nuestra conducta estando de duelo. Es cierto que a veces nos viene bien una indicación por parte de nuestros amigos, como por ejemplo, en el caso de que nos estemos recluyendo demasiado. O quizá necesitemos asistencia profesional si sabemos que las cosas no nos van nada bien.

Pero no tenemos por qué tomarnos en serio los comentarios de esa gente probablemente bienintencionada, pero ignorante, que nos da a entender que estamos siendo débiles o acomodaticios al no «haberlo superado a estas alturas», ya se trate «a estas alturas» de seis meses o de seis años después de la pérdida. Cada duelo tiene su propio calendario, que sólo conoce el que está de duelo. Y lo más habitual es que el viaje a través del duelo sea lento y que lleve retraso. Alguien dijo una vez que se tarda siete años en adaptarse a la pérdida de una persona íntima. Por ello, tampoco tenemos necesidad de pedir disculpas si, al cabo de muchos meses, el duelo todavía nos sigue resultando una preocupación de primer orden. Y tampoco tenemos nada de qué avergonzarnos si un momento especialmente conmovedor nos arranca las lágrimas mucho tiempo después de la muerte de nuestro ser amado.

¿Qué podemos responder cuando alguien nos dice: «Me parece que ya deberías haberlo superado a estas alturas»?

¿Qué tal la cita de Shakespeare que encabeza esta página? Es una respuesta adecuada, y, además, ¡parecerás culto!

3 de julio

> Una noche, hojeando un libro, me fijé en una ilustración que representaba una escultura que habíamos contemplado juntos los dos con frecuencia [...]. Me quedé allí sentada, mirándola, aturdida, sin pasar la página. Me surgieron imágenes del pasado, y vi como una especie de película interminable, y oí un canto de victoria [...]. Me sentía como si estuviera saliendo de unas arenas movedizas. Estaba sola en mi cuarto, pero lo estaba llenando por completo; me parecía distinto de otros días. De alguna manera, yo había vuelto a ponerme en marcha. Volvía a ser capaz de contemplar la belleza.
>
> ANNE PHILIPE

Hay veces que la belleza de este mundo nos parece terriblemente dolorosa, por lo hondamente conscientes que estamos de cómo nuestro ser querido ha perdido este mundo. ¿Cómo podemos saborear las imágenes y los aromas de este mundo, si nuestro ser querido ya no puede gozar de estas experiencias ni compartirlas con nosotros?

Así pues, damos un verdadero paso adelante, indicativo de nuestra disposición a confiar en que nuestro ser amado está ahora en mejores manos que las nuestras, cuando somos capaces de recuperar la vista y el oído, el tacto, el gusto y el olfato en toda su plenitud, sabiendo que esto es precisamente lo que querría también para nosotros nuestro ser amado.

❋ ❋

La belleza de este mundo, en toda su plenitud, es mía por derecho.

4 de julio

Lo más difícil de sobrellevar eran las noches. El rito de tomarse una infusión bien caliente, de dar a los dos perros sus terrones de azúcar, de rezar sus oraciones (un hábito de la infancia que había mantenido durante toda nuestra vida de casados), el beso de buenas noches. Yo mantuve estos ritos, porque también esto me aliviaba el dolor y era, por su propio carácter conmovedor, un consuelo.

DAPHNE DU MAURIER

Los ritos, ya sean formales o informales, nos ayudan a pasar algunos de nuestros momentos más difíciles. Para empezar, nos ayudan a saber lo que tenemos que hacer o que decir. Nos proporcionan un molde en el que podemos verter nuestra energía y nuestro duelo incipientes; es el consuelo de lo acostumbrado.

Si tenemos ritos que hemos compartido con nuestro ser querido, éstos tendrán más fuerza todavía, y nos acercarán la presencia del ser querido en los ecos y en los gestos de las cosas que hemos hecho y dicho juntos.

Y si se trata de ritos que han sido compartidos históricamente por familias y por comunidades enteras de fe, como en el caso de las oraciones, entonces es como si se reuniera a nuestro alrededor toda una legión de gente dispuesta a apoyarnos en nuestra soledad y en nuestra pena. Pero lo más importante es la presencia de aquél con quien hemos compartido aquellos ritos de manera más íntima. Será verdad que estamos haciendo mecánicamente un rito, pero es un rito sagrado.

❋ ❋

Cuando repito algunas de las pautas de nuestra vida juntos, casi percibo la presencia de mi ser amado.

5 de julio

> La pena por los muertos es la única pena de la que nos negamos a apartarnos. Aspiramos a curarnos todas las demás heridas, a olvidar todas las demás aflicciones; pero nos parece que tenemos el deber de mantener abierta esta herida concreta; es una pena que conservamos con cuidado y a la que damos vueltas cuando estamos a solas.
>
> WASHINGTON IRVING

Esta propuesta puede llegar a indignarnos; en cierto modo es como un echar la culpa a la víctima, de una manera tal que hace parecer que estamos explotando nuestro duelo, que nos estamos aferrando a él cuando podíamos darlo por pasado y por cerrado.

¿Nos produce alguna ventaja estar de duelo? Piénsalo: nuestros amigos nos prestan mucha atención y solidaridad.

El duelo puede servir de excusa (a nosotros mismos y a los demás) para abandonar algunas responsabilidades que preferimos quitarnos de encima. Y, la más difícil, el duelo puede hacer que sintamos que nos hemos mantenido próximos a la persona que queríamos. Al fin y al cabo, si la muerte de nuestro ser querido fue nuestra última conexión, ¿por qué no vamos a querer mantenerla?

La solidaridad de los amigos es maravillosa, y la necesitamos. Pero prueba a ingresar en un grupo de apoyo del duelo. Ellos conocen nuestras necesidades, y si nos estamos aferrando al duelo para que nos presten atención, nos ayudarán a descubrirlo.

Sí, queremos mantenernos próximos a la persona que hemos perdido; pero a quien tenemos que tener en la mente es a la persona. Y puede ser un obstáculo para ello pensar, más bien, en la pérdida.

Encuentro mi esperanza en mi amor, no en mi grado de duelo.

6 de julio

> Cuando comenzamos por el centro de nosotros mismos, encontramos algo que vale la pena y que se extiende hacia la periferia del círculo. Volvemos a encontrar una parte de esa alegría del ahora, una parte de esa paz del aquí, una parte de ese amor en el tú y yo, que componen el reino de los cielos en la tierra.
>
> G. F. SEAR

Nuestros pensamientos están muy fijados en la persona que ya no está. Pensamos mucho en ella, recordamos los ratos que pasamos juntos, pensamos en el significado de la muerte. Supongamos por un rato que dejamos de lado todo eso y que volvemos a vivir dentro de nuestra propia piel, respirando hondo, intentando percibir nuestro propio centro.

Esto no sólo nos hace volver a nosotros mismos, sino que nos ayuda a ver con mayor claridad el contexto en el que vivimos. Sí, hay bloques de nuestra vida que están solos, afligidos. Pero si contemplamos la vida desde nuestro propio centro, vemos que tiene otros aspectos en los que no impacta tanto nuestra pena. El aire que respiramos no está filtrado por nuestra tristeza. Los niños que juegan en el parque emiten una alegría auténtica, que puede ser contagiosa.

Para esto hace falta autodisciplina. Siempre existe la tentación de dejarse absorber de nuevo por el duelo; pero puede sentarnos bien «probarnos» una visión del mundo en la que el duelo forma parte, pero no lo es todo.

❋❋

Tengo un cierto grado de control sobre la medida en la que dejo que la tristeza gobierne mi vida.

7 de julio

> Pues hemos compartido muchas aflicciones, pero se traducen en amor puro y en regocijo cuando nos reunimos.
>
> MAY SARTON

¿Por qué nos salta de alegría el corazón cuando volvemos a vernos con personas con las que hemos compartido una pena?

Todos hemos oído hablar del sentimiento de culpabilidad del superviviente, de la persona que se pregunta por qué se le ha dejado vivir a ella cuando ha perecido otra u otras.

Puede que, cuando ha transcurrido un cierto tiempo de sanación, exista también la alegría del superviviente, que no sería ningún tipo de regodeo ni de presunción, sino un sencillo reconocimiento de que, después de haber pasado por duras pruebas y angustias, estamos vivos y hemos sido capaces de adaptar ese duelo a una vida productiva y, en gran medida, alegre. Hemos pasado por el fuego sin quedar destruidos. En la práctica, hemos renacido. Porque, cuando murió nuestro ser querido, también murió algo en nosotros, una expectativa o esperanza de un futuro juntos. Y nos hemos levantado de las cenizas de ese sueño destruido para alzarnos a una nueva vida. Y cuando nos encontramos con una persona a la que ha sucedido lo mismo (sobre todo, si es una persona con la que hemos compartido nuestro duelo en el pasado), ¡es normal que nos llenemos de amor y de regocijo! ¿Qué íbamos a hacer si no?

Todos somos hermanos y hermanas en la cofradía de los que hemos vuelto a nacer tras el duelo.

8 de julio

Con esperanza desesperada, me pongo a buscarla por todos los rincones de mi casa. No la encuentro.
Mi casa es pequeña, y lo que sale de ella ya no se recupera. Pero tu mansión, mi señor, es el infinito, y buscándola he llegado a tu puerta.

RABINDRANATH TAGORE

A lo largo de nuestra vida vamos a los lugares donde hemos estado con nuestro ser querido, y en cada uno de ellos sentimos de nuevo la punzada de nuestra pérdida.

Recuerdo que, tras la muerte de mi hija, yo solía medir el grado de mi valor o de mi desánimo en función de cuánto dejaba abierta la puerta de su cuarto. Cuando estaba casi cerrada, significaba que estaba teniendo un día muy malo: apenas soportaba ver el entorno familiar de ella. Con el transcurso de los meses, pude ir dejando la puerta más abierta; y después, por supuesto, la pude dejar abierta de par en par. Ahora, al recordarlo, me parece chocante; pero entonces no tenía nada de chocante. Yo estaba librando una batalla desesperada por no dejarme superar.

Pero en esos lugares a los que llegamos, o que evitamos, ya no reside nuestro ser querido. Al buscarlo, llegamos hasta la puerta de lo Desconocido, por la que sólo podemos entrar en nuestra fantasía.

¿Podemos confiar en que, detrás de esa puerta, hay Uno más sabio que nosotros y que está cuidando de nuestro ser querido?

❋❋

En este universo que compartimos, confío en que mi ser querido está a salvo.

9 de julio

> El tiempo no cura el duelo verdadero [...]. Si algo hace el tiempo, es profundizar nuestro duelo. Cuanto más tiempo vivimos, nos volvemos más conscientes de quién era ella para nosotros, y conocemos más íntimamente lo que significaba su amor para nosotros. El amor verdadero, profundo, es, como sabes, muy discreto; parece fácil y evidente, y está tan presente que lo damos por supuesto. Por ello, sólo al volver la vista atrás (o, más bien, sólo en el recuerdo) llegamos a advertir plenamente su fuerza y su profundidad. Sí, en efecto: el amor suele hacerse visible en el dolor.
>
> HENRI NOUWEN

Esto da miedo al principio: ¿es que se me está agravando el duelo? ¿No me voy a sentir mejor nunca?

Una gran parte del significado de la vida de nuestro ser querido se destila, se filtra por la memoria y por las experiencias después de su muerte. Se despiertan nuevas comprensiones, nuevas apreciaciones, y con ellas llegan nuevos dolores del parto y nuevos anhelos de que pudiera seguir con nosotros nuestro ser amado.

Pero este proceso constante nos asegura también que, en cierto modo, nuestros seres queridos no nos dejan nunca, que sus vidas nos siguen alimentando y, sí, nos siguen cambiando; que seguirán siempre con nosotros, en efecto, en la interdependencia mutua del amor.

Mi ser querido estará siempre conmigo en estos momentos agridulces de profundización de nuestra relación.

10 de julio

> Estoy descubriendo poco a poco, dolorosamente, que mi refugio no está en mi madre, ni en mi abuela, ni siquiera en las aves del río Bear. Mi refugio está en mi capacidad para amar. Si soy capaz de aprender a amar la muerte, entonces podré empezar a encontrar refugio en el cambio.
>
> TERRY TEMPEST WILLIAMS

Al principio, la propuesta parece absurda: ¡«aprender a amar la muerte»! ¿Amar la muerte, que a la mayoría de nosotros nos parece casi siempre que es el Enemigo?

Puede que lo que se nos esté pidiendo que hagamos (sensibilizados como estamos por nuestro duelo) es que amemos la Verdad, que amemos todo lo que existe. Así, con el corazón pleno, quizá podamos abarcar, dentro de la gran amplitud de nuestro amor, incluso eso mismo que nos ha causado tan gran dolor.

Si somos capaces de ello, quizá podamos dejar de estar aprisionados tras los muros de la negación y de la rabia; podremos dejar de darnos de cabezazos y de puñetazos contra lo que no se puede cambiar. Podremos aceptar lo que ha sucedido y apreciar la vida que tenemos.

Voy a intentar abrir las manos, y el corazón, a la vida tal como es ahora.

11 de julio

> Los senderistas los llaman «los kilómetros intermedios». Son los kilómetros más duros y agotadores del camino, cuando la euforia del comienzo del viaje se ha disipado y ha quedado sólo el esfuerzo penoso, sin que asome todavía la promesa del final del camino para cargar la marcha de nueva energía.
>
> HENRY E. WOODRUFF

El viaje a través del duelo es muy distinto de la ascensión por un duro camino de montaña. Sin embargo, esta ascensión tiene etapas que nos recuerdan nuestra propia salida del valle de la desesperación. En los primeros días y semanas de nuestro duelo solemos contar con muchas cosas que nos ayudan: el apoyo de nuestros amigos, la compañía de nuestra comunidad religiosa, las ofertas de ayuda.

Pero después llega la parte larga del viaje, en la que estamos tan tristes como antes, o más, pero estamos más solos. Nos preguntamos si volveremos a sentir alguna vez nuestra antigua energía y ganas de vivir. Observamos que las personas que han estado de duelo llegan a sentirse mejor, efectivamente. Nos dicen que nosotros también nos sentiremos mejor, y quizá lleguemos a creerlo. Pero van pasando los días y las semanas y no vemos aparecer ninguna luz ni alegría.

Debemos seguir adelante, como los montañeros que hacen los «kilómetros intermedios», sabiendo que un día llegaremos de nuevo a la cumbre de nuestra vida. Miraremos atrás y nos asombraremos del camino que hemos recorrido.

Creo que existe la cumbre de la montaña, aunque no la vea.

12 de julio

El duelo enseña a vacilar hasta a las mentes más firmes.

SÓFOCLES

¡Lo sabemos bien! A veces parece que no somos capaces de decidir ni la cosa más sencilla. O bien la decidimos, pero después seguimos reflexionando sobre la decisión con pesarosa insistencia: ¿ha estado bien? Catalogamos todas las alternativas y les damos vueltas como si no hubiésemos tomado ya la decisión sin que haya vuelta atrás.

No es de extrañar. La muerte de nuestro ser querido nos ha desordenado de repente nuestro mundo, ¿no es de esperar que el desorden se extienda a todo lo demás? Lo extraño no es que nos sintamos confusos a veces, sino que seamos capaces de actuar de manera ordenada en algunas ocasiones.

Esto acaba pasando, por supuesto. Ya empezaremos a sentirnos más centrados. Hasta entonces, podemos aceptar esta época de cambios, intentando dejar para más adelante las decisiones de primer orden; o bien podemos consultarlas con nuestros amigos. ¡La primera fase del duelo no es momento para decidirse a vender la casa o a cambiar de profesión!

Está claro que mi mente me engaña a veces. Ya recuperaré con el tiempo la estabilidad y el buen sentido.

13 de julio

> Había empezado a despertarse por las mañanas teniendo en el corazón algo distinto del temor. No era exactamente felicidad, ni tampoco ilusión ante el nuevo día, pero era una especie de impulso de sentir ilusión, un anhelo de estar feliz.
>
> Jon Hassler

Nos viene tan paulatinamente, que apenas reconocemos el cambio, la salida del valle de la desesperación, donde el futuro parece triste a perpetuidad, a una región más agradable. Pero puede que un día pensemos para nuestros adentros: «¡Un momento! ¡Esto parece distinto!». Pues nos damos cuenta de que ahora, en vez de un paisaje desolado con sólo algunos momentos sueltos de felicidad, habitamos una región donde pasamos más tiempo felices y contentos que tristes. Ahora, los períodos de desolación no son la regla, sino más bien la excepción.

Hemos pasado a una nueva región sin saberlo. Tardaremos algún tiempo en acostumbrarnos. Tendremos recaídas, claro está; pero en realidad no serán recaídas, sino un modo de seguir marcando en el cerebro los circuitos que nos dicen quiénes somos, ahora que ya no está nuestro ser querido. Pero el cambio es motivo de asombro y de gratitud, y también nos inspira a veces una expectación tranquila en la que aguardamos más sabiduría y autoconocimiento que nos pueda ir llegando.

Recibo el regreso a mi vida de la luz y de la alegría, como una bendición que me envía mi ser querido.

14 de julio

Sólo nos curamos de un sufrimiento llegando a sentirlo plenamente.
MARCEL PROUST

No hay manera de esquivar los sufrimientos del duelo. Si queremos incorporar a nuestra vida este hecho, debemos caminar a través del centro de nuestro sufrimiento, con los ojos bien abiertos. Podemos sentir la tentación de hacer las cosas de otra manera, de ahorrarnos este dolor.

Pero no funciona. Todo lo que intentemos evitar, se quedará, exigiendo sus derechos, mientras el dolor se acumula como una deuda a interés compuesto, a medida que vamos sumando a la carga de la pérdida la carga adicional de intentar tener controlado el dolor. Sí que podemos tomarnos algún «respiro» en la medida de nuestras posibilidades y de nuestras necesidades, para conservar intacta la salud emocional. Esto de estar decidiendo cuándo hay que buscar una distracción y cuándo debemos dejar que se exprese la pérdida con toda su fuerza es un ejercicio delicado, como hacer equilibrios en la cuerda floja.

Lo descubrimos a base de prueba y error. Cuando empieza a acumularse la presión, la sensación de que hay un plan de trabajo que nos está forzando, llega el momento de aliviar la presión a base de estar presentes ante nuestra tristeza. No es indispensable que lo hagamos solos. A veces puede escucharnos un amigo que no intente quitar importancia a nuestro duelo ni abrumarnos con consejos bienintencionados. Resulta especialmente útil un grupo de duelo, un grupo de personas que entienden que nos hace falta hablar de ello, una vez, y otra, y otra.

Estaré presente ante mi dolor; es el único camino que me conduce a una vida nueva.

15 de julio

> Cuando planteo mis preguntas a Dios, no recibo respuesta. Pero es una falta de respuesta algo especial. No es una puerta cerrada. Parece más bien una mirada silenciosa, no carente de compasión. Es como si Dios sacudiera la cabeza no en señal de negación, sino de quitar importancia a la pregunta. Como si dijera: «Tranquilo, hijo; tú no lo entiendes».
>
> C. S. Lewis

A veces nos parece que nuestra mayor esperanza es que no estemos entendiendo las cosas. Porque, desde el punto de vista que ocupamos cuando nos sentimos abatidos, la sensación del sinsentido de la vida y del carácter aparentemente definitivo de la muerte puede llegar prácticamente a abrumarnos.

Es mucho mejor reconocer que nuestro entendimiento es limitado, valorar los relatos de fe y de intuición que llegan a nuestros oídos ¡y esperar a ver! Estamos tan cerca... Imaginaos que una persona quisiera contemplar el magnífico fresco de Miguel Ángel *La creación de Adán*, en la Capilla Sixtina, y se acercara tanto que no viera más que las puntas de dos dedos que casi se tocan. Es una bonita imagen, pero sólo representa una fracción minúscula de todo el fresco.

Nuestras preguntas no tienen respuesta posible. En realidad, se trata de una cuestión de confianza.

16 de julio

Quizá nos sintamos mejor si tenemos la posibilidad de elegir el momento de llorar, cuando estemos en casa o estando acompañados de algunas personas que nos van a entender plenamente. Pero si no la tenemos, si estamos en la iglesia y nos coge desprevenidos un himno religioso, o estamos viendo un partido de fútbol y recordamos que estuvimos allí con un hijo o una hija que ya no están...; pues bueno: la tierra es nuestro hogar, y podemos llorar donde queramos.

MARTHA WHITMORE HICKMAN

Una de las cargas adicionales que no nos conviene cuando estamos resolviendo el duelo es la carga de tener que ceñirnos a un código que nos indique dónde y cuándo podemos llorar. Si el duelo se apodera de nosotros en público, nos sentimos avergonzados de alguna manera.

¿Qué pretendemos demostrar con ello?

¿Cuándo fue la última vez que viste a una persona dominada por las lágrimas y pensaste mal de ella?

Si ves a un desconocido al borde de las lágrimas, ¿cómo reaccionas?

¿Te das cuenta? Nosotros mismos estamos muy dispuestos a transmitir nuestra empatía con un desconocido, pero estamos menos dispuestos a recibir la empatía de los demás.

¡Y bien! Estamos juntos en este mundo, y nuestro corazón tiende a abrirse al que está triste.

¿Acaso no podemos aplicarnos este mismo bien a nosotros mismos?

Me daré permiso para llorar a voluntad, ¡incluso en público!

17 de julio

> Aunque los difuntos hayan ido menguando en nuestro recuerdo durante las horas de vigilia, pueden volver a nosotros en sueños. Estas reuniones, que suelen ser ricas en imágenes notablemente vívidas, aportan consuelo a veces.
>
> MARY JANE MOFFAT

A veces deseamos ver a nuestro ser querido en sueños como manera de mantenernos en contacto con él. A veces, los sueños pueden sobresaltarnos. Pero lo más probable es que sean dignos de confianza.

Poco después de que mi hija muriera de una lesión en la cabeza a consecuencia de una caída, soñé que yo estaba sobre la cubierta de un barco y que dos enfermeros subían por la escalera hacia mí llevando una camilla. En la camilla iba una joven. Estaba inconsciente y tenía la cabeza doblada hacia un lado. Los dos hombres la trajeron hacia donde estaba yo de pie, esperando. Me aseguraron que se iba a recuperar y me hicieron ver que más abajo, en una cubierta inferior, había una mesa de pícnic alrededor de la cual se había reunido un grupo de personas. Miré, y vi que aquellas personas eran el resto de mi familia, y que alzaban la vista hacia mí esperando que yo fuera a reunirme con ellos, como así lo hice.

El ambiente del sueño era bastante tranquilo y sereno. Al recordarlo, me sobresalté al advertir la claridad y concreción de su mensaje. «Ella está bien. Tú vuelve con los vivos, que te necesitan».

Mis sueños son un medio para entender y para desarrollarme.

18 de julio

Yo estaba del todo en paz, en calma y en reposo, de tal modo que no había cosa en el mundo que pudiera afligirme.
Aquello duró sólo algún tiempo; y, después, cambié [...]. Sentí que no tenía más calma ni consuelo que la fe, la esperanza y el amor, y en verdad que los sentía muy poco. Y después Dios me dio de nuevo consuelo y descanso para mi alma [...]. Y volví a sentir de nuevo el dolor; y, más tarde, el placer y la alegría, ora el uno, ora la otra, alternándose, hasta unas veinte veces.

SANTA JULIANA DE NORWICH

Precisamente cuando creíamos que ya nos éramos dueños de nosotros mismos y que íbamos a poder sobrellevar todo esto, nos hundimos de nuevo, de pronto, en la desesperación. ¿Qué ha sido de aquella pose que habíamos cuidado tanto, de aquella confianza que teníamos hace sólo diez minutos?

Lo mejor es aguantar, sin más, sabiendo que tarde o temprano volveremos a salir a flote... durante algún tiempo. Resulta un consuelo saber que hasta los santos de la fe tuvieron sus momentos en los que se sentían solos y cargados de dolor.

Esos estados de ánimo se irán regularizando con el tiempo y dejarán de tener tantos altibajos y sobresaltos; aunque el dolor y la alegría de la vida afectan a todo ser humano sensible. No tenemos por qué sentirnos culpables por nuestro estado de ánimo bajo. Si podemos hacer algo para ahuyentarlo, bien. Si no, esperemos: ya pasará.

Acepto mis altibajos de ánimo como parte que son del proceso de la sanación.

19 de julio

> El «todas partes» se alza como una bóveda sobre el «ninguna parte».
>
> RAINER MARIA RILKE

Recuerdo una vez que, en un día muy frío, di muchas vueltas por una zona de la ciudad de Minneapolis que no tendría más de 400 metros de lado. Era a última hora de la tarde, en invierno. Yo iba a un edificio y veía su cúspide; pero cuando me encaminaba hacia él entre los edificios que había en medio, lo perdía de vista. Comprendí que sólo podría hacerme cargo del trazado de las calles y orientarme si pudiera contemplarlo desde lo alto.

A veces, cuando estamos de duelo, tenemos la sensación de que nos estamos moviendo (o de que nos mueven) de un lado para otro al azar, sin el menor contacto con ninguna realidad ni significado generales que se interpongan sobre nuestra vida. O puede que la sensación sea similar a la de perder el lugar por donde íbamos leyendo un libro. ¿Cómo podemos volver a encontrar la página y retomar el hilo del relato?

Es probable que no lo consigamos durante algún tiempo. Nuestra pérdida es tan central y tan amplia que nos oculta a la vista todo lo demás.

Debemos tener paciencia con nosotros mismos. Con el tiempo, seremos capaces de orientarnos a través de los laberintos, seremos capaces de atender de nuevo a las demás partes de la historia de nuestra vida. Pero ir con prisas no sirve de nada, ni tampoco es necesario: Ese «todas partes» que se levanta sobre el «ninguna parte» no va a desaparecer. Lo veremos cuando estemos preparados para ello.

❋ ❋

Cuando no puedo ver el sol, sé que sigue estando allí.

20 de julio

Es como si la intensidad del duelo disolviera la distancia que nos separa de los muertos. O puede ser que muera verdaderamente una parte de nosotros. Como Orfeo, intentamos seguir a los muertos al principio de su viaje. Pero no podemos llegar hasta el final como llegó Orfeo; y, tras un largo viaje, regresamos. Y, con suerte, renacemos.

ANNE MORROW LINDBERGH

Cuando desaparecen de pronto nuestros compañeros de camino, nuestro primer impulso es seguirlos.

Y nos ponemos en marcha. Si donde han ido es a la muerte, pues también intentamos seguirlos hasta allí. En la mayoría de los casos, no por medio del suicidio, sino de la imaginación; queremos seguir «hasta la otra orilla», «a través de las puertas del cielo», adentrándonos en el mundo luminoso del espíritu.

Al cabo de un tiempo, nos damos cuenta de que la búsqueda es estéril. Estamos perdidos en un bosque, los llamamos, y ellos no están allí.

Abandonar esa búsqueda, regresar a este mundo, es un giro de enorme trascendencia. No es ninguna exageración calificarlo de un renacer. Hemos dejado atrás un semimundo que no conduce a ninguna parte, y, transformados, hemos retomado nuestro compromiso con la vida,

Mi resolución de vivir «día a día» supone también vivir «mundo a mundo». Pero allí donde está mi ser amado, vive, y espera, un fragmento de mi espíritu.

21 de julio

> Todos los que intentan ir en solitario;
> los que, por orgullo, no piden consuelo,
> acaban sufriendo, con toda seguridad.
>
> ROBERT FROST

A los que intentan ir en solitario, por orgullo o por el motivo que sea, les tocará pasarlo mal.

Esto se cumple muy especialmente cuando se trata de llevar la pérdida de un ser querido. Ya estamos solos por la pérdida de esa persona. No cabe duda de que nadie puede llenar el espacio concreto que nos deja, y tampoco querríamos que nadie lo llenara; pero ese vacío nos deja más necesitados de relaciones de amor y de apoyo en las demás facetas de nuestra vida.

El trabajo del duelo es un duro trabajo, y necesitamos personas que nos ayuden; que nos escuchen, que nos abracen, que recuerden con nosotros a nuestro ser querido, que nos comuniquen su sabiduría.

Se cuenta el caso de una niña que fue a visitar a una amiguita suya y volvió a su casa más tarde de lo esperado. Cuando su madre le preguntó la causa del retraso, la niña respondió:

—He estado ayudando a Juanita. Se le había roto la muñeca.

—¿Le has ayudado a arreglarla? –le preguntó la madre.

—No –dijo la niña–. Le he ayudado a llorar.

Todos necesitamos a personas que nos ayuden a llorar.

22 de julio

> No es fácil vivir en el espíritu religioso; el creyente se encuentra constantemente sobre un mar profundo, de 70 000 brazas de profundidad [...]. Es algo grande ser felices flotando sobre 70 000 brazas de agua, donde no se puede recibir ninguna ayuda humana; es poca cosa, y nada religiosa, nadar por aguas donde no cubre, acompañado de otros muchos que se sumergen hasta la cintura [...]. Por mucho tiempo que pase allí el hombre religioso, no significa que vaya a ir regresando a tierra poco a poco. Se puede volver más tranquilo, puede alcanzar un sentimiento de seguridad, ser aficionado a las bromas y a la alegría de espíritu. Pero seguirá flotando sobre 70 000 brazas de agua hasta el último momento.
>
> SÖREN KIERKEGAARD

Cuando hemos perdido a un ser querido, estamos sintonizados de manera especial con el mundo del espíritu. Al mismo tiempo, también tenemos una sensación de haber cortado las amarras. Estamos «en alta mar», en sentido figurado.

Quizá puedan ayudarnos estas palabras de Kierkegaard. Efectivamente, estamos a flote sobre aguas profundas, con todas nuestras dudas sobre el sentido de la vida, sobre la naturaleza de la muerte. No tenemos nunca el control, aunque hubiéramos creído que lo teníamos.

Después, al cabo de un tiempo, mientras nos siguen dando vueltas en la cabeza nuestras dudas, aprendemos a confiar en el mar, que soporta nuestro peso y nos tiene a flote.

❋ ❋

Reposaré sobre el mar del no-saber, confiando en que podré cabalgar sobre sus olas sin peligro.

23 de julio

> Los que están de luto tienen que empezar a aceptar la muerte para poder volver a vivir. El luto puede durar años y años. No termina al cabo de un año; eso es falso y una fantasía. Suele terminar cuando las personas se dan cuenta de que pueden volver a vivir, de que pueden centrar sus energías sobre el conjunto total de su vida, y no sólo en su daño, en su culpabilidad y en su dolor.
>
> ELISABETH KÜBLER-ROSS

Nadie nos está pidiendo que olvidemos, que demos la espalda a todo lo que habíamos amado y apreciado en la persona que hemos perdido. Aunque quisiéramos, no podríamos.

La tarea que tenemos por delante, y que puede costar mucho tiempo, consiste en incorporar este duelo y esta pérdida al resto de nuestra vida, de tal modo que no siga dominando nuestra vida. Ya no será la primera cosa en la que pensemos cuando nos despertemos por la mañana, ni la última cosa que dejemos antes de dormirnos.

Un niño dijo a su madre, al ver la lluvia de bondades que recibían tras la muerte de su padre: «Hay muchas cosas buenas. Sólo hay una cosa mala».

La «cosa mala» siempre estará allí; pero iremos por el buen camino cuando esa cosa mala empiece a ocupar su lugar entre las cosas buenas que nos ofrece la vida.

Aun dentro de mi tristeza, estaré abierto a nuevas aventuras.

24 de julio

Mi corazón está dolorido dentro de mí. [...]
Y dije: «¡Quién me diese alas como de paloma!».
Volaría yo, y descansaría.

SALMO 55, 4-6

Hasta en el transcurso de nuestra «vida normal» hay ocasiones en las que nos gustaría echar a volar, marcharnos a algún lugar que esté libre de la tensión a que estamos sometidos. Y ahora que nos salen al encuentro a cada paso recordatorios de nuestra pérdida, el impulso de huir puede parecer irresistible.

Casi todos hemos conocido casos de personas que lo han intentado. Cuando yo era niña, oí por casualidad que mi padre, hablando de un amigo de la familia que se había vuelto alcohólico, comentaba que éste se había dado a la bebida a partir de la muerte de su hijo. Un intento de huir.

O bien, leyendo el caso de una persona que se ha suicidado, se nos dice: «Estaba abatida desde la muerte de su marido».

Ahora que pasamos nosotros mismos por el duelo, podemos entender esta desesperación, aunque tales recursos no resuelven nada y no sirven más que para aumentar la angustia de la familia y de los amigos.

Pero puede ser que necesitemos una tregua temporal; un viaje, por ejemplo. O quizá algún cambio de rutina. Un nuevo trabajo, incluso. A los pocos meses de la muerte de mi hija, tomé un trabajo a tiempo parcial por las tardes, además de mi labor como escritora autónoma. Recuerdo la primera tarde en que me dirigía al nuevo trabajo, en mi coche; sentía ya la elevación de ánimo propia de hacer algo nuevo, dentro de una comunidad de personas amistosas.

Elegiré con cuidado mis vuelos; pero ¿dónde puedo ir?

25 de julio

> Tenía que luchar sola. Lo único que sabía era que la muerte de mi padre me hacía plantearme unas preguntas cuyas respuestas no encontraba, a pesar de que vivía en un mundo que creía que todas las preguntas tenían respuestas. También yo creo que todas las preguntas tienen respuesta, pero no en términos científicos ni en el lenguaje de los hechos demostrables.
>
> MADELEINE L'ENGLE

Si esperamos dar respuestas racionales a las preguntas que nos plantea la muerte, seremos algo así como un pez que persigue su propia cola.

Y bien, ¿dónde vamos a encontrar las respuestas si no es en los hechos?

Quizá las encontremos en una sensación repentina de paz, durante una tarde de inquietud.

O bien en la visita inesperada y el abrazo cálido de un amigo que nos dice: «Pasaba por aquí y quise saber cómo estás».

O puede que en el rumor de las hojas en una tarde apacible.

O en el relato de una experiencia próxima a la muerte que transforma la vida de una persona.

O en unas palabras de un libro que parecen escritas especialmente para ti.

Mi espíritu recoge indicaciones que a mi mente se le pueden pasar por alto.

26 de julio

> La enfermedad es la noche de la vida, que es una nacionalidad más penosa. Todos nacemos con doble nacionalidad; somos ciudadanos del país de los sanos y del país de los enfermos.
>
> SUSAN SONTAG

Uno de los motivos por los que nos conmueve tanto la muerte de una persona muy allegada es que nos pone delante un espejo y nos dice: «Tú también». Esto puede parecer a veces una perspectiva deseable: sentimos fuertes deseos de reunirnos con el ser querido, y la vida sin esa persona nos produce una gran aversión.

Pero también tenemos nuestro modo de abstenernos de afrontar nuestra propia vulnerabilidad y la perspectiva de nuestra propia muerte. Leemos todos los días casos de muertes; a veces nos ronda cerca, en las enfermedades de nuestros seres queridos y en las nuestras propias; pero cuando entra por la puerta de nuestra familia y de nuestras amistades íntimas, nos habla en un idioma distinto y más íntimo. Los misterios y las perplejidades de la muerte nos plantean sus preguntas constantes: ¿hay vida más allá? ¿Nos reconocemos en ella los unos a los otros de una manera personal? ¿Nos reconocemos a nosotros mismos? ¿O pasamos a formar parte de una gran energía cósmica?

Estas preguntas no tienen respuestas seguras. La mejor respuesta, y el mejor homenaje que podemos hacer a nuestro ser querido, es vivir nuestra vida de manera plena, día a día.

Soy ciudadano de este día. El día de mañana traerá sus propias exigencias, sus propios dones.

27 de julio

El infierno, señora, es dejar de amar.

GEORGES BERNANOS

Está claro que echamos de menos las manifestaciones de amor por parte de la persona que hemos perdido. Y nuestro amor hacia esa persona también perdura. ¿Dónde podemos ponerlo? Lo echamos al aire, esperando que alcance su meta de alguna manera.

¡Las cosas podrían ser peores! Imagínate lo que sería si, en nuestro duelo, no sólo fuésemos incapaces de amar al que no está, sino que tampoco pudiésemos responder con el corazón rebosante a los seres queridos que vienen a consolarnos.

Se ha dicho que la música es un idioma universal. El amor es otro. Pero hay que reabastecerlo constantemente, y ¡qué fortuna la nuestra si nuestra experiencia ha sido tal que podemos contarnos entre los reabastecedores de ese amor!

Mientras lloras tu separación física de tu ser querido, quizá podemos pensar que esa persona y tú estáis rodeadas de un amor en el que se vive, se mueve y tiene su ser toda la creación.

Quizá pueda tender la mano a los demás, y sobre todo desde mi pena.

28 de julio

> Dios, bendíceme el nuevo día
> que no se me había otorgado hasta ahora;
> me has otorgado este tiempo, oh, Dios,
> para que bendiga en él tu presencia.
>
> ORACIÓN CELTA

Cuando estamos de duelo, nos resulta difícil concebir cada nuevo día como una nueva oportunidad de vida y de desarrollo. Llevamos encima un pesado bagaje de pena. La pena lastra todo lo que hacemos, todo lo que pensamos. Por ello, necesitamos fuerza de voluntad para intentar siquiera considerar este día como un nuevo principio, como una nueva oportunidad.

Pero... inténtalo. Una manera posible de empezar consiste en no concentrarnos en nosotros mismos, sino en las horas que tenemos por delante, como si fueran visitantes desconocidos, y en la fuente de la vida (llamémosla como queramos) que nos ha otorgado la vida, el amor, la belleza y las preciosas relaciones personales.

Siéntate en un lugar tranquilo, cierra los ojos y, respirando hondo, intenta ponerte en contacto con la quietud más profunda de tu interior, en un lugar de tranquilidad sin palabras. Después, puedes repetirte despacio para ti mismo la oración que encabeza esta página. Repítete para tus adentros el nombre de las horas del día. Si sabes lo que vas a estar haciendo a una hora determinada, intenta proyectar una parte de esta paz sobre esa futura actividad, a modo de bendición. Quizá lo recuerdes cuando llegue esa hora.

❋ ❋

Que este día sea para mí un Nuevo Día.

29 de julio

> Si no me alcanzas al principio, no te desanimes;
> si no me encuentras en un sitio, búscame en otro;
> estoy esperándote en alguna parte.
>
> WALT WHITMAN

¿Dónde han ido todos los muertos? ¿Dónde podemos encontrarlos?

Estas preguntas nos agotan; sin embargo, no dejamos de hacérnoslas. Los buscamos en el lugar donde los vimos por última vez. Volvemos a sus entornos favoritos, esperando percibir la sensación de su presencia.

Puede que encontremos allí lo que buscamos. Y, si lo encontramos, puede que nos alegre, o que nos entristezca.

No se puede prever. La gente cuenta que se ha encontrado con el espíritu de un ser querido en lugares que habían visitado juntos, o en lugares con los que no tenían ninguna relación.

A veces parece que destacan sólo por su ausencia. Otras veces parece que casi podemos pedirles que den un paso al frente. Y, en algunas ocasiones, nos sorprenden.

Un amigo me cuenta que una vez que estaba a solas en una iglesia, tocando el órgano, le visitó la presencia de una mujer joven que había muerto unos meses antes, una presencia tan poderosa que, al cabo de un rato, mi amigo dejó de tocar y dijo: «Está bien, Mary Beth». «Entonces, sentí su sonrisa», me contó.

Amor querido, te espero. ¿Me esperas tú a mí?

30 de julio

> En el punto de reposo en el centro de nuestro ser, nos encontramos un mundo en el que todas las cosas están en reposo del mismo modo. Entonces, un árbol se convierte en un misterio; una nube en una revelación; cada hombre, en un cosmos de cuyas riquezas sólo podemos captar algunos atisbos. La vida de la sencillez es sencilla, pero nos abre un libro en el que no pasamos nunca de la primera sílaba.
>
> DAG HAMMARSKJÖLD

Para la mayoría de nosotros, nuestra vida no se basa en la sencillez. Corremos de una cosa a otra para ocuparnos de nuestro trabajo, de nuestra casa, de nuestra familia y amigos. Pero hay momentos, sobre todo cuando hemos pasado por una experiencia trascendental (como la muerte de un ser querido), en los que somos conscientes de ese «punto de reposo en el centro de nuestro ser».

¿Con quién nos reunimos en ese punto? La tradición cristiana habla de «la comunión de los santos», que no significa sólo la comunidad de los que han vivido vidas sin tacha (¡que son muy pocos!), sino la de todos los que han vivido y han muerto, de los que viven ahora, e incluso de las almas de los que están por nacer.

Cada uno de nosotros tenemos nuestra propia comunidad de amor elegida, y podemos encontrar algo de sanación, algo de descanso, si podemos tomarnos algunas pausas tranquilas para asentarnos en ese «centro de nuestro ser» e implorar hacia nosotros a los espíritus de nuestros seres queridos.

En la comunidad del amor, todos estamos en casa.

31 de julio

El dolor –tiene algo de olvido–
no puede recordar
cuándo empezó –ni si hubo
un tiempo en que no existía.

EMILY DICKINSON

Cuando estamos sufriendo un duelo intenso, casi nos cuesta trabajo recordar cómo era aquello de ser felices. Sobre todo cuando la pérdida ha sido repentina, es como si nos hubieran trasplantado a un mundo distinto en el que nada tiene el mismo significado que tenía antes. De hecho, nos sobresalta, casi nos ofende, que la gente siga actuando como siempre.

Recuerdo una vez que fui al dentista, poco después de la muerte de mi hija, y casi no era capaz de creerme la manera intrascendente en que charlaba la gente en la sala de espera. ¿Cómo eran capaces? ¿Es que no se habían enterado?

Naturalmente, no siempre nos encontraremos en este punto de Realidad Alterada. Con el tiempo, iremos incorporando nuestras pérdidas a nuestra vida, hasta que lleguen a formar parte del telón de fondo cotidiano de la vida. La pérdida sigue siendo triste, pero ya no nos conmociona ni nos sobresalta a cada amanecer.

Y puede ser que nuestra primera incapacidad de recordar cómo era el ser felices fuera buena, después de todo: el contraste habría sido demasiado doloroso. Además, teníamos que dedicar nuestra atención a lo que pasaba allí donde estábamos.

Estaré presente en el momento a medida que se va desenvolviendo cada día.

1 de agosto

> La fe es un modo de esperar, sin llegar a saber del todo, sin llegar a oír ni a ver del todo, porque en la oscuridad todos estamos bastante perdidos. A toda creencia le sigue los pasos de cerca la duda; a toda esperanza le sigue los pasos de cerca el miedo.
>
> FREDERICK BUECHNER

Nos reconocemos a nosotros mismos en estas palabras: estamos «bastante perdidos». Porque nunca podemos estar seguros durante mucho tiempo de que los detalles concretos de nuestra fe, de nuestra esperanza, sean como nos gustaría creer a nosotros que son. Pero tampoco estamos perdidos del todo. Porque, así como al tiempo despejado le sigue la lluvia y a la lluvia le sigue el tiempo despejado, del mismo modo la fe, en su espera, va alternando sucesivamente entre la confianza y la duda. De este modo trazamos nuestras conjeturas, albergamos nuestras confianzas, con el consuelo de que todos los demás fieles están con nosotros.

Y de cuando en cuando se produce algún pequeño milagro de visión y de confianza, alguna serendipia sin más explicación que la gracia, que nos renueva, y nos sentimos dispuestos a renunciar a nuestra necesidad de conocer los detalles. En vez de ello, confiamos en que todo irá bien.

Esperaré en la fe, confiando en que Uno al que no conozco me conoce a mí y cuida de mí.

2 de agosto

> No podemos hacerlo todo a la vez, pero podemos hacer algo inmediatamente.
>
> CALVIN COOLIDGE

Cuando estamos de duelo, nos suele acosar una especie de lasitud. Nos sentimos aplanados, faltos de energía. Apenas podemos aguantar el día entero hasta derrumbarnos en la cama esperando el olvido con el sueño.

No es malo dedicar algún tiempo al descanso, dejar que se empiecen a llenar de nuevo los pozos de la energía y de la resolución. Pero ¿qué pasa si al cabo de muchos meses seguimos arrastrándonos aletargados?

Es importante que nos enteremos bien de lo que nos está pasando. Descartando alguna enfermedad (cosa que deberíamos comprobar siempre, pues las personas que están de duelo tienen mayores probabilidades de caer enfermas), es posible que nuestro letargo sea una forma de negación: «Si no me muevo, puede que las cosas no sean como son».

Resulta difícil quitarse de encima una sensación como ésta. Pero podemos conseguirlo, a base de empezar por una sola cosa. Comprando unas semillas para sembrar un huerto. Haciendo pan en el horno. Visitando a un amigo. Cualquier cosa que sirva para romper el atasco de la inactividad. Puede parecernos tan decisivo como aquel primer «paso de gigante» al salir de la cápsula espacial.

No soporto contemplar el largo camino de los años sin mi ser querido. Pero no tengo por qué hacerlo. Tengo el día de hoy. Y hoy haré una cosa nueva.

3 de agosto

¿No hay compasión en las nubes
que vea el fondo de mi aflicción?

William Shakespeare

Aunque el duelo es una de las grandes vivencias comunes de los seres humanos, a veces nos sentimos muy solos en nuestra aflicción. Hasta en los casos en los que todos los miembros de la familia comparten una misma pérdida, el duelo es distinto para cada uno de ellos. Nuestra historia respectiva con la persona es distinta. Tenemos temperamentos distintos. A veces, resulta difícil de entender que expresemos el duelo de maneras tan distintas a pesar de nuestra proximidad con esas otras personas. Sin embargo, anhelamos un entendimiento común.

O no. Puede que nuestro duelo sea común, pero también es privado. Nuestra propia pérdida es única, es nuestro propio terreno. Nadie se puede sentir exactamente igual que yo.

Pues bien, ¿hay alguna otra fuerza, una «compasión en las nubes»? ¿Un dios? ¿Una fuerza de la naturaleza? Anhelamos que nos conozcan, que nos acepten, que nos consuelen.

Encontraremos consuelo con el tiempo, a base de rodear este duelo una y otra vez, de atravesarlo por el centro, de observarlo desde todos los ángulos. Pero esto sólo podemos hacerlo si sabemos que, más allá del alcance de nuestros dedos, nuestros amigos y nuestros seres queridos nos están amando, nos están deseando el bien. Tal como hacemos nosotros con ellos.

❋❋

Tengo todo lo que necesito para llegar hasta el final de esto…, si estáis conmigo vosotros, mis amigos.

4 de agosto

> Cuando estamos apartados de aquéllos a los que amamos, no hay nada que pueda llenar ese hueco, y sería un error ponerse a buscar algo que sirviera para ello. Lo único que debemos hacer es soportar y aguantar hasta llegar al final. Esto parece difícil al principio, pero es al mismo tiempo un gran consuelo, ya que, al dejar el hueco sin llenar, se conserva el vínculo entre ellos y nosotros. Es absurdo decir que Dios llena el hueco; no lo llena, sino que lo mantiene vacío para que pueda seguir viva nuestra comunión con el otro, aunque sea a costa del dolor.
>
> DIETRICH BONHOEFFER

Esta propuesta de que el dolor de ese espacio vacío seguirá siempre con nosotros resulta tranquilizadora de un modo paradójico. Porque, si bien queremos sentirnos mejor, no queremos olvidar nunca. Encontraremos, por supuesto, lugares nuevos donde poner el afecto, el amor y el tiempo que solíamos echar a raudales sobre la persona que hemos perdido. Si no lo hiciéramos, estaríamos encerrándonos en nosotros mismos, negándonos a ser vulnerables, lo cual sería un modo inadecuado de administrar esa vida que se nos ha dejado.

Pero como nuestra capacidad de amor y de cariño no tiene límite concreto, aceptar un nuevo amor no significa sustituir a otro antiguo. El tiempo no se dilata, pero el amor sí, como en el caso de un padre o una madre que tiene tres hijos, y después tiene otro más.

Lo que se quiso y se amó en otro tiempo no se sustituye.

❋❋

Querido ______, en mi corazón hay un espacio que siempre será tuyo.

5 de agosto

Tras 57 años de matrimonio, hoy enterraron a mi mujer junto a mi hijo, que había muerto en 1941 en un accidente de camión, cuando viajaba haciendo autoestop para comenzar un nuevo trabajo. Ella lo había echado de menos durante todos estos años, y ahora está con él. Sé que están abrazados y felices.

TERRY KAY

¿Piensas en quién puede estar allí, dando la bienvenida a tu ser querido? Elisabeth Kübler-Ross, la psiquiatra suiza que tanto ha trabajado en el terreno de la muerte y del morir, afirma que cree que ninguno de nosotros morimos solos, que nuestros seres queridos acuden a recibirnos, a darnos la bienvenida al otro lado.

Recuerdo que, cuando murió mi hija, yo pensaba que ella y mi padre, que había muerto poco más de un año antes, podrían estar disfrutando el uno del otro. Yo tenía el corazón desgarrado, y durante algún tiempo casi quise estar con ellos. De aquello hace mucho tiempo, y ahora ya no tengo una prisa especial. Pero cuando siento confianza en mi fe y recuerdo a los seres queridos que he perdido, pienso que algún día..., algún día yo también participaré de esa reunión gozosa.

Albergo la esperanza de volver a reunirme con mis seres queridos.

6 de agosto

> Los afligidos encuentran consuelo en el llanto y en avivar su pena hasta que tienen el cuerpo tan cansado que ya no soporta las emociones interiores.
>
> MAIMÓNIDES

Es posible que el valor de las manifestaciones de duelo muy patentes (los alaridos, los lamentos, los gritos) estribe en que nos cansan mucho, con lo que alcanzamos una especie de anestesia temporal. Este planteamiento parece preferible al de «no perder la compostura» que se impone en algunos entornos, en los que tales manifestaciones pueden parecer raras y muestras de debilidad.

Por extraño que nos parezca al principio si no estamos acostumbrados (el sonido de nuestra propia voz nos sobresaltará), puede resultar muy útil alzar la voz ante el enemigo sin rostro, aunque sepamos que nadie nos va a responder y que nadie nos va a devolver a nuestro ser querido.

De modo que quizá merezca la pena probarlo. Si prefieres gritar a solas, no importa. Búscate un lugar que esté lo bastante aislado como para que no te oigan, y «da rienda suelta» a todo ese duelo y a toda esa ira contenida.

¿Te sientes culpable por protestar en voz alta contra Dios? No te preocupes: Dios es capaz de aguantarlo.

7 de agosto

Al descubrir mi propia interioridad, entro en comunión con todos los demás seres humanos, con la naturaleza, con la belleza y con la bondad de todo lo que es.

MARIA BOULDING

En nuestro duelo, nos sentimos a veces tan solos como si el destino nos hubiera elegido a nosotros para enviarnos esta desventura, sin que tengamos compañeros, sin que haya una sola persona cuyas vivencias en el mundo se aproximen siquiera a las nuestras.

Aunque nuestra situación sí que es única en algunos sentidos (pues la persona que hemos perdido es única), podemos encontrar consuelo al darnos cuenta de hasta qué punto formamos parte de la gran historia humana. Y no sólo de la historia humana. Pues la vida es, en todas sus formas, un ciclo de nacimiento, vida, muerte, renacer. Hasta las mismas montañas surgen, se erosionan y vuelven a surgir. En un silencio contemplativo podemos percibir nuestra comunión con todas las personas, así como con los árboles, las flores, el viento, el, cielo... Recuerdo que, en los meses angustiosos que siguieron a la muerte de mi hija, yo salía al patio trasero de mi casa y me comunicaba con los árboles, apoyando las manos en su corteza. Algunas veces (¡tras cerciorarme de que no me miraba nadie!) rodeaba con los brazos a mi árbol favorito y reposaba sobre él, pensando que la fuente común de la vida que nos alimentaba a los dos me daría fuerza y estabilidad.

❁ ❁

Yo formo parte de todo lo que es. El gran misterio de la creación me tiene en su corazón, como tiene también a mi ser amado perdido. Estamos juntos en él.

8 de agosto

> Ella pensó que no había tenido hasta entonces la posibilidad de comprender el poder, la severidad y la ternura de Dios. Pensó que entonces empezaba a conocerse a sí misma por primera vez, y aquel principio de conocimiento le aportaba una esperanza extraordinaria.
>
> JAMES AGEE

Si nos hemos preguntado alguna vez cuáles serán los límites de nuestra fuerza y de nuestra resistencia, nuestra experiencia de la pérdida nos dirá mucho al respecto. Nuestra vida se ha sacudido hasta los cimientos. Pero sobrevivimos. Y, si tenemos suerte, de este autoconocimiento terrible, exclusivo, surge una especie de empatía con toda la creación, un sentimiento de asombro ante el sufrimiento del mundo y su belleza. Sabemos que nosotros mismos estamos en este mundo, que formamos parte de él, y también sabemos que no está en nuestras manos. No podemos controlarlo de ningún modo; pero estamos en manos de Uno que sí puede.

Que con esta sabiduría purificadora y terrible sienta la presencia regeneradora de Dios, para que me dé consuelo y esperanza.

9 de agosto

Os digo que el duelo sin esperanza no tiene pasión.

ELIZABETH BARRETT BROWNING

Uno de los muchos estados de ánimo propios del duelo es una especie de aturdimiento, un desánimo tan profundo y tan general que parece que no hay nada que le mueva siquiera la superficie. Puede que se trate de una anestesia benigna que concede a nuestros sentidos el tiempo necesario para que descansemos un poco antes de volver a entrar en el torbellino de las vidas rasgadas, de los sueños destrozados, de las lágrimas angustiadas.

Ya pasará, como acaban pasando todos los demás estados de ánimo del duelo. Vendrá otra cosa a ocupar su lugar, otra cosa que podrá ser más fácil de sobrellevar, o más difícil.

Saberlo es algo más que aceptar con estoicismo lo que hay. Es recordar que el duelo va por temporadas, y que estas minitemporadas no se pueden prever, como no se puede prever una helada tras unos días templados de primavera, ni un día soleado en pleno invierno. Pero acabarán pasando, y tienen su propia lógica interna. A veces, lo más que podemos hacer es decirnos: «De acuerdo. Así están las cosas hoy. ¿Qué puedo hacer, que sea lo más compatible con este estado de ánimo?». Y dedicarnos a la actividad (o inactividad) que se ajuste mejor al día. En cuanto a mañana, ¿quién sabe?

La desesperanza no perdura eternamente, a menos que yo me ate a ella.

10 de agosto

> He acabado creyendo en el «Sacramento del Momento», que presupone la confianza en la bondad esencial de mi creador.
>
> RUTH CASEY

Cuando estamos de duelo, damos muchas vueltas al pasado: al pasado inmediato, a las circunstancias de la muerte misma y, después, a los días más felices en los que nuestro ser querido estaba con nosotros en todo su vigor.

Y después empezamos a pensar en el futuro: en la privación de pasar todos esos años sin nuestro ser querido.

Pero ninguno de nosotros tenemos más que el momento presente, que podemos limitar incluso a este momento mismo en que estás leyendo estas palabras.

Así como has elegido este momento para leer estas palabras, elige otro momento y vive únicamente en su intensidad, sin desviarte ni al pasado ni al futuro. Quizá te sorprendas al descubrir que te sientes mucho más ligero, mucho más libre para apreciar la vida que transcurre a tu alrededor.

Optar por esto equivale a reconocer tu propia incapacidad de repetir el pasado o de controlar el futuro. Es, además, un acto de confianza en un Creador en cuyas manos están todos los tiempos y todos los lugares.

Este momento es único en toda mi vida, y lo apreciaré en lo que vale por sí mismo.

11 de agosto

> Las relaciones personales de nuestra vida son un sistema, son un entramado de piezas bien encajadas; y cuando uno de sus elementos sufre, se resentirán todos. La muerte de un ser querido desequilibra todo el sistema [...]. Es buen momento para prestar atención, para hacer que estas relaciones personales sean todo lo buenas que se pueda. Si ahora mismo tenemos relaciones personales satisfactorias que nos nutren y nos mantienen a flote, quedará menos energía suelta vagando sin control, intentando apegarse de modo poco realista a la persona que ya no está.
>
> MARTHA WHITMORE HICKMAN

Es bien sabido que la resistencia a las enfermedades físicas tras la pérdida de un ser querido suele reducirse. También es cierto que una pérdida de esta especie puede hacer aflorar las debilidades ya existentes de las relaciones emocionales entre los miembros de la familia. Según cierto experto, en un caso tan extremo como la muerte de un hijo, un 75 % de los matrimonios sufren graves dificultades en un plazo de un año.

Así pues, será prudente por nuestra parte estar atentos a las señales de peligro y buscar ayuda profesional si percibimos problemas graves. Ya hemos perdido bastante; y si somos capaces de sortear los escollos y las aguas turbulentas de esta experiencia, nuestras relaciones personales no sólo sobrevivirán, sino que saldrán fortalecidas y enriquecidas por lo que hemos pasado juntos.

Mientras paso por estos tiempos tan duros, afrontaré con sinceridad las demás tensiones que puedan ponerse de manifiesto en el tejido de mi vida, y me plantearé la posibilidad de solicitar ayuda profesional si la necesito.

12 de agosto

Oh, Gran Espíritu,
cuya voz oigo en los vientos,
y cuyo aliento da vida a todo el mundo,
¡escúchame! Soy pequeño y débil, y necesito tu fuerza y tu sabiduría.

ORACIÓN DE LOS INDIOS DE NORTEAMÉRICA

¿A quién acudiremos en nuestra aflicción?

Tenemos muchas opciones, y necesitamos un tipo de consuelo y de seguridad para cada momento.

A veces necesitamos a otras personas.

A veces necesitamos nuestra propia soledad.

Y, a veces, es el mundo de la naturaleza el que pronuncia palabras sanadoras. Las estaciones del año se suceden y vuelven, con hojas nuevas, flores nuevas. El agua asciende al cielo, forma nubes y vuelve a nosotros en forma de lluvia y nieve, para llenar nuestros ríos y los lagos. Las estrellas tachonan el cielo formando figuras reconocibles, a pesar de que están a años luz de distancia.

Aquí hay algo que nos habla de una sabiduría mayor que todo lo que conocemos. El aliento del Creador está en todas partes y nos envuelve con su calor y con su vida.

Todo cambia; nada se pierde.

13 de agosto

[...] no te curarás, pero [...], algún día (aunque ahora te horrorice pensarlo), esta desventura intolerable se convertirá en el recuerdo dichoso de un ser que nunca volverá a dejarte. Pero ahora estás en una etapa de infelicidad en la que te resulta imposible confiar en estas promesas.

Marcel Proust

Cuando nos encontramos en pleno duelo, nos resulta difícil creer que pueda salir algún bien de todo esto. La idea misma puede molestarnos, como si alguien quisiera ponernos paños calientes demasiado pronto, intentando presentarnos «el lado bueno» cuando todo es malo.

Es verdad que no nos «curaremos» nunca, que nunca volveremos a ser lo que éramos antes. Pero tampoco quedaremos sumidos en el duelo para siempre. Se presentará ante nosotros un mundo nuevo, un cuadro cuyo marco se habrá ampliado de pronto, habrá dado un salto para abarcar más de lo que habíamos conocido. Y en este conocimiento ampliado de nuestro mundo estará también la presencia (y la ausencia) de nuestro ser querido. Será un mundo con más sombras, quizá, pero también será un mundo más luminoso.

Aunque ahora no sea capaz de creerlo, sí puedo albergar la esperanza de que, con el tiempo, mi ser amado perdido será una presencia continua y dichosa en mi vida.

14 de agosto

No hay camino para escapar, únicamente hay camino para seguir adelante.

MICHAEL HOLLINGS

«¿No hay alivio para esta herida? –nos preguntamos–. ¿No puedo desviarme, apartarme de todo esto de alguna manera?».

Lo que nos gustaría hacer en muchas ocasiones es volver atrás. Volver al punto anterior al accidente.

Pero ese mundo ya no existe. El suceso que es causa de nuestro duelo es una línea divisoria que nos separa para siempre de ese mundo que ahora nos parece tan sencillo, casi idílico (aunque sabemos, en el fondo, que no lo era); nos separa de la vida que conocíamos con nuestro ser querido, de la vida Antes De Que Pasara Aquello. Pero seguimos esforzándonos, recordando, deseando, hasta que termina por asentársenos en el cerebro la nueva pauta de pensamiento: «Tu mundo ahora es éste; tu vida es así ahora».

Al irnos convenciendo poco a poco, empezamos a avanzar, a adentrarnos en un sentido nuevo del tiempo y de las relaciones personales, incluso en una relación personal nueva con la persona muerta, y en una relación personal nuestra con nosotros mismos.

Sólo tenemos a nuestro alcance otra opción, la de quedarnos quietos; y quizá la probemos durante algún tiempo. Pero sabemos que, si persistimos en ello, nos petrificaremos. No; debemos seguir en marcha, y en la única dirección que podemos: hacia delante. Hacia delante, hacia tierras nuevas, hacia aventuras desconocidas, hacia territorios inexplorados.

Estoy en el umbral de una vida nueva. ¿Qué puedo hacer? Puedo quedarme inmóvil. O puedo avanzar. Sólo tengo estas dos opciones.

15 de agosto

> Me acude a la memoria que todo lo que adoro, admiro y obtengo de mi madre es consustancial a la tierra. Puedo evocar el espíritu de mi madre con sólo poner las manos sobre la fértil tierra negra de las montañas o sobre las arenas estériles del desierto. Su amor, su calor y su aliento, hasta sus brazos estrechándome, son las olas, el viento, el sol y el agua.
>
> Terry Tempest Williams

Lo que hemos perdido es insustituible; las demás manifestaciones de vida que nos rodean, por hermosas que sean, no lo pueden suplantar, del mismo modo que el nacimiento de un nuevo hijo no puede suplantar la pérdida de otro. Aun así..., aun así..., quizá sí que pueda darnos algún consuelo pensar en la unicidad de la creación. Mi hija, poco antes de morir, había puesto en la pared de su cuarto un cartel con un texto que empezaba diciendo: «Nos calienta un mismo sol...», y decía más adelante: «... y compartimos los unos las vidas de los otros, cada uno a la sombra de los demás». Mi marido y yo enmarcamos aquel cartel, y lo tuve muchos años en el despacho donde escribo. Me aportó mucho consuelo.

¿Podemos imaginarnos la presencia continuada de nuestro ser querido en el aire que nos rodea, en el sol que nos baña de luz y calor, en la vida que se agita en nuestro propio ser?

16 de agosto

> Voy de un lado a otro sin saber qué hacer,
> como una hormiga sobre un palo que arde por los dos extremos,
> desesperado [...].
> Ten la bondad de velar por mí. Tu amor es mi refugio.
> Amén.
>
> ORACIÓN TRADICIONAL DE INDIA

Se dijo de cierta persona que «había perdido el rumbo, y, por ello, corría el doble».

A veces somos así: nos afanamos de un lado a otro con prisa frenética, con la vana esperanza de que, si nos mantenemos muy ocupados, nos insensibilizaremos de alguna manera y no sufriremos tanto dolor.

Estar ocupados tiene su valor: nos cansamos, y después podemos dormir. Y puede que, ocupados en hacer algo por los demás, nos olvidemos durante un rato de nuestro propio dolor.

Pero a veces se trata de una actividad sin rumbo, sin más objetivo que estar ocupados en algo, como si con eso fuera suficiente.

Pero el mero hecho de estar ocupados no basta, y la desesperación (sumada a la fatiga emocional y física) nos pasa factura, y acabamos peor que estábamos.

La sanación no nos ha de venir de afanarnos sin cesar, sino de la seguridad tranquila de que el amor se encuentra en el corazón de la vida y de que es nuestro refugio y la fuente de la fuerza que nos permitirá seguir adelante.

Dejaré de afanarme frenéticamente y volveré a conectar con la fuente de mi fuerza.

17 de agosto

> Sólo cuando hubo concluido el acto de la cremación, al que sólo asistieron mis hijos y unos pocos amigos, y cuando hube dispersado las cenizas de mi marido al fondo del jardín, por donde habíamos paseado juntos tantas veces, y cuando mis hijos hubieron regresado a sus hogares respectivos, sólo entonces conocí con toda su intensidad el carácter definitivo de la muerte [...]. Lo que debía soportar tenía que soportarlo ya, enseguida y sola.
>
> DAPHNE DU MAURIER

El momento de hacer frente a la soledad en que nos deja la muerte puede ser diferente para cada persona. Quizá no sea lo más oportuno hacerlo ahora mismo. Y hay personas que no pueden pasar mucho tiempo solas en el sentido físico, como es el caso de una madre o un padre viudo que todavía tienen que atender a las necesidades de sus hijos menores. Pero en los momentos de silencio, antes de dormirnos, o cuando nos despertamos en plena noche y recordamos, entonces, cada uno de nosotros nos encontramos frente a frente con lo que tiene el duelo de soledad inevitable.

Y ¿por qué no? Aunque podamos hablar con otras personas, existe un territorio de pérdida en el que sólo podemos entrar nosotros. Pero nuestra soledad tiene una ambigüedad extraña. Es frecuente que la sensación de presencia de nuestro ser querido sea más fuerte en los momentos en los que estamos afrontando nuestra soledad con mayor desesperación. La persona ya no está; estamos desesperadamente solos. Pero ¿qué es esta vitalidad que hay en el aire?

Me adentraré en la oscuridad desconocida, confiando en que estaré a salvo.

18 de agosto

> Si Dios es, está presente en todas partes. No es un mero visitante ocasional ni está nunca más verdaderamente presente que en este mismo instante. Siempre está dispuesto a entrar en nuestro corazón; de hecho, ya está en él; los que no estamos somos nosotros.
>
> ARTHUR FOOTE

¿Somos capaces de creer que Dios está presente para nosotros, entre nuestra pena? ¿Que está con nosotros como un compañero íntimo? ¿Y que quiere dársenos a conocer, y que quiere nuestra paz? ¿Y que cuida con amor y ternura de nuestro ser querido?

Puede que un viaje por la fe como éste se parezca un poco a volver a nuestra casa a oscuras. No tenemos luz para ver el camino, pero nos abrimos camino a tientas por este mundo que nos resulta familiar y desconocido al mismo tiempo, cambiando el rumbo donde sabemos que hay una curva en el camino, dirigiéndonos hacia lo que sabemos que tiene que estar allí. Aunque no veamos lo que tenemos delante, nuestros pies reconocen el camino; y, cuando nos acercamos a una puerta que tiene que estar allí con toda seguridad, hay detrás alguien, una persona amada, que enciende la luz para darnos la bienvenida a nuestra propia casa.

Cuando me sienta solo y apartado de toda fuente de apoyo, «me probaré, a ver qué tal me sienta» la posibilidad de que Dios está conmigo y de que me acompañará hasta el final.

19 de agosto

El tiempo transcurre de manera distinta para los que hemos perdido a un ser querido. Se arrastra a paso de tortuga. Cada minuto ha estado tan lleno, tan cargado de emociones, de circunstancias y de dramatismo, que cada día transcurrido ha parecido una semana.

RICHARD MERYMAN

Una de las razones por las que el futuro nos parece tan negro cuando afrontamos una pérdida es esta marcha tan lenta del tiempo. Somos como niños a los que parece que para su próximo cumpleaños les falta una vida entera; para ellos, la vida no tiene nada de rutinaria, y les aguardan muchas vivencias nuevas.

Sólo que, a diferencia de los niños que esperan una vida que puede estar llena de descubrimientos y de sorpresas, lo que vemos nosotros por delante es una serie de días teñidos por el duelo. Sabemos por experiencia que nuestros primeros días de duelo nos parecieron una eternidad. Miramos adelante y pensamos: «¿Será siempre así?». No soportamos la idea de vivir así una semana entera. ¡Cuanto menos un mes, un año, incluso una década!

Por fortuna, esta especie de dilatación del tiempo no perdura. El tiempo empezará a pasar como pasaba antes de nuestra pérdida. Los bordes afilados del duelo se irán suavizando, y los sentimientos que antes nos azotaban con la fuerza de un golpe físico se volverán menos frecuentes. Ya estaremos en marcha. El tiempo dejará de ser nuestro enemigo y volverá a ser nuestro amigo.

❋❋

El día de hoy tiene su propio tiempo. El día de mañana será distinto, y no voy a intentar preverlo.

20 de agosto

> Eleonora Duse me pidió que le hablara de Deirdre y de Patrick. Y me hizo repetirle todas las cosas que hacían y que decían, y que le enseñara otra vez sus fotos, que ella besaba y que le hicieron llorar. No me dijo nunca que dejara de sentirme afligida, sino que compartió mi aflicción; y, por primera vez desde la muerte de los dos, yo sentí que no estaba sola.
>
> ISADORA DUNCAN

¡Cuánta falta nos hace hablar de la persona que hemos perdido! Hablar de ella no sólo da una salida a la energía del duelo, sino que establece una continuidad del recuerdo y del espíritu de uno que constituyó una parte tan importante de nuestra vida.

Sobre todo en la pérdida de jóvenes (como fue el caso de Isadora Duncan, cuyos dos hijos murieron ahogados siendo niños), hablar de ellos y de cómo eran sirve para ampliar en cierto modo unas vidas que se sesgaron demasiado pronto, para reafirmar la realidad de que han estado en este mundo. «¿Lo ves? Voy a hablar de él/de ella. Tenía importancia. Estuvo aquí».

Hablar de los difuntos con libertad equivale también a empezar a acostumbrarnos a la experiencia diferente que tenemos de ellos ahora. Hablamos como para ensayar esta experiencia y para ponernos a prueba nosotros mismos. Los echamos de menos. ¿Somos capaces de cruzar la frontera de la muerte, hasta donde estuvieron?

¿Nos funcionará la memoria? Sí. ¿Quiénes son ellos para nosotros ahora? Todo es tan nuevo... Pronunciamos sus nombres, y en nuestra mente resuenan los ecos de un mundo nuevo.

❁ ❁

Voy a hablar de mi ser querido perdido; es un modo de aprender mi nueva vida.

21 de agosto

La muerte es el velo que los que viven llaman «vida». Se duermen, y el velo se alza.

PERCY BYSSHE SHELLEY

A primera vista, parece que estas palabras quitan valor a la experiencia espléndida de estar vivos. ¿Quién es capaz de concebir otras maravillas más allá de las que ya conocemos: el cielo estrellado, la fragancia de los lirios, la maravilla del amor humano? Aceptamos el mundo en toda su belleza y en todo su deleite (y también en su dolor, que forma parte de nuestra naturaleza humana), y cuando perdemos a un ser querido, no sólo lloramos por nosotros mismos, sino porque nuestro ser querido haya perdido todo esto.

Pero las personas que relatan haber tenido experiencias próximas a la muerte nos dicen que han perdido todo miedo a la muerte. Algunas afirman que el atisbo que tuvieron de la vida más allá de la muerte superaba tanto en esplendor a todo lo que conocemos, que casi no querían volverse.

¿Quién puede saberlo? Nosotros, atados como estamos a las bendiciones y a los inconvenientes de estar vivos, no podemos. Pero... ¿y si tienen razón? Y con independencia de lo que creamos acerca de esos relatos, tenemos también el testimonio de muchas religiones, que nos prometen una vida después de la muerte, tan maravillosa que no podemos ni imaginárnosla.

❋ ❋

La vida es una aventura cuyas circunstancias conozco. La muerte es otra aventura.

22 de agosto

> ¿«Perdonarnos a nosotros mismos»? No; eso no funciona: es necesario que nos perdonen. Pero sólo podremos creerlo posible si nosotros mismos somos capaces de perdonar.
>
> DAG HAMMARSKJÖLD

Lo uno va unido a lo otro: la capacidad de perdonar y la capacidad de sentirnos perdonados. Ser severos con las demás personas es, en cierto sentido, proyectar hacia los demás la severidad con la que nos tratamos a nosotros mismos: «Si yo tengo que dar la talla, también la tienes que dar tú. Si yo me exijo a mí mismo este nivel, ¿por qué no voy a exigirte a ti lo mismo?».

Cuando hemos perdido a un ser querido y nos erigimos en supervisores severos de nosotros mismos, nos estamos buscando graves problemas. Es verdad que hicimos cosas mal: palabras desagradables, una promesa incumplida, una visita que pensábamos hacer y no hicimos.

Ahora, la cuestión no es quién «tuvo la culpa» (si es que alguien la tuvo), ni quién se queja o se siente herido con razón. La cuestión es si soy capaz de dejarlo ir. Porque, si lo soy, puedo tener la seguridad de que mi ser querido también lo ha dejado ir.

❋❋

Requiescat in pace. *Que podamos descansar todos en paz.*

23 de agosto

Aunque ande por el valle de la sombra de la muerte, no temeré mal alguno, porque tú estarás conmigo; tu vara y tu cayado me infundirán aliento. Aderezas un banquete delante de mí en presencia de mis adversarios; unges mi cabeza con aceite; mi copa está rebosando. Ciertamente el bien y la misericordia me seguirán todos los días de mi vida, y en la casa del Señor moraré por largos días.

SALMO 23, 4-6

Este salmo de las Escrituras hebreas ha consolado a hombres y mujeres desde hace muchos siglos. Quizá se emplea con más frecuencia para animar a las personas que están al borde de la muerte. Pero nosotros, los que hemos sobrevivido a la muerte de seres queridos, sabemos que ellos no andan solos por ese valle. Nosotros los hemos acompañado con frecuencia; nos hemos sentado junto a su cama; hemos compartido sus angustias y temores, los expresaran en voz alta o no. También hemos tenido con frecuencia el privilegio de oírles manifestar su fe y su confianza.

Y, ahora, ya no están, y quedamos nosotros. Somos nosotros los que necesitamos consuelo y ánimo. Estos versículos del salmo 23 quizá puedan tener este mismo efecto cuando nos los repetimos hasta que empieza a asomar la luz y el corazón se calma.

Agradezco las palabras que sanan.

24 de agosto

> En la oración, encuentras a Dios en la brisa suave, en la aflicción y en la alegría de tu prójimo y en la soledad de tu propio corazón.
>
> HENRI NOUWEN

¿Qué significa rezar? A veces concebimos la oración como una expresión consciente de pensamientos, peticiones y agradecimientos, dirigidos a Dios y articulados en forma de palabras. Hablamos, o pensamos, y después esperamos la respuesta de Dios. Pero ¿y si la oración no fuera a veces más que un estado de atención a lo que está pasando? Joan Báez ha dicho que la oración es Prestar Atención.

Es posible que, en ese estado de Prestar Atención, podamos acoger a Dios en nuestra vida, en nuestras penas y alegrías, como a otro ser que también está Prestando Atención y que, en esa atención, comprende nuestra pena y la comparte, mientras su amor nos envuelve en su misterio y nos hace sentir que vamos a ser capaces de regresar a nuestro hogar.

Dios está presente en mi alegría y en mi pena.

25 de agosto

Se sentó allí y empezó a aprender a tener paciencia, mirando fijamente al suelo, donde los zapatos bastos y pesados habían dejado un rastro que iba de la puerta del cuarto de estar a la puerta del dormitorio vacío.

COLETTE

La autora describe en este pasaje la actitud de su madre tras la muerte del marido de ésta. Ha concluido el funeral, ha terminado el alboroto. Ahora comienza el largo aprendizaje del Cómo Arreglárselas sin la presencia del ser querido.

Es una tarea que requiere la máxima paciencia, así como una disposición a mirar una y otra vez los lugares y los caminos por donde anduvo el ser querido; donde se sentaba, vivía y dormía, y ya no lo hace.

Tras la muerte de mi abuelo, cuando yo tenía once años, una de las imágenes más desgarradoras que recuerdo fue la de sus zapatos, bien ordenados tras la puerta del armario. Eran unos botines de cuero negro con cordones largos, y el cuero había adquirido arrugas y bultos que se ajustaban a la forma de sus pies y a su manera de andar. Yo estaba acostumbrada a vérselos puestos, pero entonces estaban vacíos.

❋❋

Debemos respetar los estados de ánimo del duelo, como los del día o los del año, y acabarán por pasar.

26 de agosto

> Vive en el mundo como si fueras un forastero o un viajero; cuando caiga la noche, no esperes la mañana; y cuando amanezca el día, no esperes la noche; y cuando tengas buena salud, disponte para la enfermedad; y mientras vivas, disponte para la muerte.
>
> AN-NAWAWI (DE LAS ESCRITURAS MUSULMANAS)

El duelo sería verdaderamente difícil de soportar si perdurara en su primera intensidad, meses y meses y años y años. Pero no sucede así. Sí que empezamos a sentirnos mejor. Esto nos puede sobresaltar. Hasta podemos preguntarnos si estamos siendo desleales a nuestro ser amado. ¡Qué tontería! ¿Acaso a nuestro ser amado no le gustaría más que ninguna otra cosa vernos libres de nuestra tristeza? Y, de hecho, es posible que lleguemos a captar mucho mejor la verdad de quién era esa persona cuando se haya disipado una parte del duelo. En las primeras etapas, pensamos más en nuestro propio dolor que en el recuerdo de nuestro ser amado.

No debemos imaginarnos a nosotros mismos en un futuro que no podemos conocer, y menos durante las primeras etapas del duelo. Sea cual sea ese futuro, será distinto, con toda seguridad, de lo que nos imaginamos nosotros en nuestra agitación.

Recuerdo una disertación de los cuáqueros sobre el tema de «estar presente allí donde estás». Es un buen consejo en cualquier circunstancia, pero sobre todo ahora.

Intentaré estar presente para este día.

27 de agosto

El hombre que regresa del desierto se convierte en restaurador del orden, en conservador. Ve la verdad; reconoce a su heredero legítimo; honra a sus antecesores y su legado, y otorga su bendición a sus sucesores. Encarna el devenir del tiempo humano, la vida y la muerte dentro de los límites humanos de la aflicción y de la alegría.

WENDELL BERRY

Cuando estamos en pleno duelo, no nos reconoceríamos a nosotros mismos en estas palabras de Wendell Berry. Sólo reconocemos lo del «desierto».

Pero al cabo de un tiempo (quizá al cabo de un tiempo muy largo, y casi en contra de nuestra voluntad), reconocemos que el resto de esta descripción también se ajusta a nosotros en parte. Aunque no agradezcamos la experiencia de la pérdida, con el tiempo sí podemos agradecer la sabiduría que nos puede aportar, aunque nos haya costado tan cara; podemos agradecer que, de hecho, somos más fuertes, más sabios, estamos mejor equipados para afrontar la vida, más dispuestos a ayudar a los demás y tenemos más confianza en nuestro lugar y en el de nuestro ser querido dentro de la corriente humana.

Pero es un desierto. Y siempre nos estará llamando en cierto modo: «Vuelve. ¿Recuerdas lo triste que estabas?».

Y volveremos. Pero volveremos más fuertes. Y no pasaremos allí tanto tiempo.

Si una parte del legado de la pena es una nueva fuerza, la aceptaré. No la despreciaré.

28 de agosto

> Si la muerte me separa de mi amigo, No me riñas, Señor, por mi pena,
> ni frunzas el ceño al verme llorar.
> Me mandas que lo lleve con tristeza tranquila sin caer en excesos de pasión
> a los que reposan en ti.
>
> CHARLES WESLEY

A veces creemos, erróneamente, que las personas de fe no sufren el duelo. Como confían en que la esencia de su ser querido no se ha perdido, y que volverán a verse, soportan en calma esta separación temporal, sin lágrimas ni agitación interior.

No es así. Ya tenemos el corazón muy cargado, ¡no le añadamos una nueva carga de sentimientos de culpabilidad por haber «sucumbido» con tanta facilidad a nuestro duelo! ¿Acaso no echaríamos de menos a nuestro ser querido si se hubiera ido a vivir al otro extremo del mundo? ¡Pues los misterios imponderables de la muerte son mucho más impenetrables que el que un ser querido se vaya a vivir a una tierra extraña!

Afortunados aquellos que conservan una fe fuerte ante la pérdida de un ser querido. Y también son afortunados si pueden llorar con toda libertad y sin que ni los demás ni ellos mismos se lo recriminen. Sentir el dolor de la pérdida es ser humanos. Sanarse de ese dolor es maravilloso; pero no hay atajos. Sólo se puede pasar a través de él.

Seré sincero con mi dolor: él y yo nos conocemos bien el uno al otro.

29 de agosto

Yo estaba en un jardín del museo Rodin. Pasé un rato a solas, sentado en un banco de piedra entre dos largos setos de rosas. De rosas de color rosado. De pronto, tuve una sensación muy honda de paz, y me acudió el pensamiento de que, si la muerte era una absorción en una realidad como la que yo tenía delante de mí, quizá no fuera mala.

IRVING HOWE

¿De dónde salen revelaciones como las de este momento que nos cuenta el célebre crítico literario Irving Howe?

El sociólogo Peter Berger ha planteado que los dioses no son, como afirman algunos, proyecciones humanas de nuestros deseos e ilusiones, sino que la humanidad y sus obras (los ángeles, los rascacielos, las sinfonías) son proyecciones de Dios en el mundo. Habla de «una otredad que se agazapa tras las estructuras frágiles de la vida cotidiana».

Cuando leemos estas afirmaciones y estas conjeturas, nos elevan el ánimo. Tras la pérdida, mientras nos estamos abriendo camino entre las sombras y las luces, estas afirmaciones y estas intuiciones son como pan para el hambriento, como agua para los que están casi vencidos por la sed.

❋❋

Esperaré mis propios «momentos en el jardín».

30 de agosto

> Pon la aflicción en palabras; el duelo que no habla susurra al corazón sobrecargado, diciéndole que se rompa.
>
> WILLIAM SHAKESPEARE

La presión del duelo callado es como la de una olla exprés: se va acumulando más y más, hasta que tenemos la sensación de que, si el dolor aumenta un poco más, nos volveremos locos.

Habla. Cuéntaselo a un amigo. Cuéntaselo a otro amigo o cuéntaselo otra vez al mismo. Si tu amigo es sensato, sabrá que tienes la necesidad de contarlo una y otra vez.

Una posible manera de empezar (sobre todo cuando la muerte ha sido inesperada y difícil de asumir) es contar a ese amigo comprensivo los hechos del día en que se produjo la muerte, con todos los detalles que recuerdes. «Me levanté por la mañana. Desayuné lo de siempre: cereales, zumo y café. Leí el periódico…». Cosas así de corrientes.

Relatando el día de esta manera, vamos reafirmando el hecho de la muerte en el mundo real, y esto nos ayuda a empezar a creernos la verdad terrible de aquel día. Lo que pasó no es una fantasía, ni es una cosa que podamos meter en una burbuja para aislarlo del resto de nuestra vida. Sucedió en el tiempo real, un día real; y, aunque contarlo resulte tristísimo, el acto de contarlo también nos ayudará a aliviar nuestra presión interior y a activar el flujo de la sanación, de amigo a amigo.

Contaré mi historia tantas veces como me haga falta.

31 de agosto

> Creo que Dios está en mí como el sol está en el color y en la fragancia de una flor; es la Luz en mi oscuridad; es la Voz en mi silencio.
>
> HELEN KELLER

Una mujer que era ciega y sorda de nacimiento nos está hablando, sin duda, de una privación mucho más profunda de lo que podemos imaginarnos nadie. No obstante, gracias a los cuidados, largos, constantes e insistentes de su cuidadora y maestra Anne Sullivan, Helen Keller pudo salir de esta oscuridad para comparar la presencia de Dios que sentía en su interior con las maravillas que era capaz de percibir por su sentido del olfato, por el calor en su piel y por las vibraciones que sentía con la punta de los dedos.

Aunque se trata de una oscuridad muy distinta de la del duelo, es posible que existan elementos comunes: la sensación de aislamiento, el desánimo, la incertidumbre sobre el futuro.

¿Qué nos sustentará durante los largos períodos de duelo? Además de la ayuda de todo tipo de nuestros amigos y de nuestras comunidades de fe, solemos contar con una sensación del Dios interior que nos ayuda a liberarnos de nuestra oscuridad. Es una presencia tan persistente y delicada como la fragancia de las flores, tan cálida y vivificadora como la luz.

❋ ❋

Tengo dentro de mí una fuerza que a veces me sorprende.

1 de septiembre

> Podemos resistirnos un poco más a la llamada del deber; aunque las responsabilidades también pueden servir para animarnos a seguir adelante. Pero si tenemos la tendencia a ser hiperresponsables, podemos relajarnos un poco [...]. Cuando nos animemos a participar en grupos sociales, no es preciso que nos exijamos demasiado a nosotros mismos, ni debemos sentirnos obligados a brillar ni a animar la conversación.
>
> MARTHA WHITMORE HICKMAN

Lo que estamos proponiendo es que seamos comprensivos con nosotros mismos, que nos demos cuenta de que hemos sufrido una herida y que para recuperarnos nos hace falta esperar algo de tiempo, e incluso puede que mimarnos un poco.

Si nos hacemos responsables de lo sucedido en cierto grado (aunque sólo sea por la «culpabilidad del superviviente»), podemos sentirnos obligados a trabajar con más ahínco de lo habitual para demostrar que volvemos a merecernos nuestro lugar en la vida.

¡Es un error! Como decía un pin que se popularizó hace algunos años, «Soy hijo del universo. Tengo derecho a estar aquí».

O como dice, cuando está a punto de morir, el protagonista del *Diario de un cura de aldea:* «Todo es gracia». La vida es un don que no nos hemos ganado ninguno. Tienes que cuidarte para tener fuerza para el día siguiente. Que sea otro el que se ocupe durante un tiempo de las tareas cotidianas de la vida. Ya te volverá a tocar a ti cuando te sientas mejor.

No tengo que disculparme ante nadie, ni siquiera ante mí mismo, por tomarme un tiempo para que se vuelvan a llenar los pozos agotados de mi energía.

2 de septiembre

¿Qué límite o qué restricción puede tener el duelo por una persona tan querida?

HORACIO

El duelo no tiene unos plazos universales. Hay tantas pautas como personas que pasan por el duelo. Dependen en gran medida del tipo de sistema de apoyos que tenemos, y de las posibilidades que tenemos de afrontar y expresar nuestro duelo, con ayuda de nuestros amigos en muchos casos.

Pero a lo que no debemos prestar atención es a las opiniones, implícitas o expresas, de los que se erigen en monitores y consideran que estamos «alargando demasiado» el duelo, o que «exageramos las cosas demasiado», o cualquier otra reconvención que nos pretendan comunicar con su presencia o con sus palabras.

Claro está que, si han transcurrido varios meses y seguimos encontrándonos completamente incapacitados, podría convenirnos buscar ayuda profesional. Pero de lo que no nos puede caber duda es que un asesor sensato no nos dirá que estamos alargando ni exagerando el duelo. Antes al contrario: si nos hemos quedado atascados en el camino de la recuperación, es mucho más probable que se deba a que no nos hayamos concedido a nosotros mismos permiso para expresar nuestro duelo de manera abierta y sincera.

De modo que, si alguien nos dice o nos da a entender que «ya deberías haber superado aquello a estas alturas», podemos recordar las palabras del Talmud: «No juzgues a nadie si no has estado en su lugar».

❋❋

El calendario de mi duelo sólo lo puedo descubrir yo desde mi interior.

3 de septiembre

Quedé perdonado hace mucho tiempo. Oí que mi madre, en su lecho de muerte, decía al médico que su hijo había sido «siempre un buen muchacho»; me había perdonado tan por completo, que me dio la impresión de que le fallaba la memoria. Era algo más; era más profundo.

WILLIAM GIBSON

¿Qué vamos a hacer con esos «ojalás» persistentes que nos acosan? «Ojalá hubiera dicho tal cosa (o no hubiera dicho tal otra)». «Ojalá hubiera ido a visitarle con más frecuencia», u «Ojalá no hubiera sido tanta carga para ella».

¿Nos han perdonado las personas que se han marchado antes que nosotros? Sólo podemos hacer conjeturas al respecto. Pero si la muerte es una experiencia de consciencia, deberá ser sin duda una experiencia de consciencia ampliada, de visión más amplia que la que conocemos aquí. Como dice el dicho, «saberlo todo es perdonarlo todo».

Cuando nuestros seres queridos nos perdonan con tal elegancia y comprensión, quizá sea porque se están adelantando a aquella consciencia ampliada, que ya empieza a manifestarse en los que están próximos a la muerte. Y si no nos perdonan de ese modo, si no se presenta la ocasión, nosotros mismos podemos perdonarnos en nombre de ellos, sabiendo que nos habrían perdonado si hubieran podido.

❋ ❋

Todo está perdonado. Todo está perdonado. Todo está perdonado.

4 de septiembre

> Hay una tierra de los vivos y una tierra de los muertos y el puente es el amor la única supervivencia el único sentido.
>
> THORNTON WILDER

Ya sabemos, sin que nos lo digan, que el puente es el amor. Sabemos que no hemos dejado de amar, y que dondequiera que haya ido nuestro ser amado, nuestro amor lo ha seguido.

Y no cabe duda de que ese amor es correspondido. A veces casi parece que se puede palpar en el aire de la habitación donde estamos. Hay personas que han tenido visiones de sus seres queridos, que estaban cerca de ellos, han oído sus voces, o incluso han percibido su intervención en un momento crítico.

Un hombre que ha escrito mucho sobre el duelo cuenta que una vez iba a subir a un avión y sintió como un campo de fuerza que no lo dejaba pasar por la puerta. Tras varios intentos, bajó de nuevo la escalerilla y tomó otro avión. El primer avión se estrelló. Más tarde, le vino a la mente la imagen de su hijo, que le decía: «¿Recuerdas cuando no te dejé subir a aquel avión?».

No conocemos las cosas que intervienen en esto. Pero lo que sí sabemos es que estamos unidos a los muertos, y ellos a nosotros, por el amor, con vínculos que se pueden estirar, pero no se pueden romper.

Sé que el amor no cesa por el hecho de la muerte.

5 de septiembre

> A veces me parece casi un pecado
> expresar con palabras mi aflicción;
> pues las palabras, como la naturaleza,
> casi revelan y casi ocultan el Alma que está dentro.
>
> ALFRED TENNYSON

Es muy difícil explicar lo que sentimos. Cuando nos lo preguntan nuestros amigos, y percibimos que no sólo lo preguntan por mera cortesía, queremos decírselo. Pero ¿qué les diremos?

A los que intentan expresar su pésame les asedia esta misma inquietud. ¿Cuántas veces hemos oído lamentarse a personas que vienen de visitar a un amigo que ha perdido un ser querido: «No sé si le he servido de algo. No sabía qué decirle»?

Nosotros, a los que nos ha tocado recibir las expresiones de condolencia, sabemos que lo que dice la persona no tiene tanta importancia como el hecho de que ésta haya venido a estar con nosotros; aunque también es posible «meter la pata» con lo que se dice. Todos tenemos nuestros candidatos al título de la mayor metedura de pata de la historia. Yo recuerdo dos: «Es cosa de la providencia», y «¡Lamento mucho que tu hija haya ascendido a la consciencia superior!».

No obstante, salvo unas pocas excepciones, lo que importa es la expresión de amor y de cariño, y no las palabras. Por esto mismo, los que estamos esforzándonos por expresar nuestro pésame no debemos preocuparnos por la exactitud de nuestras palabras, ni por si estamos diciendo precisamente lo que conviene.

Puedo confiar en que mis sentimientos me ayudarán a decir la verdad.

6 de septiembre

El que me ve a Mí en todo,
y lo ve todo en Mí,
para él, no estoy perdido,
y él no está perdido para Mí.

BHAGAVAD GITA

Lo que nos aflige, y lo que nos aterroriza a veces, es el hecho mismo de la pérdida. La pérdida de la presencia del ser amado, la pérdida de su amor, la pérdida de su Ser. ¿Cómo podemos estar contentos en un mundo del que falta para siempre nuestro ser amado? Pero la sabiduría de este pasaje del *Bhagavad Gita,* y de otros pasajes de otras Escrituras sagradas, nos dice que la creación sigue abrazándonos, a nosotros y a todos nuestros seres amados. Todavía seguimos todos unidos, de alguna manera, en una inmensa conspiración de amor, de cuidado mutuo y de vida en marcha. Y así como no estamos perdidos para la creación, tampoco estamos perdidos el uno para el otro.

No se pretende con esto negar el dolor de la separación y la incertidumbre del No Saber. El apóstol Pablo dijo: «La fe es la seguridad en las cosas que se esperan, la certidumbre de las cosas que no se ven». De lo que sí podemos estar bastante seguros, a la luz de nuestra experiencia y de las experiencias de los demás, es que en el universo pasan más cosas de las que podemos detectar con nuestros cinco sentidos. «Ahora veo en un espejo turbio –dijo también Pablo–. Después, veré cara a cara».

La creación nos acoge a todos por separado y nos une a todos.

7 de septiembre

> Caracol, caracol, anímame a seguir con tu brillo;
> pájaro, guíame hasta mi casa con tus trinos;
> gusano, hazme compañía.
> Éstos son mis momentos difíciles.
>
> THEODORE ROETHKE

A veces, cuando estamos tristes, no nos interesan las grandes cuestiones universales ni las visiones generales. Somos más afines a lo pequeño y a lo íntimo, a los pájaros que vuelan entre los árboles, a los caracoles y a los gusanos que viven y se afanan en la tierra.

Aunque yo no sé por qué, esas pequeñas criaturas nos sirven de consuelo. Puede que sea por su vulnerabilidad, porque perviven entre las amenazas de fuerzas muy superiores: los caprichos del viento y del agua, un pisotón o el golpe de una pala. Saben, como lo sabemos nosotros, lo que significa sentirse pequeños y en apuros. Si ellos son capaces de seguir adelante con decisión ante tantos peligros como amenazan a su supervivencia…; bueno, entonces puede que nosotros también seamos capaces.

Por el motivo que fuera, este pasaje de Roethke me acompañó durante las horas más oscuras de mi propia pérdida, y ahora mismo sigo acogiendo a esas criaturas (caracol, pájaro, gusano) como compañeros en la lucha constante de la vida y en sus alegrías.

❋❋

Somos criaturas, y nos necesitamos unas a otras.

8 de septiembre

Sé que vivimos en las vidas de nuestros allegados. Yo he sentido en mí misma la presencia viva de muchas personas que he querido y que me han querido a mí. Vivo diariamente la presencia de mi hija. Y sé que esto no se limita únicamente a las personas que hemos conocido en carne y hueso, pues hay muchos huéspedes en mi vida con los que no compartí nunca tiempo ni espacio.

ELIZABETH WATSON

Todos nosotros sentimos una especie de comunión espiritual con amigos que no necesariamente se encuentran en nuestra presencia física inmediata. Cuando nos volvemos a ver tras una ausencia larga, nos parece «como si hubiera sido ayer». ¿Se deberá esto, en parte, a que, en efecto, aunque estemos separados nos llevamos los unos a los otros en algún lugar de nuestra mente inconsciente?

Y, si esto se cumple con los vivos, ¿por qué no se va a cumplir con los muertos? Este sentimiento que tenemos de que conocemos a aquellas personas cuyas palabras leemos, o de las que oímos hablar, hasta tal punto que los reconoceríamos a ellos también si entraran en la habitación, ¿no será también indicio de una comunión de los espíritus?

El mundo del espíritu no tiene barreras de tiempo, ni de espacio ni de la realidad física. Podemos cerrar los ojos, retraernos en nosotros mismos y sentirnos como en casa con la multitud de personas que conocemos y que queremos. Sin duda, esto tiene alguna relación con esa «comunión de los santos» de la que hablan los místicos en sus escritos.

Cuando estoy solo, puedo elegir a alguien que me acompañe.

9 de septiembre

> La Aflicción se aleja volando en alas del tiempo.
>
> LA FONTAINE

Existen muchas variantes de este tema: que «el tiempo es el gran sanador», que «el tiempo todo lo cura»…

Sí y no. Cuando uno es capaz de procesar su duelo de manera sana y abierta, entonces sí; no cabe duda de que el tiempo le aliviará el dolor. Pero al que intenta saltarse el duelo, o es incapaz de resolver sus múltiples hilos, puede que el tiempo no haga más que taparle el duelo, de tal modo que no tiene posibilidades de curarse. Entonces vendrán los problemas –depresión, miedo a las relaciones personales, actividad frenética–, quién sabe.

Y aunque recorramos nuestro duelo con la máxima prudencia, esa figura de que la aflicción se marcha volando nos parece absolutamente exagerada. ¿No será arrastrándose? ¿O gateando?

La cantidad de tiempo que tiene que transcurrir para que la persona empiece a sentirse verdaderamente mejor depende de la naturaleza de la pérdida: de la edad de la persona fallecida, del grado de cercanía de la relación personal, de las circunstancias de la muerte. Pueden servir de gran ayuda los grupos de duelo, compuestos por personas con una experiencia común. Estos grupos proporcionan un lugar seguro donde se puede expresar el duelo abiertamente, y ayudan a sus miembros, de manera comprensiva y tolerante, a valorar si están avanzando o si se han quedado atascados en algún sentido y necesitan más ayuda.

Dentro de algunos años, quizá pueda reconocer yo también que la aflicción vuela en alas del tiempo. Pero no me metáis prisa.

10 de septiembre

Esto que voy a escribir parece bastante negativo y duro, pero no es mi intención que lo sea. La felicidad basada en la realidad es mucho más profunda que la que se levanta sobre la fantasía; y el sufrimiento nos enseña que una persona que vive entre privaciones y sumida en la desolación se puede encontrar con la felicidad sin esperarla. Hay una cierta pérdida de las cosas externas que nos vuelve más sensibles a la alegría, así como a la pena.

SHEILA CASSIDY

Escribió estas palabras una médica que recordaba su detención en Chile y las torturas que sufrió por haber curado a un revolucionario herido. Las circunstancias son distintas, pero su experiencia del sufrimiento como una «pérdida de las cosas externas» es semejante a la nuestra.

¡Qué preciosos parecen entonces los pequeños regalos que podemos recibir! Un rayo de sol en un suelo frío, un gesto de amistad inesperado, el aroma del té caliente.

La poetisa Mary Jane Irion recuerda que pasó toda una noche en vela, de duelo por una muerte, y que después, «por la mañana terrible, una vecina trajo unas rosquillas, tan ricas que no las olvidé nunca».

El duelo tuvo el efecto de agudizar el sentido del gusto y de la textura, así como el agradecimiento por la amistad.

❋ ❋

En plena oscuridad hay luz; en plena pena hay alegría.

11 de septiembre

Calla y escucha el silencio interior.

DARLENE LARSON JENKS

No basta sólo con estar callados.

En nuestros momentos de silencio, suele suceder que nuestra mente esté oteando el horizonte; no sólo el horizonte físico, sino también el horizonte emocional. Y no sólo el presente, sino también el pasado. Repasamos mentalmente escenas del pasado, de cuando estaba presente nuestro ser querido. Recordamos las circunstancias que rodearon la muerte del ser querido: ¡qué triste fue! ¡Cuánto lo echamos de menos! Ahora que ya no está esa persona, podemos sentir un vacío en nuestro interior.

Pero en nuestro interior hay otro lugar que no está vacío en absoluto, porque estamos en él nosotros. Nosotros somos nuestro propio hogar, nuestro propio inquilino principal, y no nos hemos marchado. Pero si guardamos silencio y escuchamos nuestro propio silencio, ¿cómo evitaremos que nos entren en tropel todas esas otras cosas? No siempre podemos evitarlo. Y eso no tiene importancia. A veces, también debemos prestar atención a aquellos recuerdos y evocaciones tristes.

No obstante, a veces es bueno pedirles que se marchen un rato y prestar atención a nuestro propio ser. Una de las maneras clásicas de conseguirlo es respirar con mucho cuidado y detenimiento, sin prestar atención más que a la respiración. Puede que nos resulte un buen modo de «irnos deslizando» en nuestro propio silencio, en un sentido de nuestro propio cuerpo, mente y espíritu, en este espacio, solo.

Tengo dentro de mí un lugar de paz. Lo puedo encontrar.

12 de septiembre

Quiero entender a los demás a base de entenderme a mí misma. Quiero ser todo lo que soy capaz de llegar a ser [...]. Todo esto parece muy serio y muy arduo. Pero, ahora que ya me he debatido con ello, ya no lo es. Me siento feliz muy dentro de mí. Todo está bien.

KATHERINE MANSFIELD

Este viaje a través del duelo es penoso. Es un tiempo de examen de conciencia. Nos sentimos impulsados a examinarnos a nosotros mismos, a ver lo que hemos perdido. ¿Qué es lo que queda con nosotros del ser amado? ¿Qué esperamos hacer con el resto de nuestra vida?

Por ello, también es un tiempo de desarrollo de nuestra comprensión, de nuestra comprensión de nosotros mismos y de los demás. Es un duro trabajo, y hay que hacerlo con tristeza, porque estamos tristes.

Pero cuando se asienta el polvo, cuando se suavizan los filos más duros del dolor, seremos más sabios y más compasivos. Tendremos más confianza en nosotros mismos, porque hemos tenido que pasar por tiempos duros y hemos salido adelante. Puede que nuestra vida quede caracterizada por una seguridad que no habíamos conocido hasta entonces. Hemos mirado a la muerte cara a cara, y sabemos que no es todo terror y confusión. A medida que aprendemos a dejar a nuestro ser amado al cuidado amoroso de un Creador, sentimos que entra en nuestra vida una paz, una confianza en el orden de las cosas y una disposición a apreciar los días, uno a uno.

Por esta experiencia encuentro en mí nueva fuerza y nueva sabiduría; quizá, incluso, nueva alegría.

13 de septiembre

> ¡Ah! ¡Ojalá esta carne tan sólida se fundiera, se derritiera y se deshiciera en rocío! ¡Ojalá el Eterno no hubiera prohibido el suicidio en sus leyes! ¡Oh, Dios! ¡Oh, Dios! ¡Cuán estériles, vanas, insípidas e inútiles me parecen las cosas de este mundo!
>
> WILLIAM SHAKESPEARE

Probablemente, este estado de depresión nos resultará familiar a todos. Quisiéramos quedar desprovistos de toda conciencia. Puede que pensemos en el suicidio. Nada nos parece bueno. Nada nos sabe bien. Nada nos interesa. Nada en absoluto.

Cuando se cierna sobre nosotros como una nube oscura este estado de ánimo, nos vendrá bien recordar que ya nos hemos sentido así antes, que otros se han sentido también así antes, y que este estado de ánimo pasará.

Podemos contribuir a apartarlo (aunque pueda resultar difícil acopiar la energía necesaria para ello) haciendo algo que requiera esfuerzo físico, como puede ser darnos un largo paseo o nadar. O cuidando de unas plantas. O hablando con un amigo. O cocinando. Cualquier cosa que nos cambie el marco mental.

Una amiga mía decía que, en momentos como aquéllos, a ella le venía bien repetir las palabras «lo peor ya ha pasado». Quizá merezca la pena intentarlo.

❁ ❁

Teniendo en cuenta por lo que he pasado, esta nube oscura es comprensible. Pero pasará.

14 de septiembre

> Mira dónde pones los pies, pues, como el viajero prudente, sin quedarte mirando aquella montaña o aquel río que se ve a lo lejos, diciéndote «¿cómo los cruzaré?»; sigue atento a ese palmo pequeño que tienes ante ti, y sálvalo en el breve momento que le corresponde. La montaña y el río sólo los podrás atravesar de ese mismo modo; y, cuando llegues a ellos, llegarás a la luz y a la fuerza que les corresponde.
>
> M. A. KELTY

Una mujer anciana decía que lo único que lamentaba en su vida era el tiempo que había perdido preocupándose por las cosas.

Está claro que miraremos adelante con preocupación y con lamentaciones. ¿Cómo vamos a soportar los cumpleaños, las fiestas familiares, cuando echamos tanto de menos a nuestro ser querido?

Serán momentos difíciles; y habrá otros más que no podemos prever. Pero no podemos saber qué nos acontecerá, ni qué nos habría acontecido a nosotros (ni a nuestro ser querido) si éste hubiera sobrevivido. La vida está llena de caminos que no hemos seguido, y si bien lloramos la pérdida de la compañía que esperábamos por parte de un ser querido, tampoco la teníamos garantizada. Así pues, dejemos el camino de la preocupación por el futuro y saboreemos el sentido de este día.

Consideraré este día un regalo que no debo desaprovechar.

15 de septiembre

> El cielo resolverá nuestros problemas; pero no creo que los resuelva a base de mostrarnos conciliaciones sutiles de nuestros conceptos aparentemente contradictorios. Más bien, se nos hundirán todos los conceptos. Veremos que no hubo nunca ningún problema. Y tendremos más de una vez esa impresión que sólo soy capaz de describir diciendo que es como el sonido de una risita en la oscuridad. La sensación de que la verdadera respuesta se encuentra en una cierta sencillez demoledora e incontestable.
>
> C. S. Lewis

Yo sospecho que una gran parte de la energía que gastamos en reflexionar sobre las posibles variantes de lo que es la vida tras la muerte no es más que la energía del duelo, que necesita un lugar donde dirigirse. Pero como somos dados a la especulación (y como en muchas religiones se encuentra la firme convicción de que hay vida más allá de la muerte humana), podemos subirnos sin más al carro de la esperanza y dar por supuesto que, si bien no sabemos lo que hace Dios en la creación, Dios sí lo sabe, y nos acompañará por el camino.

Al considerar los misterios de la vida y de la muerte, estaré atento al sonido de una risita en la oscuridad.

16 de septiembre

Pero yo ya no soy yo,
ni mi casa es ya mi casa.

FEDERICO GARCÍA LORCA

La muerte de un ser querido nos desplaza todos los cimientos de nuestra vida. Nada vuelve a ser como era. Hasta lo que nos resultaba más familiar nos parece desconocido de una manera extraña. Es como si tuviésemos que aprender un idioma nuevo, una manera de ver nueva. Hasta nuestro propio rostro en el espejo nos parece a veces el rostro de un desconocido.

¿Cómo debemos interpretarlo? Simplemente, como que hemos entrado en un país nuevo. Aunque el terreno parece muy semejante y muchas de las personas son las mismas, todo está iluminado por una luz distinta.

¿Recuerdas cuando te mudaste a una casa nueva, o a una población nueva, cuánto tiempo tardaste en que aquello te pareciera un hogar? Pues pasa lo mismo con cualquier cambio vital importante. Nos acostumbraremos a este país nuevo, a esta disposición nueva de las personas y de las relaciones personales. Pero nos hará falta tiempo; tiempo para explorar, para sobresaltarnos, para quedarnos sorprendidos una y otra vez. Una sacudida interior de protesta, hasta que reconocemos: «Ah, sí; ahora es distinto».

❋ ❋

He entrado en un país nuevo. Es natural que me parezca extraño.

17 de septiembre

Reposa. El campo que ha reposado da una buena cosecha.

OVIDIO

Una de las cosas que aprendemos acerca del duelo es que es agotador. Al principio nos puede parecer que tenemos demasiada energía. Estamos «enchufados», cargados de energía nerviosa; en muchos casos no somos capaces de dormir.

Y después, a veces por oleadas alternas de alta energía y de postración, descubrimos que no nos funciona bien el equilibrio entre el reposo y la actividad. Podemos pasar toda una semana muy activos. Otras veces nos parece que nos quedamos dormidos en cualquier momento, ¡incluso en momentos muy inconvenientes! A pesar de lo cual, seguimos cansados.

Lo que tenemos que comprender es que todo nuestro organismo ha sufrido una conmoción de primer orden, y que nuestra psique y nuestro cuerpo tardará algún tiempo en ajustarse a las nuevas condiciones que se le han impuesto. Es un trabajo del alma y del cuerpo, y agota.

Nos conviene cuidarnos, sin olvidar descansar algo más de lo habitual.

Quizá sólo cuando seamos capaces de «reposar» podremos empezar a ver de nuevo la belleza del mundo, y a recordar con agradecimiento el legado de aquella persona que hemos perdido.

Me cuidaré, en atención a mi propia vida y a todos los que la han compartido conmigo.

18 de septiembre

Una pesadumbre adicional que me trajo consigo la larga enfermedad de Fritz [...] fue que, durante dos o tres años, fui incapaz de recordarlo tal como era antes de caer enfermo. Recuerdo que, por las noches, me quedaba en vela, esforzándome en vano por recuperar su imagen [...]. Sólo pude hacerme una idea cabal de cuánto me había hecho sufrir este bloqueo cuando, en un éxtasis de alegría y de alivio, fui capaz de evocar de nuevo a Fritz, más joven y sano.

LILY PINCUS

Cuando un ser querido ha muerto tras una larga enfermedad, o muy demacrado por la edad, o en un accidente que lo ha desfigurado, suele resultarnos difícil recuperar toda la gama de imágenes de la persona. Aunque sabemos que aquél no era su aspecto de siempre, aquel rostro y aquel cuerpo enfermo o desfigurado suelen ahuyentarnos de la cabeza las imágenes más dinámicas que han caracterizado a nuestro ser querido durante la mayor parte de nuestra vida en común.

El tiempo nos ayudará a recuperar el equilibrio. También puede venirnos bien mirar fotografías de tiempos de más salud y felicidad y recordar el carácter de aquellos momentos. Esos primeros recuerdos no se pierden. Quedan empañados durante algún tiempo, pero ya se presentarán más tarde a reclamar el sitio que les corresponde.

Las imágenes de mi ser querido volverán a mí a su debido tiempo.

19 de septiembre

> En realidad, un individuo solo no existe; no tiene más vida propia que una célula perdida que se ha desprendido de la superficie de tu piel.
>
> LEWIS THOMAS

Esto ya lo sabemos de alguna manera. Y lo sabemos de manera especialmente clara y penetrante cuando nos arrancan a una persona que está próxima a nosotros, tan próxima como si formara parte de nuestro propio cuerpo. ¡Claro que duele!

Pero este concepto de formar parte del ser de otra persona también tiene sus consuelos. No estamos solos en el mundo. Estamos unidos al resto de la creación, como están unidas entre sí las células de un cuerpo.

Y no sólo estamos unidos a los vivos, sino que estamos unidos a los muertos. Tenemos la sensación de que también esto es así, aunque no entendemos cómo.

¿Y qué nos enseña todo esto? Quizá podemos quedarnos tranquilamente en nuestra ignorancia, saboreando lo que compartimos con el resto de lo que vive, mantenidos a flote por el conocimiento de que no estamos solos en absoluto.

Estoy conectado orgánicamente a todo lo que vive. ¡No estoy solo!

20 de septiembre

> El impacto principal es simplemente la pérdida, la pérdida increíble. Las expectativas habían desaparecido, sin más. La vejez que esperaba es distinta. No se me había llegado a ocurrir nunca que ella no estaría en la mecedora de al lado [...]. El lema del colegio católico donde estudié yo era *hic et nunc*, que en latín significa «aquí y ahora». Lo que quería decir era que debemos hacer lo que hay que hacer... aquí, y ahora.
>
> COKIE ROBERTS

Cokie Roberts habla en este pasaje de la muerte de su hermana. Todos los que hemos sufrido la muerte prematura de un ser querido podemos hacernos eco de sus palabras. Tenemos que empezar a aprender de nuevo cómo va a ser nuestra vejez.

Pero la verdadera lección que nos enseña una muerte prematura, o una muerte cualquiera, es *presta atención al día de hoy. Haz lo que hay que hacer... aquí, y ahora.* Esas palabras amables que pensabas decir más adelante, ese rato juntos que dejas siempre para más tarde, la resolución de una fricción antigua que querrías comentar pero sin llegar a animarte a hacerlo...; éstas son las cosas que debes atender, antes de que sea demasiado tarde.

Si es demasiado tarde para hablar con una persona que ya no está, mantén mentalmente esa conversación que no llegasteis a mantener, representando ambos papeles. Puede que te sorprenda lo sanador que puede llegar a ser este ejercicio. Y, después, busca a esas personas para las que no es demasiado tarde, y diles lo que quieres decirles.

❋ ❋

El día de hoy es el único día del que dispongo con toda seguridad. Voy a aprovecharlo bien.

21 de septiembre

> No me creo que estés muerta. ¿Cómo es posible que estés muerta si yo te sigo sintiendo? Puede que, como Dios, te hayas convertido en una cosa distinta con la que tendré que hablar de otra manera; pero tú no estás muerta para mí, Neltie. Y no lo estarás nunca. A veces, cuando me canso de hablar conmigo misma, hablo contigo.
>
> ALICE WALKER

Resulta difícil de creer que ha muerto un ser querido.

Y, en efecto, seguimos sintiendo su presencia durante algún tiempo. Puede que esto sea algo más que una proyección por nuestra parte. Algunas personas cuentan que perciben el momento justo en que el espíritu del difundo se marcha de la habitación; hablan de conversaciones silenciosas, de visitas que se producen poco después de la muerte de un ser querido.

Ya se trate de hechos reales o imaginados, lo cierto es que seguimos dirigiendo nuestros pensamientos hacia los muertos, que mantenemos con ellos conversaciones imaginadas. Un hombre que estaba de duelo me contó lo sanador que era para él ir con frecuencia al cementerio y conversar con su amor perdido.

También constituye una terapia de uso frecuente para sanar los resentimientos y los malentendidos no resueltos. ¿Qué le dirías? ¿Qué te imaginas que te respondería ella?

❋❋

A veces, el velo que separa a los vivos de los muertos parece muy sutil, más liviano que el aire.

22 de septiembre

> Agota el momento breve, que muere pronto.
> Y, sea de sangre o de oro, no volverá más
> con ese mismo vestido.
>
> GWENDOLYN BROOKS

Durante cierto tiempo, estamos tan impregnados de duelo por nuestra pérdida que apenas somos capaces de pensar en otra cosa. Cualquier otra cosa nos parece una intrusión. Cuando la gente se dirige a nosotros sobre otras cuestiones, pensamos: «¿Es que no saben que ahora mismo no hay sitio en mi vida para eso?».

Pero el duelo puede llegar a crear hábito, y es preciso que sigamos adelante al cabo de algún tiempo. Retirarnos en nuestro pequeño mundo privado con su seguridad dolorosa no nos va a proteger de nuevos peligros. Pero sí que nos puede impedir que gocemos del mundo, de sus bellezas y de sus relaciones personales, que también son pasajeras, y que nuestro ser amado querría que disfrutásemos plenamente.

Mi hijo pequeño me dijo una vez una cosa que me llenó de ternura. Yo no me había levantado de la cama, cosa rara en mí, y él, en la puerta de mi cuarto, dijo: «¿Cómo voy a pasarlo bien yo abajo si sé que tú estás aquí arriba con la gripe?».

Muy gratificante; pero yo no hubiera querido que él se pasara toda la mañana triste…, ¡y estoy segura de que no lo estuvo!

En la medida de mi capacidad, volveré a entrar en el mundo que me rodea, con valor y con ilusión.

23 de septiembre

En el pequeño afán se encuentra una gran paz.

CHAUCER

Ha sucedido un hecho inmenso. Nuestra reacción a él es absoluta; nos quedamos devastados.

¿Qué podemos hacer ante este maremoto de sentimientos y de cambios?

No podemos hacer nada grande. Nada inmenso.

Al principio, hacemos lo que se espera de nosotros: organizamos las cosas, preparamos el funeral, saludamos a nuestros amigos, nos ocupamos de la comida y el alojamiento de personas que se pueden haber desplazado desde lejos.

Pero una vez terminado todo esto, ¿qué?

En primer lugar, descansar. Después, buscar cosas que hacer.

No será difícil encontrar cosas que hacer. Lo que nos costará trabajo será hacerlas. Pueden parecer baldías, ¿para qué me voy a coser un botón si se me ha desmontado el mundo entero? ¿Para qué recoger las hojas secas si el futuro parece tan sombrío y no me importa cómo esté el jardín?

Pero cuando empecemos a afanarnos en tareas pequeñas, productivas, veremos que la tarea que estamos realizando absorbe una parte de nuestra confusión y de nuestra pena flotantes, como absorbe una esponja el agua. Empezaremos a pensar en términos de lo que puede interesarnos hacer a continuación; incluso podemos hacer algún plan nuevo para el futuro. El corazón se nos alivia; el paso se nos aviva. Es un «sí» a la vida, después de todo.

Hoy haré alguna cosa «opcional».

24 de septiembre

Cuando mi padre era anciano, me sorprendió con el comentario de que entendía lo que había significado para mí la muerte de mi madre, pero que no tenía idea de qué hacer al respecto. Creo que si me hubiera dicho aunque sólo fuera aquello, ya habría sido algo.

WILLIAM MAXWELL

Una de las cuestiones delicadas en una familia que ha perdido a un ser querido es la de qué y cuánto debemos decirnos unos a otros. Puede que nos venga bien poder hablar del proceso: «¿Te apetece hablar ahora, o prefieres que te dejemos a solas?»; «Me gustaría hablar de _____, pero si prefieres que hablemos de él más adelante, o que no hablemos nunca, está bien». Debemos asegurarnos al máximo de no estar interpretando mal las señales de los demás, y, con frecuencia, la única manera de descubrirlo es preguntando.

Sobre todo en el caso de los niños, quizá nos abstengamos de reconocer su duelo y el nuestro, por querer protegerlos de alguna manera. Pero lo que necesitan ellos es nuestra comunicación, no nuestro silencio. Lo que queda sin decirse suele producir más miedo que el dolor expresado abiertamente. Los niños saben lo que son las lágrimas y la perplejidad. Nos necesitan a nosotros, como nosotros los necesitamos a ellos.

Seguramente sea mejor arriesgarnos a decir demasiado que callarse por miedo.

25 de septiembre

> John empezaba a entender que, cuando mueren las personas más importantes de nuestra vida, nos vemos obligados a ser más nosotros mismos. Nos vemos, pues, obligados a crecer.
>
> MAY SARTON

Una mujer joven, de duelo por la muerte de su padre, dijo que, cuando aceptaba la muerte, encontraba dentro de sí misma un nuevo manantial de energía que le potenciaba sumamente el desarrollo de su propia vida.

Podemos resistirnos a esta idea. Achacar a nuestra pérdida un «beneficio» del tipo que sea podría equivaler a hacer de menos no sólo nuestro propio sentido de la pérdida, sino también la importancia de nuestra persona querida. Si podemos arreglárnoslas bien sin esa persona, ¿significa que no era una persona tan crucial para nuestra vida como creíamos?

No, en absoluto. Esta nueva energía a la que accedemos se formó y se nutrió en la riqueza de nuestra relación con esa persona. El yo que somos portará para siempre la huella de nuestro ser querido. No lo hemos abandonado, como tampoco él nos ha abandonado a nosotros. Si encontramos una nueva madurez en nosotros mismos, dicha madurez forma parte del legado que nos ha dejado la persona, que nos la deja deseándonos buen provecho. Pero nosotros debemos estar dispuestos a encontrarla.

Llevaré siempre conmigo la fuerza que me legó mi ser querido.

26 de septiembre

Han cambiado los esquemas [...]. Ya no soy la niña de nadie.
Ahora soy la Abuela [...].
Cambia el ritmo de la fuga; las frases musicales se cruzan y se vuelven a cruzar. La melodía no me resulta muy familiar; pero la aprenderé.

MADELEINE L'ENGLE

La pérdida de un ser querido trastoca todo el sistema de nuestra vida. Tenemos que aprender esquemas nuevos, como cuando un río desbordado, al menguar, deja tras de sí un nuevo trazado de su curso.

Tardaremos un tiempo en acostumbrarnos a todo esto. A veces, puede que nos olvidemos y nos pongamos a reaccionar como lo hacíamos antes. ¿Cuántas entradas para el teatro? ¿Cuántos cubiertos en la mesa? ¿Cuántas toallas limpias en el baño? Son cosas pequeñas, pero nos avivan el recuerdo.

Los cambios más profundos de lo que somos en el mundo perdurarán mucho más. Si hemos perdido a nuestro padre o a nuestra madre, hemos perdido una parte de lo que nos separaba de pertenecer nosotros mismos a la «generación mayor», con todo lo que esto supone. Si hemos perdido a un hijo, se nos borra todo un futuro juntos. Si a un hermano, nos falta uno de los que han compartido con nosotros nuestros primeros años.

Aunque el camino puede ser duro al principio, reorganizaremos nuestras pautas de pensamiento y de expectativas para poder estar agradecidos por la vida que tenemos y por sus recuerdos.

Aunque se agitan a mi alrededor las aguas revueltas del cambio, yo sigo estando a salvo.

27 de septiembre

> Para que una lámpara siga ardiendo, tenemos que seguir echándole aceite.
>
> MADRE TERESA DE CALCUTA

Al principio, estamos casi inmovilizados. Hacemos lo que tenemos que hacer, y agradecemos que existan esas costumbres y esos ritos que nos guían en los primeros días. Hay muchos que cuidan de nosotros: otros seres queridos, miembros de nuestra comunidad de fe…

Pero, después, esa oleada de apoyo se retira, y tenemos que aprender a hacernos cargo de nosotros mismos.

¿Cómo lo haremos? Podemos cultivar intereses nuevos. ¿Tenemos dotes para la pintura, para la música? Las actividades artísticas son maravillosas no sólo para sumergirnos en el trabajo, sino también, con frecuencia, para dar expresión por ellas a nuestro duelo. Algunas personas recurren a grupos de apoyo para la recuperación en el duelo, en cuyo seno puedes expresar lo que tienes en el corazón sin la duda de estar aburriendo a tus amigos, que quizá no comprendan tu necesidad de contar tu historia una y otra vez. Otros se afilian a redes de servicio como Foster Grandparents (Abuelos Adoptivos) o Alive Hospice (Hospicio de los Vivos), que ayudan tanto a los enfermos terminales como a sus familias.

Lo importante es que, como la lámpara que necesita aceite, también nosotros tenemos que seguir alimentando nuestras fuentes de sanación y de energía.

❋ ❋

Tengo el poder (y la responsabilidad) de mantener mi vida en marcha.

28 de septiembre

Ahora vemos como en un espejo, turbiamente; mas entonces veremos cara a cara. Ahora conozco en parte; pero entonces conoceré como fui conocido. Y ahora permanecen la fe, la esperanza y el amor, estos tres; pero el mayor de ellos es el amor.

EPÍSTOLA I A LOS CORINTIOS 13, 12-13

Cuánto anhelamos darnos a conocer los unos a los otros...

¿O no? Muchos de nosotros albergamos una sospecha: «si me conocieras de verdad, te desagradaría». Pero en los grupos de terapia y de debate de todo el mundo se hace constantemente un descubrimiento asombroso: «Quien me conoce de verdad, me quiere». No porque yo sea perfecto (no lo soy, ni mucho menos), sino porque, al poner en común mi vulnerabilidad, mi dolor y mi debilidad, conseguí que me comprendieran y me aceptaran. Gracias a ese don, puedo desarrollarme y cambiar. Soy como tierra recién labrada; estoy dispuesto a acoger nuevas semillas, nuevo crecimiento.

Con ese «ahora» y ese «entonces» del pasaje de la epístola de san Pablo a la Iglesia de Corinto se describen el carácter velado e imperfecto del conocimiento y del amor que tenemos en la vida, y el estado de iluminación y de amor plenos que alcanzaremos al otro lado de la muerte.

Cuando esté cargado de sentimientos de inseguridad y de ansiedad por conflictos que quedaron sin resolver, procuraré imaginarme un mundo verdaderamente tolerante.

29 de septiembre

Las prisas no son santas.

PROVERBIO SUAJILI

Al principio, estamos muy ocupados: tenemos muchas cosas que hacer, tenemos que hablar con mucha gente y que organizar muchas cosas.

Después vienen los momentos del silencio, que en varios sentidos resultan menos llevaderos. Nuestra soledad nos mira desde el espejo. Vamos solos a todos los lugares donde antes íbamos juntos. Aunque ahora vayamos con otra persona, sigue estando el vacío.

A modo de defensa, podemos empezar a afanarnos en una cosa y otra, con la esperanza de que, manteniéndonos tan ocupados, quizá no notemos nuestro gran dolor.

Naturalmente, es bueno mantenerse activo. Necesitamos a los demás, y necesitamos actividades en las que ocuparnos. Pero no cometas el error de hacer esas cosas para esconderte del duelo. Acabará por encontrarte, y te exigirá hacerse oír.

Residir durante algún tiempo en la región del duelo es consolador de por sí, aunque parezca paradójico. Esa región es nuestro hogar durante una temporada; es el lugar que nos corresponde, y debemos quedarnos allí, en silencio y con tiempo, hasta que entendamos sus espacios y su significado. Después, podremos seguir adelante.

Residiré en la casa de mi duelo, sin prisa y sin terror.

30 de septiembre

Todo lo que hacemos
lo baña el mar; pero nos quedamos
en la orilla de lo que conocemos.

RICHARD WILBUR

Los que estamos próximos al misterio de la muerte ansiamos saber más. ¿Cómo realizar esa travesía? ¿Es una travesía o es el final? Gracias al poder de la fe y de la esperanza, creemos que nuestros seres queridos han pasado a una gloria mayor.

Pero ¿cómo es? Ya no nos sirven esas imágenes antiguas de palacios y calles de oro. ¿Cómo, entonces? ¿Conocen los muertos nuestra vida? ¿Saben que los queremos y los echamos de menos? Las personas que cuentan experiencias próximas a la muerte dicen que flotaron por encima de su cuerpo y vieron cómo se esforzaba el personal médico por reanimarlos; y cuentan que, después, se desplazaron hacia unas imágenes de luz y de amor tan atractivas que casi resulta difícil volverse atrás. Y cuando mueren esas personas, o cuando morimos cualquiera de nosotros, ¿se quedan nuestros espíritus por aquí durante algún tiempo, para seguir adelante más tarde? ¿Vienen a recibirnos nuestros seres queridos?

No podemos conocer las respuestas a estas preguntas, pero las barajamos de vez en cuando, y confiamos en que nos enteraremos de lo que tenemos que saber cuando nos haga falta. Y nos quedamos en la orilla, intrigados.

❋❋

Confío en que lo que me es desconocido será para mi bien y para mi paz y mi alegría definitivas.

1 de octubre

> Los que sembraron con lágrimas, con regocijo segarán. Irá andando y llorando el que lleva la preciosa semilla; mas volverá a venir con regocijo, trayendo sus gavillas.
>
> Salmo 126

Este pasaje bíblico habla de un pueblo exiliado que espera el regreso a la patria. También puede entenderse como una metáfora de los que siguen el proceso del duelo con valor, confiando en que tras una época de siembra y de siega, volveremos a nuestro estado de equilibrio, incluso de regocijo, enriquecidos, fortalecidos y más productivos en virtud de nuestra difícil travesía por el duelo. Si no nos hubiésemos aventurado por este terreno nuevo y desconocido; si nos hubiésemos retraído, incapaces de movernos, no regresaríamos con regocijo, cargados con los frutos de nuestra difícil travesía. No sólo traemos estas riquezas para nosotros mismos, sino para otros que necesitarán de nuestra ayuda cuando emprendan, a su vez, sus propios viajes de recuperación.

Ojalá tengamos valor para emprender el viaje, valor para seguir adelante cuando lleguemos a territorios que nos resultan nuevos y desconocidos; valor para confiar en los que están allí para ayudarnos; valor y solidaridad para ayudar a los demás cuando regresemos.

❋ ❋

Emprenderé este viaje con fe y confianza. ¿Qué más puedo perder? Y ¡cuánto puedo ganar!

2 de octubre

> Lo único que sé por mi propia experiencia es que, cuanta más pérdida sentimos, más agradecidos debemos estar de haber tenido lo que perdimos. Significa que teníamos algo tan valioso como para que su falta nos produjera duelo. Las personas que me dan pena son las que pasan por la vida sin llegar a saber siquiera lo que es el duelo.
>
> FRANK O'CONNOR

Esto, el pensar que debemos dar gracias de no ser como esos pobres desgraciados que nunca han querido tanto a nadie, no representa un gran consuelo para nosotros ahora mismo. Consumidos como estamos por nuestro dolor, no podemos imaginarnos en una situación como aquélla. Y quizá nos indignemos también un poco. ¿Es que nos vamos a sentir mejor por pensar que hay otros que están infinitamente peor que nosotros?

Pero sí sabemos que no nos cambiaríamos por ellos; que no renunciaríamos a los años que hemos vivido disfrutando de la presencia a cambio de estar libres de dolor, a cambio de no haber conocido siquiera a esa persona amada. No, jamás aceptaríamos ese trato. Lo que queremos es que nos devuelvan a nuestro ser amado, sano y salvo.

Pero como esto último no es posible, quizá nos mitigue un poco el duelo reconocer lo dichosos que hemos sido de haber disfrutado de un amor tan rico. Aunque la persona ya no está, el regalo que ha sido ese amor para nosotros perdura y perdurará.

A pesar de lo triste que estoy por la pérdida, alzo el corazón con agradecimiento por la riqueza que ha aportado ______ a mi vida.

3 de octubre

> Con el transcurso de los meses y con el cambio de las estaciones llega un poco de tranquilidad; y aunque no volverán a sonar nunca más los pasos que recordamos tan bien, ni volverá a llamarnos desde el cuarto de al lado aquella voz, parece como si en el aire que nos rodea hubiera una atmósfera de amor, una presencia viva [...]. Es como si compartiésemos de alguna manera indefinible la libertad y la paz, incluso a veces la alegría, de otro mundo donde no hay más dolor [...]. Es un sentimiento que está presente sin más, que impregna todos los pensamientos, todos los actos. Cuando Cristo, el sanador, dijo: «Bienaventurados los que lloran, porque ellos serán consolados», debía de referirse a esto mismo.
>
> DAPHNE DU MAURIER

El duelo tiene diversas etapas, que van y vienen de manera irregular. Pero, al cabo de un tiempo, aunque se siguen dando los altibajos, parece que en la vida del que está de duelo se va infiltrando una confianza, que se ha conseguido con esfuerzo y que tiñe todos los flujos y reflujos de las luchas y de las alegrías de la vida. Es una sensación de que ya hemos llegado a lo más hondo y volvemos a subir de nuevo poco a poco, y de que, aunque nos esperen nuevas dudas y penalidades (¡es inevitable!), hay un nivel de estabilidad y de confianza que sabemos que estará allí aun en las horas más oscuras, y que no nos dejará hundirnos de nuevo hasta el fondo del mar.

❋❋

El Dios eterno es tu refugio, y tienes debajo sus brazos eternos.
Deuteronomio 33, 27

4 de octubre

> Gran Espíritu, te envío mi oración...
> Gran espíritu, escúchame;
> mi alma está cansada;
> te pido ahora que venga a mí tu espíritu.
>
> ORACIÓN KIOWA

A veces estamos muy cansados. El duelo cansa. La pena nos agota la fuerza y el ánimo, y tampoco contamos ya con la persona que hemos perdido, que nos servía muchas veces de fuente de energía y de vigor. Así que, mientras lloramos nuestra pérdida, ¿a quién tenemos que nos pueda ayudar?

Son muchos los que nos pueden ayudar: amigos, familiares, miembros de las comunidades de apoyo a las que pertenezcamos. Sin embargo, puede parecernos que tenemos por compañera constante a una sensación generalizada de fatiga.

Éste es el momento de arriesgarnos a creer. Es el momento de arriesgarnos a creer que en la estructura del universo hay un Espíritu que espera, paciente y acogedor, a que nos volvamos hacia él y le digamos: «Ven a mí. Lléname de tu presencia. No puedo hacerme cargo de esto yo sólo. Ayúdame. Sé mi energía y mi descanso». Quizá nos sorprendamos al advertir que esto tiene el efecto de animarnos, de aliviarnos la carga, de hacernos sentir que no estamos solos.

Espíritu, seas quien seas, estés donde estés, ven conmigo ahora.

5 de octubre

> Sentado en la tierra fértil y húmeda, en la tierra cubierta de verde, apoyo el pecho en las rodillas. No está todo perdido. Las aves han emprendido viaje, nada más. Me animan a hacer otro tanto.
>
> TERRY TEMPEST WILLIAMS

En esta época del año, en muchos países del mundo, vemos que las aves emprenden viaje para pasar una larga temporada en climas más cálidos. ¿Cómo lo saben? ¿Cómo sabrán volver?

Las respuestas a estas preguntas no están en nuestras manos. Los procesos de la vida siguen adelante con independencia de nuestro conocimiento o de nuestra ignorancia. ¡Qué tranquilizador es que no sea preciso que lo sepamos, que el Creador que puso en marcha los orbes del sistema solar sí lo sepa! Y las aves regresan, en efecto.

¿Podemos ampliar esta misma confianza a nuestras experiencias de pérdida y de renovación? ¿Podemos ver marchar a las aves esperando con confianza su regreso?

¿Podemos despedirnos de nuestros seres queridos con esperanza, no de que vayan a volver volando en la primavera, sino de que seguirán estando presentes para nosotros de modos que no podemos conocer, de que seguirán queriéndonos como nosotros los seguimos queriendo a ellos?

❋❋

Veo promesas y esperanza en el ciclo de las estaciones.

6 de octubre

Cuando ella entró por la puerta del cuarto de los niños, sintió la presencia de él en el cuarto, con tanta fuerza como si hubiera abierto la puerta de un horno; sintió la presencia de su fuerza, de su virilidad, de su desvalimiento y de su calma pura.

JAMES AGEE

Muchas personas han relatado de modos diversos esta sensación de una presencia transformada, cuando se produce una muerte o poco después. Para algunos, no es más que eso: una sensación de presencia. Otros cuentan que mantuvieron con la persona muerta una conversación en la que ésta les había pedido que le confirmara que podía marcharse. Otras más dicen que observaron en el rostro de la persona moribunda, y tal vez en sus últimas palabras, señales de que ésta se estaba reuniendo, al parecer, con otros seres queridos que habían muerto antes que él.

¿Cómo interpretaremos estas experiencias? No cabe duda de que tienen un sentido profundo y personal para los que las han presenciado. Pero hasta para los que sólo las oímos contar son, como mínimo, una indicación de que la vida sigue adelante tras la muerte, y nos aportan esperanza en que volveremos a reunirnos con nuestros seres queridos.

Abramos el corazón y la mente ante el misterio de la mente.

7 de octubre

Ella no habló nunca de su amor;
dejó que el secreto le royera la mejilla de damasco
como un gusano en una rosa; se consumía en sus pensamientos
y, verde y amarilla de melancolía,
se sentaba como la figura de la Paciencia en un túmulo
sonriendo en su aflicción.

WILLIAM SHAKESPEARE

En este pasaje de la *Noche de Reyes* de Shakespeare nos describe a una mujer que había adoptado una máscara de tranquilidad serena mientras, por dentro, sus sentimientos la roían «como un gusano en una rosa». Sonreía a pesar de su aflicción, y era semejante a una estatua de piedra.

¡Que esto nos sirva de lección! Si controlamos con firmeza nuestros sentimientos, procurando «no perder la compostura», quizá presentemos al mundo una imagen tranquilizadora. Pero ¿a qué precio? ¿Al de quedarnos insensibilizados?

Y ¿para proteger a quién? ¿Para protegernos a nosotros mismos, para que no nos tachen de «demasiado emotivos»? ¿Para que nos consideren verdaderas columnas de estabilidad y de fe? ¿Para proteger a otros, para que no tengan que ver lo triste que se puede llegar a sentir uno al perder a un ser querido?

Los demás ya saben lo que hay, y nosotros también. Y nuestra intimidad con ellos aumentará si expresamos nuestra aflicción, mucho más que si cometemos el error de intentar mantenerlo todo controlado.

No voy a adoptar una fachada de falsa calma, podría quedarme petrificado.

8 de octubre

Sólo tenemos que creer. Y cuanto más amenazadora e irreductible nos parezca la realidad, con tanta mayor firmeza y ahínco deberemos creer. Así veremos que el horror universal se va enderezando poco a poco, y que nos sonríe, y que nos toma en sus brazos, que son algo más que humanos.

TEILHARD DE CHARDIN

¡Cuánto ansiamos creer en un Creador que nos ama y que nos guía, que nos sustenta a nosotros y a nuestros seres queridos en la vida y en las posibilidades perdurables! Casi parece demasiado bueno para ser verdad.

¿Rechazamos la fe porque no queremos engañarnos con falsas esperanzas? ¿Nos da miedo creer porque podríamos estar equivocados?

Piensa en cuántas verdades científicas no se habrían llegado a descubrir nunca si una persona no se hubiera aventurado a plantear la posibilidad de contrastar con experimentos una hipótesis a la que había llegado por mera intuición y razonamiento.

Pero ¿cómo contrastar la hipótesis de la fe? ¿Podemos obrar y pensar, en nuestra tristeza y en nuestro desánimo, como si la fe fuera un fiel reflejo de la realidad, como si existiera, allí en la oscuridad, una mano tendida que nos ofrece compasión y amor?

Vale la pena intentarlo.

Correré el riesgo de creer y veré dónde me lleva.

9 de octubre

> [...] los muertos tienen una vida tras la muerte que se manifiesta en su influencia continuada sobre los que los sobreviven. Parece que esto es especialmente cierto cuando nos dejan con sentimientos de rabia o de culpa sin resolver. Los vivos podemos sentirnos aliviados cuando una muerte pone fin a una gran carga, por deber filial o paternal, que nos agota las energías, o a una enfermedad larga y dolorosa. Si una parte del proceso del duelo es la búsqueda de la persona querida, también permitimos que los difuntos vengan a buscarnos a nosotros, hasta que nos vamos adaptando poco a poco a sus exigencias y les pedimos que nos dejen ya.
>
> MARY JANE MOFFAT

El drama psíquico que se produce tras la pérdida de un ser querido tiene infinitas variantes.

¿Nos sentimos aliviados de alguna manera? Puede que la persona nos representara una carga importante, que nos estuviera agotando la energía física y emocional. O puede que nos estuviera haciendo la vida difícil de otras maneras, provocando tensiones de todo tipo en la familia. ¿Tenemos derecho a reconocer que estamos mejor sin esa persona en algunos sentidos?

¿Y si la persona nos viene a la mente mirándonos con reproche? «¿Cómo te atreves? Sabes que era culpa tuya en parte».

Así pues, damos largos rodeos mentales buscando una solución ideal... que no llegará nunca. Hasta que quizá, cansados de la lucha y contando con la gracia del perdón mutuo, seamos capaces de Dejarlo Ir.

Aceptémonos mutuamente, sabiendo que lo hicimos lo mejor que pudimos.

10 de octubre

Durante el sueño, nos cae gota a gota en el corazón el dolor que no olvida; hasta que, en nuestra desesperación, y en contra de nuestra voluntad, nos llega la sabiduría por la gracia imponente de Dios.

ESQUILO

El duelo nos inunda, se adueña de nuestras vidas, nos deja incapacitados. ¿Qué podemos hacer?

Esperar. Aguantar un día. Después, otro. Y otro.

Nos parecerá que no hacemos más que llevar a cabo nuestras tareas mecánicamente. Pero es importante llevar a cabo dichas tareas.

En un cierto modo extraño, estamos volviendo a aprender que estamos vivos.

Estamos vivos, funcionamos y somos capaces de hacer lo que tenemos que hacer. Aunque sólo a duras penas.

Después, un día, descubrimos con sorpresa (porque ¿cómo es posible?) que ha vuelto a nosotros una parte de nuestra energía.

¿Cómo ha sucedido? No lo esperábamos; ni siquiera lo deseábamos especialmente, porque no teníamos ninguna expectativa de que pasara nada. Lo importante, la pérdida de nuestro ser querido, ya se había producido.

Pero ¡ahí está! Y caminamos con pasos más ligeros. Y empezamos a mirar lo que nos rodea.

Quiero dar gracias por todas las muestras de vida donde antes no percibía más que la muerte.

11 de octubre

> El que no es capaz de perdonar a los demás rompe el puente por el que tiene que pasar él mismo.
>
> George Herbert

A veces hemos sufrido injusticias terribles a manos de la persona que ha muerto. Si nuestra experiencia con esa persona ha sido mala en su conjunto, quizá tengamos que resolver algunos sentimientos de otro tipo, sin que la tristeza figure en primer lugar en la lista. La persona ya no está. A nosotros nos quedan en las manos cuestiones sin resolver y no sabemos qué hacer.

Quizá necesitemos ayuda profesional, acudir a un asesor o terapeuta que nos pueda orientar por este cenagal de sentimientos ambivalentes; o puede que nos baste con tener a un amigo con quien hablar. Tampoco nosotros somos perfectos, pero esto no significa que seamos indignos, que no nos pueda querer nadie o que no nos quieran.

Pero también es importante que perdonemos, en la medida de nuestra capacidad, las injusticias que las que hemos sido objeto; más por nosotros que por la reputación de la persona muerta.

Una advertencia: perdonar no es lo mismo que quitar importancia ni que justificar. Si han existido heridas verdaderas, habrá que cuidarlas de verdad. Lo más probable es que nosotros mismos notemos cuándo se ha producido ese perdón y esa reconciliación, por nuestra sensación de alivio, de que se nos quita una carga de encima.

Perdonar es liberarse de una carga.

12 de octubre

Es increíble: he pasado toda la tarde sin pensar en ella.

HOYT HICKMAN

Nosotros creíamos que no seríamos capaces de conseguirlo nunca, que no seríamos capaces de volver a entrar en la corriente activa de la vida que habíamos conocido antes que se produjera esta pérdida.

Y tampoco es la misma vida, claro está. No sólo se ha reducido en una persona el número de personajes, sino que nosotros mismos, afectados por la pérdida, no somos la misma persona que éramos. Y puede que otras personas importantes de nuestra vida tampoco sean los mismos, en función de su grado de intimidad con el que ya no está.

Pero un día nos damos cuenta de que empezamos a entrar en nuestra vida nueva, en una vida en que no siempre estamos lastrados por el duelo. Quizá descubramos que estamos saboreando un helado o una taza de té sin relacionarlo con lo que nos falta en nuestra vida. Quizá veamos una película o una obra de teatro sin la complicación de ejercer de espectador que todo lo ve teñido por el duelo. Quizá mantengamos una conversación entera con un amigo y nos demos cuenta de que en el transcurso de ésta no nos ha parecido ni una sola vez que nuestra pérdida estaba presente como una corriente de fondo. Entonces es cuando sabemos que hemos entrado en un camino nuevo dentro de nuestro viaje de sanación.

La recuperación vendrá poco a poco, aunque sé que no puedo forzarla.

13 de octubre

¡Ven a mí! ¡Ven a mí, Dios mío!
¡Ven a mí por todas partes!
¡Que los árboles y la hierba te anuncien!
¡Y el agua, y el aire!

GEORGE MACDONALD

Cuando hemos perdido a un ser querido, deseamos con ahínco una confirmación de que Dios existe y de que guarda al mundo con cuidado amoroso. Tenemos la necesidad de saber que la vida misma no nos está rechazando ni está rehuyendo nuestro dolor. Tenemos como unas antenas dispuestas a captar señales, indicios y presagios, cualquier indicación de que la vida se ocupa de nosotros, de que Dios se ocupa de nosotros, de que no estamos solos.

Vemos un sentido en todo. Ante nuestra ventana revolotea un pájaro, y nos parece que canta para nosotros. Nos encontramos con una persona que llevábamos mucho tiempo sin ver, y ésta, tras enterarse de nuestra pérdida, nos cuenta un caso maravilloso e inspirador de vida después de la muerte. Vamos a la iglesia o a la sinagoga, y nos parece que los textos que se leen en el servicio religioso están adaptados especialmente a nuestras necesidades de ese momento.

No sabemos cuánto de esto son proyecciones y cuánto se debe a la sinergia de fuerzas benignas que están fuera del alcance de nuestro entendimiento.

Y puede que no tengamos necesidad de saberlo. Alguien acude en nuestra ayuda, sea cual sea su origen. Puede que sea Dios bajo muchas formas.

❋ ❋

A veces tengo la sensación de que la vida me está llamando por mi nombre para traerme consuelo.

14 de octubre

> Otra manera de mantener en marcha el proceso del duelo y de encontrar a un nuevo amigo comprensivo es leer las obras de otras personas que han pasado por lo mismo. Cuando un escritor describe lo que estoy sintiendo yo, pasa a ser amigo mío; ya no estoy sola. Esa persona ha alcanzado de alguna manera una cierta paz dentro del dolor, la suficiente para recogerlo por escrito. Es posible que yo también encuentre el camino dentro de todo esto.
>
> MARTHA WHITMORE HICKMAN

Como en muchas otras crisis de la vida, en la crisis de la pérdida de un ser querido nos pueden ayudar mucho las personas que han pasado por lo mismo.

Además de los amigos que hayan podido tener experiencias como las nuestras, y de las comunidades y grupos de apoyo para el duelo, ¡no te olvides de las librerías y de las bibliotecas! Hay libros que tratan más concretamente una pérdida determinada: libros para la pérdida de un padre o una madre, de un cónyuge, de un hijo... Algunos narran experiencias personales; otros están escritos más bien desde el punto de vista de un asesor que ofrece análisis psicológico y ayuda. Otros están redactados desde un punto de vista religioso o filosófico determinado.

Podemos hojear libros en una librería o biblioteca hasta que encontremos los que nos digan algo a nosotros. Aquí lo que importa no es la variedad. Los libros son como los buenos amigos: nos puede bastar con uno o dos.

Si encontramos el libro adecuado, nos puede aportar esperanza y sabiduría y ser nuestro compañero durante las horas oscuras de la noche.

15 de octubre

Por ella, había aprendido a buscar las aves; el vuelo veloz de los canarios silvestres (sol amarillo sobre alas amarillas); cómo sacan pecho los petirrojos y los azulejos al arreglarse las plumas con el pico; el mirlo de alas con puntas rojas, como charreteras llamativas.

TERRY KAY

¡Cuántas cosas hemos aprendido de ellos, de esas personas queridas a las que hemos perdido! Y ¡cómo se quedan con nosotros sus regalos!

Son episodios vívidos que nos acuden a la memoria una y otra vez. Unas escenas que apenas volvimos a recordar en vida de nuestro ser querido, surgen ahora como cuadros de un álbum familiar, doblemente apreciadas ahora que nuestro ser querido ya no está.

Veo a mi madre que recorta triángulos de papel largos y estrechos de una página de revista de vivos colores; que les aplica engrudo de harina y, empezando por el extremo más ancho, enrolla las tiras alrededor de una aguja, preparando así una cuenta más para los collares que hacía para sus dos hijos pequeños. No he oído hablar nunca de esta forma de artesanía (supongo que es una versión primitiva del papel maché), y no tengo idea de qué fue de aquellos collares. Hace décadas de aquello, y no recuerdo haber vuelto a pensar en ello en vida de mi madre. Pero ahora lo recuerdo con calor y con agradecimiento: ¡mi hermana y yo, con nuestra madre, alrededor de la mesa, haciendo aquella labor con tijeras y engrudo y con aquellas cuentas maravillosas!

Nuestros seres queridos viven en los recuerdos vivos de las cosas que nos enseñaron.

16 de octubre

Alguien comenta que el duelo excesivo es contraproducente. Que es una molestia social, una verdadera falta de consideración para con los demás. Mi amiga orientalista me dice que la vida es un pasadizo, un pasillo, y me pide que me libre de los pensamientos morbosos.
¡Tonterías! Estoy rabioso.

TOBY TALBOT

Nadie quiere pecar de falta de consideración hacia los demás; pero ahora mismo nos importa más no tener falta de consideración hacia nosotros mismos. Estamos heridos. Necesitamos cuidados. Necesitamos cuidados por parte de los demás y por parte de nosotros mismos. Sólo nosotros mismos podemos saber cuál es la manera mejor de expresar nuestro duelo. Y si sentimos rabia (y tenemos derecho a sentirla por este golpe que se nos ha asestado), tenemos que expresarla.

Así pues, si hacemos que otras personas se sientan incómodas, o si les parece que estamos «más alterados» de lo que deberíamos, peor para ellos. Es señal de que ha llegado el momento de que nos busquemos otros amigos más comprensivos.

No me voy a dejar intimidar por las opiniones de los demás acerca de cómo debo sentirme. Soy yo que estoy dentro de mi cabeza y de mi corazón, y lo sé.

17 de octubre

Haz que diga, cuando se hayan disipado todas mis aflicciones:
«¡Feliz el corazón que suspiró por uno como él!».

SAMUEL DANIEL

Si no los quisiéramos, no nos importaría tanto.

Al principio, el duelo es tan incontenible que nos puede resultar difícil mirar adelante y esperar que nos regocijaremos de haber tenido el privilegio de compartir la vida con aquella persona.

Hasta en los casos en los que la muerte ha sido prematura y las circunstancias han sido terribles, podemos saber que, andando el tiempo, nuestro agradecimiento por la vida de esa persona pesará mucho más que este duelo terrible que, al principio, parece que llena todo el paisaje de nuestra vida. Una amiga mía, cuyo hijo se suicidó, me dijo que había alcanzado un hito importante en su sanación cuando había redactado dos listas: la primera, de las cosas malas de sus vivencias con aquel hijo; la segunda, de las cosas buenas. No hace falta decir que la lista de las cosas buenas era la más larga de las dos con diferencia.

Tendrá que pasar algún tiempo para que vuelva a equilibrarse la balanza, vencida en un principio por el peso primario del duelo, y para que empiece a adquirir más importancia nuestra alegría por la vida de aquella persona. Pero esto acabará sucediendo, si la relación que mantuvimos con la persona fue de alegría y de aprecio mutuos.

Agradezco desde lo más hondo de mi corazón haber compartido la vida de mi ser querido. Y confío en que, algún día, recordando nuestra vida común, mi felicidad pese mucho más que el duelo que siento ahora.

18 de octubre

> No era yo, era el Señor. Yo le decía siempre: «Confío en ti. Yo no sé dónde ir ni qué hacer; pero espero que me guíes tú». Y me guiaba siempre.
>
> HARRIET TUBMAN

¿Cómo se las arregla la gente para superar las adversidades? Harriet Tubman era una esclava huida que, aunque habían puesto precio a su cabeza, volvió en diecinueve ocasiones a los estados del sur para acompañar a otros esclavos fugitivos por la ruta clandestina que los conducía a la libertad. Para ella, lo que la guiaba era su confianza en el Señor.

Ella no sabía «dónde ir ni qué hacer», como tampoco lo sabemos nosotros; pero depositaba su confianza en el poder que la había sustentado y que le había dado el valor necesario para superar las crisis que se presentaban en su vida.

Cada uno tenemos nuestros modos propios, nuestras propias tradiciones, para hacer frente a los terrores de los futuros inciertos, a las ondas agitadas del duelo. Será de gran ayuda para nosotros si, en nuestra aflicción, podemos tender la mano hacia la oscuridad e imaginarnos a Aquel que nos tiende la suya para ofrecernos consuelo, orientación y fe en la vida venidera.

Dios mío, tu mar es muy grande y mi barca es muy pequeña. Acompáñame.

19 de octubre

> ¡Qué complicado y personal es el proceso de reparación! No hay ningún calendario fijo que pueda determinar el tiempo necesario para sanarse.
>
> MARY JANE MOFFAT

En la cuestión de cuánto tiempo se tarda en atravesar las etapas más duras del duelo intervienen factores de todo tipo. El final del primer año es un hito importante: ya hemos pasado por todos los aniversarios y fiestas del año.

Pero algunos han apuntado que esto no es más que el principio, ahora ya hemos ido absorbiendo el hecho, fecha a fecha, pero todavía nos queda por delante vivir el resto de nuestra vida.

Un día, cuatro años tras la muerte de mi hija, advertí: «Esto empieza a sentirse distinto». No es que me hubiera abandonado el duelo intenso; pero ya no era una carga tan abrumadora, ya no era el hecho dominante de cada día. Otro autor dice que se tardan siete años en recuperarse de la muerte de una persona muy allegada.

Estas cifras son descorazonadoras si las consideramos al principio de nuestra caída en el duelo, y cuando tenemos por delante una semana llena de tristeza. El tiempo se dilata, se alarga.

No siempre será así. Pero no hay manera de preverlo. Debemos avanzar a tientas, confiando en que el proceso irá desvelando su propia sabiduría.

❋❋

Vivo día a día.

20 de octubre

He aprendido, por encima de todo, que todos somos personas frágiles, vulnerables y heridas; ¡sólo que a algunos se nos da mejor disimularlo que a otros! Y, claro está, lo más divertido es que ser frágiles y vulnerables no tiene nada de malo, porque así fue como hizo a la gente Dios, que es trascendente y todopoderoso,

SHEILA CASSIDY

¿A qué viene ese mito de que hay que ser fuertes? ¿De que debemos «guardar la compostura»? Claro está que, si estuviese en nuestra mano, preferiríamos llorar en un lugar apartado, donde no tiñamos de tristeza una reunión social alegre.

Pero ¿acaso se ha hecho alguna vez a alguien el ostracismo por haber sucumbido a las lágrimas? Si tienes que dar explicaciones, da explicaciones. Si la gente no tiene paciencia contigo, peor para ellos. Tú ya tienes que hacer frente a bastantes cosas en tu vida ahora mismo como para tener que cargar, encima, con la preocupación de si los que te rodean se van a sentir incómodos. Si han pasado por una experiencia similar en su vida, sabrán inmediatamente lo que te pasa. Si no han pasado todavía por ello, entonces, puede ser que, cuando les toque a ellos, agradezcan ese permiso para llorar que les has otorgado tú con tus lágrimas. No eres un extraño que esté haciendo cosas extrañas. Eres un ser humano que se comporta como un ser humano.

En el mapa del mundo creado, el camino que conduce a la sanación no rodea los bordes del duelo, sino que lo atraviesa justo por el centro.

21 de octubre

Si quieres que llore, empieza por estar afligido tú mismo.

HORACIO

¿Por qué expresar nuestro duelo nos resulta más fácil delante de unas personas que de otras?

No necesitamos que nuestros amigos lloren con nosotros (aunque a veces sí lloran); pero sí que necesitamos notar su empatía, su comprensión, para sentirnos autorizados a manifestar abiertamente nuestro duelo en su presencia.

No es tanto una cuestión de que nos autoricen expresamente con palabras, sino más bien de que sintamos que están plenamente presentes para nosotros; que no están un tanto distraídos pensando en otras cosas. Si vamos a permitirnos ser tan vulnerables como para manifestar nuestra aflicción ante ellos, queremos que nos presten su atención plena.

Y no sólo su atención plena. También queremos que sean comprensivos y que no nos juzguen.

Es mucho lo que queremos. Pero también nosotros estamos dando mucho al compartir con ellos lo más profundo de nuestro ser. Y nuestros sentimientos de duelo y de tristeza, y la confianza necesaria para compartirlos, son como los brotes tiernos de una planta, cuando ésta está más vulnerable: se hieren con facilidad.

Ahora pasamos por esta experiencia en primera persona. Nos servirá de mucho cuando nos toque a nosotros consolar a un amigo que está de duelo.

❋❋

Estoy aprendiendo cuánto necesito que me escuchen con sensibilidad, y así sabré escuchar a otros con sensibilidad yo mismo.

22 de octubre

No te inquietes considerando la vida en su totalidad [...]. Antes bien, a medida que surge cada ocasión en el presente, pregúntate: «¿Qué es lo que tiene esta tarea de intolerable, de insoportable?». [...] A continuación, recuerda que no pueden aplastarte ni el pasado ni el futuro, sólo el presente. Y el futuro se encoge y se reduce sólo con que lo apartes, que le marques sus límites, para después preguntarte si ni siquiera eres capaz de soportar esto.

MARCO AURELIO

La pena del momento presente ya nos suele resultar, de por sí, una carga bastante difícil. Pero si nos permitimos, además, pensar con insistencia en los hechos del pasado, o en los tiempos futuros en los que tanto echaremos de menos a nuestro ser querido, ¡entonces sí que tendremos problemas de verdad! El pasado ya pasó, bien lo sabemos nosotros. El futuro no podemos conocerlo. Nos encontramos con encrucijadas todos los días, y siempre vamos dejando atrás caminos que no seguimos. Lo mismo pasará en el futuro: es un laberinto cuyas formas no conocemos.

Así pues, limitemos nuestras inquietudes al día de hoy. ¡Lo más probable será que la mayoría de los días seamos capaces de llevar las cosas bastante bien!

❋❋

Mis vivencias del día de hoy son mi viaje, y las voy a saborear por lo que valen.

23 de octubre

«¿Por qué no?» es un buen lema para tener una vida interesante.

MASON COOLEY

Al principio, tenemos que ocuparnos de diversas cosas necesarias que nos absorben la energía: organizar el funeral; hablar con las personas que han acudido a consolarnos... Cuando termina el alboroto de los primeros días, lo más probable es que estemos agotados. Después, cuando empezamos a recuperar algo de la fuerza necesaria para hacer «cosas optativas», lo más probable es que regresemos a nuestras pautas y actividades convencionales, agradeciendo la seguridad que nos da «lo habitual».

Pero nuestra vida ya ha cambiado por el hecho de la pérdida. Quizá haya llegado el momento de tomar la energía que antes vertíamos en aquella relación personal (en la que también podía haber mucho de atención física) y de aplicarla a alguna cosa nueva. Piénsalo. Pon en juego la imaginación; revuelve en el trastero de tu mente, donde tienes guardados algunos sueños. ¿Qué Cosa Nueva querrías probar?

¿Te atreves? ¿Por qué no? Imagínate que tu ser amado está dando su aprobación a tu esfuerzo, que te sonríe y te anima desde el otro lado del velo que separa la vida de la muerte: «Adelante. Inténtalo. Te reto a que lo hagas. Sabes que a mí me encantaría que tuvieras éxito. Y lo puedes tener. ¡Éste es el momento!».

Aplicaré el valor de mi ser amado y su bendición para atreverme a probar una Cosa Nueva.

24 de octubre

> Cuando nos parece que nuestra pena es tan grande que no podemos sobrellevarla, pensemos en la gran familia de los tristes, en la que hemos entrado en virtud de nuestro duelo. Inevitablemente, sentiremos que nos acogen sus brazos, su solidaridad, su comprensión.
>
> HELEN KELLER

¿Recuerdas lo que sientes cuando te encuentras con otra persona que ha sufrido una pérdida semejante a la tuya? Ese vínculo inmediato, ese reconocimiento en la cara del otro. «Te conozco. Sé lo que estás pasando». Y tu propia sensación, casi como si te quitaran una carga física, al descubrir que has encontrado a alguien que te entiende.

Te encontrarás con estas almas gemelas, quizá con mayor frecuencia de la que esperas. Otras personas te remitirán a ellas, te dirán: «Creo que te vendría bien hablar con _______». Es probable que te encuentres con otras personas de duelo en los grupos a los que perteneces, como si hubiera un principio de selección natural que os hiciera gravitar el uno hacia el otro.

Y habrá otros afligidos a los que quizá no llegues a conocer en persona, pero leerás u oirás hablar de su pena. Se te abrirá el corazón hacia ellos, y se hará más hondo el pozo de la solidaridad humana del que todos bebemos.

Tiendo la mano mentalmente a los que sufren como yo, los conozca en persona o no; y siento cómo nos apoyamos unos a otros.

25 de octubre

Oh, Señor, no se ha envanecido mi corazón, ni mis ojos se enaltecieron;
ni anduve en grandezas,
ni en cosas demasiado sublimes para mí.
En verdad que me he tranquilizado y he acallado mi alma como un niño al pecho de su madre;
como niño al pecho de su madre está mi alma.

SALMO 131

Nuestra mente vuela de aquí para allá, reflexionando sobre el destino y sobre la verdad, sobre el estado de nuestro ser querido, sobre qué podemos creer y sobre cómo podemos sobrellevar lo que tenemos por delante. Son preguntas sin respuesta. Sin embargo, nosotros seguimos royéndolas como un perro que roe un hueso.

Hay momentos y lugares en los que tenemos que pensar en estas cosas. Pero también debemos concedernos algún respiro, debemos darnos cuenta de que no somos los responsables del destino de nuestro mundo, ni siquiera del de nuestro mundo particular. ¡Cuánto menos seremos responsables de encontrar respuesta a preguntas de alcance cósmico?

Piensa en un niño recién nacido. Está desvalido; sabe muy poco; a veces está muy agitado. Y, al pecho de su madre, ese niño se convierte en un modelo de satisfacción y de paz. Cuando la vida nos parezca una carga excesiva y no sepamos adónde dirigirnos, nos vendrá bien recordar esta imagen que nos propone el Salmista.

Como niño al pecho de su madre está mi alma.

26 de octubre

> La gracia nos sobreviene cuando estamos sufriendo gran dolor e inquietud [...]. A veces, en esos momentos, entra en nuestra oscuridad un rayo de luz, y es como si una voz nos dijera: «Estás aceptado».
>
> PAUL TILLICH

¡Cómo nos reñimos a nosotros mismos! ¿Por qué no somos capaces de ver un poco más allá? ¿Por qué no llevamos el duelo mejor? Si somos personas de fe, ¿por qué no somos capaces de apoyarnos en la fe que profesamos?

Hay más cosas. ¿Y esos momentos en los que alzamos la voz a nuestro ser querido, o cuando no tuvimos la sensibilidad suficiente ante sus dudas y su estado mental, o cuando sabíamos que a la persona le hacía falta que la fuésemos a visitar? Etcétera.

¿Acaso querría nuestro ser querido que sintiésemos toda esta angustia añadida, además de la pena que ya nos produce, de suyo, el haberlo perdido? ¿Era perfecto nuestro ser querido? ¿Acaso hay alguien que sea perfecto?

Tampoco lo somos nosotros. Ni tenemos por qué serlo. No hay nadie que nos exija que seamos perfectos, ni nosotros se lo exigimos a nadie.

La mayoría de nosotros hacemos las cosas lo mejor que podemos. Así pues, salgamos de la oscuridad morbosa de la autocondena, respiremos hondo, volvámonos hacia esa luz de amor que nos abraza a todos, y oigamos esas palabras que dicen: «Deja todo eso. "Eres aceptado"».

❋❋

Voy a dejar, al menos de momento, todas esas dudas sobre mi propia valía, sabiendo que soy aceptado tal como soy.

27 de octubre

> Mi duelo y mi dolor son míos. Me los he ganado. Forman parte de mí. Sólo sintiéndolos me abro a las lecciones que me pueden enseñar.
>
> Anne Wilson Schaef

Cuando parece que todo nuestro concepto de nosotros mismos está herido y es vulnerable, uno de los modos en los que podemos reclamar nuestro derecho a estar presentes en el mundo es reafirmar la legitimidad de nuestro duelo. Nuestro duelo es quienes somos nosotros en estos momentos, y es una manera legítima de ser. No podemos huir de la realidad de que somos personas en duelo, como tampoco podemos huir de la realidad de la muerte de la persona querida.

Con el tiempo, acabaremos teniendo una visión más amplia de nosotros mismos. Pero si, por el momento, el duelo es el aspecto más importante de nuestra identidad..., así sea. Es muy posible que, si aceptamos esa realidad ahora mismo, podamos distanciarnos de ella antes. No tenemos que disculparnos ante nadie. Ni tampoco tenemos que disculparnos ante nosotros mismos.

Sólo viviendo plenamente mi duelo seré capaz de atravesarlo y de aprender lo que me tiene que enseñar.

28 de octubre

¿Vamos a vivir en el misterio, pero comportándonos como si se supiera todo?

CHRISTOPHER FRY

Cuando estamos de duelo, todo significa algo. Vemos significados en hechos que supuestamente son casuales, y nos preguntamos qué está pasando. En nuestro jardín se abre una flor fuera de su temporada. Nos sentimos solos y desolados, y entonces suena el teléfono, y es un amigo que nos dice: «Estaba sentado, leyendo, y he tenido el impulso repentino de llamarte». Se posa un pájaro en una rama ante nuestra ventana y pasa un rato muy largo dando saltitos, piando y cantando.

¿Son meras coincidencias? ¿Es posible que, en los misterios de la creación, estén velando por nosotros las Potencias, Dios, las energías que mueven el mundo, o incluso nuestro mismo ser querido que ya no está? Nos gustaría creerlo. Y cuando nos reunimos con otros que han pasado también por el duelo, compartimos nuestras historias (con timidez al principio), y sentimos un hormigueo en la piel, y se nos alegran los corazones, y pensamos: «Sí, puede que sea así».

Siempre hay lugar para las dudas. También hay lugar para la fe y para la esperanza. Así es el misterio.

* *

Aceptaré como regalos todas las muestras de amor y de cariño.

29 de octubre

Tranquilo, corazón mío: esos grandes árboles son oraciones.

RABINDRANATH TAGORE

Cuando estamos de duelo, tendemos a sentirnos solos en varios sentidos, apartados del resto de la gente y de los demás seres vivos. Viene bien salir al aire libre y ponerse junto a un árbol. Encontrarse en presencia de un árbol grandioso es sentir una cierta solidaridad con la naturaleza, una continuidad entre todo el mundo creado y nosotros mismos.

Acércate más y apoya las palmas de las manos en la corteza del árbol. Siente la corteza con los dedos. Piensa en la edad del árbol, en cuánto tiempo lleva aquí, verano e invierno; en cómo extrae su energía de la tierra y cómo la recibe del sol y de la lluvia.

Acércate más todavía, apóyate en el árbol y abrázalo (esperando que no te vean los vecinos, pero... ¿qué importa?). Siente tu propia continuidad con el árbol y, por extensión, la continuidad de tu ser amado con toda la vida creada, entre la cual está este árbol que abrazas ahora en honor y en recuerdo de la persona que has perdido.

Quizá te rías, o llores, o te sientas ridículo..., o las tres cosas a la vez. Pero ¿verdad que te encuentras mejor?

El mundo de lo creado es uno y nos abarca a todos, a los vivos y a los muertos.

30 de octubre

> Sin amigos, el mundo no es más que un desierto [...]. Todo hombre que comparte sus alegrías con sus amigos se alegra más todavía; y todo hombre que comparte sus aflicciones con sus amigos se aflige menos.
>
> FRANCIS BACON

Esto ya lo sabemos, pero a veces tenemos que hacer un esfuerzo para volver a demostrárnoslo a nosotros mismos.

Puede que, sencillamente, no nos apetezca ver a nadie, ni siquiera a un amigo. O, en el caso de que nos apetezca, tampoco queremos aburrir a nuestro amigo hablando sin descanso de lo terrible que ha sido nuestra pérdida. O puede que en esos momentos no queramos volver a abrirnos a esta pena.

Todos estos estados de ánimo son legítimos, y debemos reconocerlos todos ellos. No todos los momentos son adecuados para compartir nuestro duelo.

Pero algunas veces, estando con amigos, sí que corremos el riesgo de compartirlo. Sí; podemos llegar a llorar y a sentir el dolor de pasar de nuevo por esa pena; pero, si lo hacemos, es porque hay allí, en efecto, una pena a la que tenemos que dar salida. Y ¿con quién mejor que con un amigo de confianza? Después, nos sentiremos más en paz.

Confiaré en que mis amigos me escucharán con amor y con comprensión.

31 de octubre

Todo irá bien, y todo saldrá bien, y todas las cosas estarán bien.

SANTA JULIANA DE NORWICH

En unos momentos en que yo creía que mi mundo había terminado para todos los efectos, en que me golpeaba el corazón el descubrimiento de que la muerte de mi hija no era una pesadilla de la que me iba a despertar, sino que era para siempre, entró en mi cuarto una amiga, me echó los brazos al cuello y me dijo: «Todo irá bien». En aquellos momentos la tomé por loca. Pero…, pero… ¿es posible que ella tuviera razón?

Años más tarde, fui yo quien tuvo ocasión de consolar a una mujer joven cuyo hijo había entrado en un coma irreversible; y le dije aquellas mismas palabras: «Todo irá bien». Y sentí entonces, a mi lado, la presencia de aquella amiga mía anterior, que asentía con la cabeza como diciéndome: «¿Lo ves? Ya te lo dije».

Por difícil que nos parezca cuando estamos sufriendo los primeros embates del duelo, es verdad que llegamos a descubrir que, aunque la superficie de nuestra vida estará agitada con frecuencia, a un nivel profundo e inamovible tenemos, en efecto, una confianza en que todo irá bien.

Hasta que lo descubrimos, nos aferramos al testimonio de otros, y cobramos esperanza. Si ellos lo descubrieron, ¿por qué no lo vamos a descubrir nosotros también?

❋❋

Todo irá bien, y todo saldrá bien, y todas las cosas estarán bien.

1 de noviembre

[...] hablamos de recuerdos hondos, como sumergidos en las profundidades marinas viendo pasar peces mágicos; evocamos a nuestros padres y a las hermanas de Joy; todos ellos habían muerto ya, pero estuvieron con nosotros una hora en aquella habitación exquisita en la que transcurría a la vez el tiempo pasado y el tiempo presente.

MAY SARTON

Solemos hablar de la «comunión de los santos».

Pero los que hemos perdido a seres queridos anhelamos más concretamente que se puedan reunir a nuestro alrededor nuestros «santos» particulares. Queremos sentir que estamos presentes para ellos y que ellos están presentes para nosotros.

Las personas tenemos diversas vivencias de este fenómeno; desde oír voces y ver presencias espectrales, hasta evocar recuerdos vivos de seres queridos que nos llaman, casi tocándonos. Sea cual sea la forma en la que se presenta esta vivencia, es una bendición.

Pero no cabe duda que entre las más ricas de estas vivencias se cuentan esas ocasiones en las que compartimos con los demás, con nostalgia y muchas veces con risa afectuosa, nuestros recuerdos de una persona querida que se ha marchado antes que nosotros. Esas vivencias nos llenan de calor y de fuerza, gracias a nuestra historia común, a nuestras evocaciones de la vida y del amor.

Los recuerdos compartidos pueden darnos consuelo y alegría.

2 de noviembre

> Vivir de recuerdos, aferrarse a los objetos y a las fotos, es una ilusión. Es como la comida que nos ofrecen en sueños, no nos alimenta; no habrá crecimiento o renacimiento de ello.
>
> ANNE MORROW LINDBERGH

Muchos conocemos casos de personas que, años después de la muerte de algún ser querido suyo, siguen conservando un cuarto «tal como estaba»: tienen en el armario ropa con varias décadas de antigüedad; unas gafas viejas en la mesa junto a un libro abierto…

Nos viene bien conservar algunas cosas que nos recuerden a un ser querido. Es mejor que se trate de cosas que tengan aplicación actual: la tetera favorita de nuestra madre, en la que seguimos preparándonos el té; la pluma o el abrecartas que tenía nuestro padre en su escritorio, y que nosotros seguimos usando; una muñeca querida que se puede dar a un niño o niña que no llegó a conocer a su primer propietario…

Y, claro está, fotos. Pero guárdate de no tener nada más que fotos del ser querido perdido; o de tener tantas que transmitan el mensaje de que la vida de la familia se ha quedado atrás, en una época perdida. Las colecciones de recuerdos tienen su lugar; pero no es bueno que sirvan de telón de fondo de la vida en el presente.

❋❋

Señor, dame fuerza para cambiar lo que se puede cambiar, conformidad para aceptar lo que no se puede cambiar y sabiduría para distinguir lo uno de lo otro.

3 de noviembre

A Wilbur le rebosaba de alegría el corazón.

—Bienvenidas al ático del granero. Habéis elegido una puerta venerable para tender vuestras redes en ella. Creo que, en justicia, debo advertiros que yo apreciaba mucho a vuestra madre [...]. Guardaré siempre su recuerdo como un tesoro. A vosotras, sus hijas, os brindo mi amistad para siempre.

—Yo te brindo la mía –dijo Joy.

—Y yo también –dijo Aranea.

—Y también yo –dijo Nellie. [...]

Aquél fue un día de felicidad para Wilbur. Y llegaron después otros muchos días felices y tranquilos.

E. B. WHITE

En este célebre cuento infantil, *La telaraña de Carlota*, nos encontramos con uno de los secretos de la sanación en el duelo: el traslado de nuestro amor hacia la persona perdida a los que vienen tras ella. En este caso, el amor de Wilbur fluye hacia las hijas de Carlota, como podría fluir hacia cualquiera que lo necesitara.

¡Qué bien sabemos que el mundo está lleno a rebosar de personas que necesitan atención, cariño, amor! Si hemos vivido la dicha de una buena relación personal o de pareja, distanciada ahora por la muerte, es un buen homenaje, digno de toda alabanza, trasladar aquel amor nuestro a otros. Abriendo los brazos a alguien que lo necesite, no dejaremos de querer al que ya no está, y apoyaremos nuestra propia sanación, mejorando al mismo tiempo la vida de otros.

Sé que tengo amor que puedo compartir; estaré atento.

4 de noviembre

> Siento una luz interior, y empiezo a caminar.
>
> CÁNTICO NOCTURNO DE LOS INDIOS NAVAJOS

Todos llevamos una luz interior, aunque nos parezca con frecuencia que está envuelta en la oscuridad. Pero allí está, esa chispa que nos hace reaccionar al amor, al cariño, a la belleza y a las necesidades del mundo, aun cuando estamos tristes. Puede ser, incluso, que cuando estemos tristes reaccionemos con mayor intensidad todavía a los dones y a las oportunidades que nos brinda la vida.

Pero ¿somos capaces de empezar a caminar, animados por esa luz interior? A veces nos retraemos, temerosos, sobre todo cuando estamos de duelo. Nos sentimos inmovilizados y queremos que sea otro el que tome la iniciativa.

Pero tenemos más fuerza de la que creemos. Sólo podemos descubrir hasta dónde alcanza esa fuerza a base de ponerla en juego y de dar un paso adelante. ¿Es que tenemos miedo al fracaso? Y ¿qué podemos temer, que se pueda comparar con lo que hemos perdido ya?

Así pues, vamos a respirar hondo y a dejar que arda con firmeza la sensación de esa luz interior. Después, vamos a seguir adelante con nuestra vida, imaginándonos que aquél al que hemos perdido está ayudándonos a avivar esa llama y nos está animando a seguir.

Consciente de mi propia luz y de mi propia fuerza, sigo adelante con mi vida.

5 de noviembre

Cuando el duelo es reciente, cualquier intento de distraernos no sirve más que para irritarnos.

JAMES BOSWELL

Esos intentos de ayudar al que está de duelo a que «piense en otra cosa», a que «se distraiga», suelen ser bienintencionados. Pero ¿acaso podemos pensar en otra cosa cuando el duelo es reciente? Esas palabras bienintencionadas también pueden deberse a la incomodidad de la persona que pretende consolarnos, pero no sabe qué decir, sin tener en cuenta que vale más la presencia, el apoyo y el saber escuchar que el decir «las palabras oportunas».

Pero, para los que estamos de duelo, estos intentos de distraernos pueden ser un suplicio. Quizá sintamos una especie de terror, como si la persona con quien hablamos no estuviera conectando, como si tuviera la vista perdida entre bastidores sin atender para nada a la representación principal. No obstante, nosotros queremos ser amables y sabemos que la persona intenta ayudarnos. De modo que asentimos con la cabeza y sonreímos, mientras sentimos dentro un vacío y sabemos que para mantener esta farsa estamos gastando una energía que nos hace mucha falta.

¿Qué hacer? Quizá podamos dirigir la conversación hacia lo que tenemos en la mente verdaderamente los dos. Si no es así, lo mejor será, probablemente, dejar que la situación siga su curso. Quizá aparezca pronto otra persona con mejor entendimiento. Y, al menos, así aprenderemos lo que debemos y no debemos hacer cuando nos toque a nosotros consolar a otros.

❋ ❋

Ojalá sea capaz de sobrellevar con paciencia las palabras de los torpes bienintencionados. Seguramente están haciendo lo que pueden.

6 de noviembre

> En este mes de Acción de Gracias podemos sentirnos agradecidos por las dificultades del pasado y por las cosas buenas que gozamos en el presente; y, al mismo tiempo, podemos estar dispuestos de todo corazón a aceptar con alegría las penalidades que nos pueda traer el futuro.
>
> DOROTHY DAY

Bueno…, quizá. Agradecemos las cosas buenas del presente, sin duda. Y quizá nos hayamos reconciliado con las dificultades del pasado, o puede que, al menos, lo estemos intentando.

Pero ¿«aceptar con alegría» las penalidades del futuro?

Una de las cosas que nos enseña nuestro conocimiento en primera persona del dolor y de la aflicción es que podemos sobrevivir. Y no sólo podemos sobrevivir, sino que la experiencia nos vuelve más fuertes, de modo que, la próxima vez que nos sobrevengan el dolor y la aflicción, quizá podamos recibirlos con más valor, con más confianza; quizá, incluso, con una especie de alegría esencial por saber que, como partícipes que somos de la comunidad humana, somos capaces de pasar por aquello.

Cuando estamos en las garras del duelo reciente, lo más probable es que nuestra reacción sea decirnos: «¿Y qué importa eso?». Es una sabiduría que cuesta muy cara. No la queremos. Ni nos imaginamos siquiera poder sentirnos agradecidos por una cosa así.

No, por una cosa así, no. Pero quizá podamos dirigir la vista al tiempo en el que esta capacidad de supervivencia que estamos adquiriendo nos prestará un buen servicio.

Agradezco las cosas buenas del presente. En cuanto al futuro…, esperaré, y ya veré.

7 de noviembre

> Abre los ojos y observa esas cosas que nos rodean en estos momentos.
>
> RICHARD JEFFRIES

Una de las tentaciones que sentimos cuando el duelo nos agita la vida es la de vivir en el pasado, ya sea con nostalgia o con arrepentimiento.

Otra tentación es la de vivir en el futuro, con proyección melancólica.

A veces se dice de las personas «basadas en los sentimientos» (a diferencia de las «basadas en el pensamiento») que es preciso «traerlas a rastras» al momento presente.

Cuando estamos de duelo por la pérdida de un ser querido, es más fácil que estemos funcionando «basados en los sentimientos». Quizá debamos tomar medidas con nosotros mismos, poniendo a nuestros ojos interiores unas anteojeras de tal modo que sólo miremos lo que tenemos presente ahora mismo. No hay peligro de que perdamos los recuerdos del pasado ni el concepto del futuro. Todo ello seguirá allí, dispuesto para cuando tengamos que aplicarle nuestro arrepentimiento, nuestro anhelo, nuestra atención general.

Pero, de momento, durante esta hora (o incluso durante este cuarto de hora), vamos a abrir los ojos, estemos donde estemos; vamos a recorrer con la vista todo lo que nos rodea, poco a poco, hasta dar una vuelta completa, y ¡vamos a ver lo que hay visible!

En este momento, mi mundo es el lugar donde estoy.

8 de noviembre

> Si alguna vez nos aturde un poco el temporal, no temamos. Cobremos aliento y emprendamos de nuevo el camino.
>
> SAN FRANCISCO DE SALES

El duelo es como una montaña rusa. Un día pensamos que ya ha pasado lo peor, que ya estamos empezando a rehacer nuestra vida. Pero, al día siguiente (¡o a la hora siguiente!), es como si estuviésemos volviendo a empezar de cero, como si no hubiésemos avanzado en absoluto.

Debemos recordar que la recuperación tras el duelo no es como subir por una ladera suave y libre de obstáculos. Tendremos muchos tropiezos y daremos muchos rodeos antes de poder seguir viaje para salir del valle de la tristeza.

Es mejor que no derrochemos nuestra energía en reñirnos a nosotros mismos por no estar «haciéndolo mejor». Lo hacemos lo mejor que podemos; y esos «temporales» y esos tropiezos forman parte integral del proceso. Así pues, esperémoslos, aceptémoslos cuando lleguen, respiremos profundamente y sigamos adelante.

No me dejaré desanimar por los altibajos del estado de ánimo durante el duelo; comprenderé que forman parte del camino que conduce a la sanación.

9 de noviembre

Ten valor para las grandes penas de la vida, y paciencia con las pequeñas; y, cuando hayas cumplido con laboriosidad tu tarea del día, duerme en paz. Dios vela por ti.

VÍCTOR HUGO

Sentimos el peso del duelo como una gran carga. Tenemos que cumplir con nuestras tareas. Además de todas las cargas y sobrecargas emocionales que nos vamos echando encima. Nos cuesta trabajo relajarnos, conseguir un mínimo de tranquilidad, dormir..., a pesar de que sabemos que con toda esta agitación mental no ganamos nada.

Hay un cuento que dice que había un hombre llamado Charles Carter que hacía muchas buenas obras. Un día, sintió que se estaba poniendo enfermo. Muy afligido, pensaba: «¡Ahora no puedo ponerme enfermo! Tengo muchas cosas que hacer; hay mucha gente que depende de mí». Pero acabó por quedarse dormido, y tuvo un sueño. Vio que Dios Todopoderoso daba vueltas, inquieto, por un salón del cielo, y que se retorcía las manos y decía: «¿Qué voy a hacer ahora? ¿Qué voy a hacer ahora? ¡Charles Carter va a caer enfermo!».

El mundo no está en nuestras manos; y, cuando nos encontremos oprimidos por nuestra propia angustia, intentemos dejar todo eso y ponerlo en manos de Aquel que es la fuente de todo poder y de todo amor, de Aquel que ni duerme ni reposa.

Voy a dejar esta agitación mental, y voy a estar en paz.

10 de noviembre

> Pues ¿cuándo no está en nosotros la muerte? [...].
> Los vivos y los muertos son unos mismos; y, así, estamos despiertos y dormidos, somos jóvenes y viejos.
>
> HERÁCLITO

Cuando perdemos a un ser querido, sentimos una ruptura de nuestra vida, una sensación de estar separados, como si desde ahora nuestras vivencias fueran a ser distintas para siempre de las de nuestro ser querido.

Quizá nos consuele, extrañamente, recordar que todos formamos parte de una misma aventura humana; que nuestro ser querido se nos ha adelantado por un camino que nosotros habremos de seguir.

Pero esto también puede producirnos ansiedad y miedo. Nos recuerda nuestra propia mortalidad. ¿Cómo será la muerte para nosotros? Oímos relatos que nos indican la existencia de una vida después de la muerte, tan hermosa que no se puede imaginar; y estos relatos son para nosotros como el agua para el sediento.

Por otra parte, si bien la vida tiene sus momentos difíciles, también es maravillosa. Queremos a otras personas; no tenemos prisa. Así pues, la muerte de un ser querido nos hace ser muy conscientes tanto de nuestras aprensiones como de nuestras esperanzas. Nuestra cercanía al viaje de otra persona nos amplía nuestra propia visión de la vida y de la muerte; y, con suerte, la muerte deja de ser un muro para convertirse en una puerta.

Pensando en mi ser querido, sé que nos abarca a los dos una misma corriente de la creación.

11 de noviembre

> Y estaba todo gris; y cuanto más se adentraba, más gris estaba todo. ¿Y si aquello era más profundo de lo que se había figurado él? Pero, a poco, cambió la luz, se aclararon las tinieblas, y él fue emergiendo de nuevo hacia el sol y el cielo despejado. Dijo que aquél era el espectáculo más hermoso del mundo: el mundo.
>
> JOSEPHINE HUMPHRIES

Nos vamos sumergiendo más y más en el interior de nuestro duelo. Los desconsuelos se amontonan. Nos preguntamos si veremos algún día, en el horizonte, algo que no sea esta tristeza y esta oscuridad.

Hasta que, un día, en un momento de reflexión tranquila, descubrimos que ¡estamos Pensando En Otra Cosa! ¿Es posible?

Volveremos a avanzar y a retroceder muchas veces; a retroceder hacia el bosque oscuro, y a avanzar de nuevo hacia la luz. Y al cabo de un tiempo nos daremos cuenta de que todo es un mismo mundo; de que los sentimientos de alegría y los de tristeza se enriquecen mutuamente, como en el caso de una persona que ha pasado una enfermedad muy grave y que vuelve a apreciar la belleza de las estrellas, el sabor del zumo de naranja, las caricias del amor.

¿Está bien hecho? ¿Estamos traicionando a nuestro ser querido perdido si empezamos a saborear la vida de nuevo? ¿Corremos el peligro de olvidarlo? No hay que preocuparse. Antes nos olvidaríamos de respirar.

❋ ❋

Estaré abierto a la posibilidad de que en mi vida haya alegría, y no temeré.

12 de noviembre

> Que se les dé gloria en lugar de ceniza, óleo de gozo en lugar de luto, manto de alegría en lugar del espíritu angustiado.
>
> ISAÍAS 61,3

El profeta está anunciando la buena nueva de la liberación a manos de Dios. ¿Qué será la liberación para nosotros?

No consistirá en que se dé la vuelta a la situación ni en que se nos devuelva a nuestro ser amado. Ya sabemos que eso no podemos esperarlo.

Pero sí que puede consistir en liberarnos de una parte de este dolor para que nuestra existencia deje de estar ensombrecida por nuestra pérdida, y para que la belleza del mundo deje de ser un mero recordatorio de que aquel que la compartía con nosotros ya no está. De estas cosas sí que podemos esperar ser liberados.

Sólo tenemos que mirar a nuestro alrededor para ver a tantos otros que han sufrido pérdidas. Son legión. Nos cruzamos con ellos en las calles, en el autobús, en las tiendas. Ellos han sobrevivido. Y algunos hasta han salido más fuertes, y ahora ejercen de columnas en las que se apoyan otros.

Cuando hayamos sido liberados de nuestra aflicción más profunda (por la ayuda de nuestros amigos, por la fe, por el tiempo, por un trabajo al que podemos volver con mayor sensibilidad), entonces también nosotros tendremos «gloria en lugar de ceniza, óleo de gozo en lugar de luto, manto de alegría en lugar del espíritu angustiado» y seremos una bendición para los que nos necesiten.

❋❋

Sé que volveré a salir de nuevo a la luz del sol.

13 de noviembre

Al tratar el duelo, en cualquiera de sus aspectos, es importante hacer que el proceso siga en marcha. La tentación es de quedarse congelados, de quedarnos encogidos perpetuamente ante un golpe tan terrible.

MARTHA WHITMORE HICKMAN

Es casi una sensación física, sobre todo si la muerte se ha producido de manera repentina e inesperada; es casi una sensación de que se nos ha cortado la respiración. E incluso cuando la muerte ha tardado mucho en llegar, tenemos el impulso de quedarnos plantados en el momento de la muerte. Es la última experiencia que tenemos de nuestro ser querido, y queremos agarrarnos a ella, evitar que se vaya enturbiando la vividez de ese recuerdo.

Eso no es malo durante algún tiempo. Pero el peligro es que nos quedemos atascados allí. Todos hemos conocido u oído hablar de personas que conservan un cuarto tal y como estaba cuando vivía el ser querido, incluso sus zapatillas junto a su butaca favorita y su ropa en el armario. Esto no es ser fieles a la verdad, ni a la verdad de nuestra propia vida ni a la de nuestro ser querido. Esté donde esté éste, desde luego que «no se ha quedado aquí». Tenemos que ir soltando poco a poco un pasado que no podemos conservar, para seguir adelante con la vida que tenemos.

A medida que sigo con mi vida nueva, ¿puedo imaginarme que mi ser querido hace otro tanto?

14 de noviembre

Aun estando a oscuras puedes silbar.

FREDERICK BUECHNER

Parece cosa sencilla hacer acopio de la fuerza de voluntad y de la energía necesarias para silbar.

Pero una de las características más notables del duelo es que nos cuesta trabajo alzar la voz para cantar o silbar. También nos cuesta trabajo hacer cualquier otra cosa que nos exija tomar la iniciativa. Tendemos a tener mucha inercia. Poner en juego nuestra fuerza ya es, de suyo, una victoria notable, como también lo es hacer cualquier cosa propia de una mente despreocupada, como es silbar. Puede marcar un gran cambio en la gama de estados de ánimo que nos sentimos capaces de sentir. Estamos dispuestos a renunciar a nuestra autoimagen de seres heridos y doloridos, y a volver a entrar en la corriente activa de la vida humana, aunque sólo sea por unos momentos.

Así pues, si somos capaces de silbar (o de hacer cualquier otra cosa que parezca distanciarnos de la carga de duelo que nos consume), será algo más que una canción: será un hito. Estamos en marcha; nos estamos quitando el manto de Soy Una Persona Herida que nos cubre, y estamos saliendo. Es un triunfo. ¡Es como para ponerse a silbar!

Voy saliendo de la oscuridad, poco a poco.

15 de noviembre

Huéspedes de mi vida,
tú viniste de madrugada, y tú de noche.
Pronunciaron tu nombre las flores de primavera, y el tuyo los chaparrones.
Tú trajiste a mi casa el arpa, y tú trajiste la lámpara.
Cuando os hubisteis marchado, encontré en el suelo las huellas de Dios.

RABINDRANATH TAGORE

Es fácil llegar a creernos que tenemos algún derecho definitivo sobre las personas que queremos, en vez de considerar que hemos tenido el privilegio de gozar mutuamente de nuestra vida común: él de la nuestra, y nosotros de la suya.

Sabemos que transmitimos nuestros genes a nuestros descendientes, así como nuestros padres nos transmitieron los suyos. También transmitimos oralmente nuestros recuerdos, y dejamos atrás los momentos que hemos compartido con nuestras personas queridas. Pero siempre hay una esencia que tiene un fondo de misterio.

Y no sabemos de dónde viene ni adónde va. Pero es posible que en cada uno de nosotros haya un rastro de lo divino, que viene de su hogar en el seno de Dios y que regresa a ese hogar.

Ante el misterio de la vida, guardo silencio con alegría.

16 de noviembre

[...] y yo sabía [...]
que cuando viene a llamarte el mar, dejáis de ser buenos vecinos,
dejáis de ser vecinos que os lleváis bien sin trataros mucho,
y entonces cambias tu casa por un castillo de coral,
y aprendes a respirar bajo el agua.

CAROL BIALOCK

Ya sabíamos que la muerte forma parte de la vida. Habíamos estado presentes ante amigos que estaban de duelo, y puede que ya hubiésemos pasado nosotros mismos por otras experiencias de duelo. Pero cada experiencia de duelo es nueva, y cada una plantea sus propias preguntas y exige sus propias respuestas. Debemos entrar en un país nuevo, incluso cuando la pérdida de un ser querido se produce tras una larga enfermedad y nos encuentra «preparados», y tanto más cuando la muerte es repentina, sin previo aviso. Los colores son distintos; el aire se siente distinto y los sonidos tienen ecos distintos de los que tenían.

Ahora, el «sé que todos tenemos que morir, por supuesto» deja de ser un concepto teórico lejano y se convierte en un jadeo repentino, en una búsqueda del «¿Qué hago ahora? ¿Qué haré después?». Y aprendemos los colores y los sonidos de este mundo nuevo, y al cabo de un tiempo, éste pasa a ser nuestro mundo.

En alguna parte en lo hondo de mi ser está la semilla de la paz.

17 de noviembre

Todo lo que hay en la vida cambia cuando lo aceptamos de verdad. Así, el sufrimiento debe convertirse en amor. Ése es el misterio.

KATHERINE MANSFIELD

No es inmediato. Estamos demasiado preocupados con nuestra pérdida y con nuestra tristeza. Y nos hace falta tiempo para rumiar nuestra vida, para repasar una y otra vez lo que hemos perdido, lo que vamos a hacer, qué puede tenernos reservado el futuro.

Y probablemente no llega a suceder (que el sufrimiento se convierta en amor) sólo porque lo deseemos.

Pero mientras luchamos con nuestro duelo y con su sentido, están germinando en nuestra psique las semillas de una solidaridad nueva. Como hemos sufrido, tenemos el corazón tierno para los demás. Como se nos han desmontado nuestras propias defensas, tenemos una nueva visión de lo que significa ser vulnerables, y reconocemos la vulnerabilidad de los demás. Como reconocemos lo próximos que estamos unos a otros, en cierto sentido nos volvemos porosos, transparentes; nos convertimos en personas que dejamos pasar la luz.

Y la luz, que es el amor iluminado, alcanza a los que nos rodean; y quizá se vuelvan capaces, también ellos, de correr el riesgo de amar. Comprendemos juntos que «ninguna persona es una isla». Sabemos que, aunque seguimos tristes, no estamos solos; y que el amor, que en muchos casos se forja a partir de la tristeza, es el mayor de los dones que tenemos.

El amor es un misterio que yo acepto, agradecido y sin miedo.

18 de noviembre

La verdad es que no recuerdo el día que sentí por primera vez que no todo estaba perdido irremisiblemente. ¿Fue la sonrisa de un niño lo que me despertó? ¿O fue una muestra de tristeza, visible en un lugar donde yo no quería verla? ¿O fue un sentimiento de responsabilidad? ¿O fue que renuncié por fin al desánimo? Puede que me volviera a integrar sin más en el juego de la vida.

ANNE PHILIPE

Nos toma por sorpresa. Prácticamente no habíamos pensado nunca que pudiera suceder. Pero, un día, nos damos cuenta de que estamos disfrutando del mundo una vez más. Este redescubrir de la alegría de la vida es un regalo por partida doble, porque creíamos haberlo perdido para siempre.

Pero aquí está, como las flores de los primeros días de primavera que brotan con energía entre los últimos restos de la nieve de marzo. Son un don inesperado, y su belleza nos hace prestar atención a la nueva vida que nos rodea.

Avivo el paso; el corazón me salta de gratitud por el retorno inesperado de la belleza al mundo.

19 de noviembre

Somos, quizá, el único animal de la naturaleza que se preocupa. Derrochamos nuestra vida en preocupaciones, temiendo el futuro, descontentos con el presente, incapaces de asumir la idea de la muerte, incapaces de estar quietos.

LEWIS THOMAS

Quitarnos de encima todo eso es más fácil decirlo que hacerlo. Pero sí que reconocemos la sabiduría de estas palabras, lo inútil que es preocuparnos; el peligro de estar tan agitados en la vida que no somos capaces de gozar de las maravillas del momento, ¡ni siquiera de estarnos quietos!

Fred Buechner ha hablado en sus escritos de la relevante figura del «preocupador de la familia», del que se encarga de preocuparse de las cuestiones de dinero, de salud, de las averías del coche familiar y de los planes y horarios, liberando así a los demás para que se puedan dedicar a actividades más espontáneas y alegres.

Quizá podamos tomarnos un respiro en cualquier momento (en especial, tal vez, cuando nos sentimos abrumados por la carga del duelo) tomando la decisión consciente de «cederlo», como decían los primeros creyentes; de ceder a Dios (o al aire, o a un árbol fuerte y de buen porte) toda la corriente agitada de nuestro duelo y de nuestros tormentos sobre el sentido de la vida y de la muerte, para limitarnos a beber el momento.

Se ha dicho que la preocupación es el colmo de la autocomplacencia. ¡Yo no la necesito!

20 de noviembre

> Dedica un tiempo a planificar tu futuro [...]. Si tu situación económica te lo permite, quédate en tu propia casa, rodeado de las cosas que te resultan familiares.
> Más tarde, si te marchas, si viajas, hasta si decides establecer tu hogar en otro sitio, el espíritu de la ternura, del amor, no te abandonará. Descubrirás que ha pasado a formar parte de ti, surgiendo de dentro de ti; y que, gracias a él, ya no tienes miedo a la soledad ni a la oscuridad, porque has vencido a la muerte, el último enemigo.
>
> DAPHNE DU MAURIER

Se dice que preguntaron al pintor Andrew Wyeth por qué no viajaba más, y que él respondió: «Lo conocido me libera».

Es posible que lo conocido también nos libere a nosotros para expresar nuestro duelo al envolvernos con sus recuerdos y con su propio consuelo.

Pero también puede tenernos atados. Una amiga mía, tras la muerte de su marido, hizo que se llevaran de su casa a los pocos días el viejo sillón marrón donde se solía sentar él. Era una posible manera de reconocer que él ya no estaba, que en la vida de ella se había abierto un capítulo nuevo. A otra persona podría haberle representado un consuelo sentarse en aquel sillón. Cada uno tenemos que encontrar nuestro propio camino.

❋❋

Tendré cuidado, sabiendo que lo conocido me puede liberar o me puede aprisionar.

21 de noviembre

La oración verdadera nos lleva hasta el borde de un gran misterio, ante el que nos quedamos mudos y nuestros conocimientos ya no nos sirven.

PARKER PALMER

Cuánto nos gustaría saber... ¿Se encuentra mi ser querido en un estado mejor y glorioso? ¿Cómo es aquello? ¿Es consciente de mí? ¿Volveremos a vernos?

¿Llegaré a saberlo a base de rezar? La oración nos apoya, pero no da respuesta a las preguntas que no la tienen.

Hace unos años, mi marido y yo fuimos a Alaska. Una de las etapas más interesantes del viaje fue una excursión en autobús al monte Denali (o McKinley). Habíamos oído hablar toda la vida de su majestuosidad imponente. Nos dijeron que sería difícil que pudiéramos verlo, pues se anunciaban nubes y poca visibilidad.

Tras varias horas de viaje, el autobús rodeó la falda de un monte. Vimos una hilera de espectadores que contemplaban, hombro con hombro, el panorama de Alaska. Allí estaba la montaña, a kilómetros de distancia..., blanca, majestuosa, alzándose hacia el cielo.

Nos sumamos a los demás espectadores; debía de haber un centenar de personas. No había muchas conversaciones en voz alta. Todos contemplábamos la montaña. Y nada podría habernos preparado para aquello...; ni las palabras, ni las fotos de una guía turística, ni las cifras. Quedamos en silencio.

En el misterio de la oración... tengo que estar allí, sin más.

22 de noviembre

> Podréis quitarme la gloria y el reino,
> pero no los pesares. Sigo siendo rey de éstos.
>
> WILLIAM SHAKESPEARE

El duelo es cosa privada, además de pública, ya que afecta a todas nuestras relaciones con los amigos, con la familia y con nuestro mundo.

Pero donde más nos afecta nuestra pérdida es en nuestra soledad. Y allí, en nuestras interacciones con los recuerdos y en nuestras decisiones acerca de nuestra energía y de nuestro tiempo, es donde disponemos de un cierto control sobre el curso de nuestro duelo.

Se trata de una responsabilidad a la que estaríamos dispuestos a renunciar a veces. Es fácil caer en la rutina, incluso en la rutina del duelo. Nos acostumbramos a vivir en este estado de ánimo, y puede acabar por resultarnos más cómodo seguir con él que hacer el esfuerzo de apartarnos del duelo como centro de nuestra vida. Hasta podemos sentir una cierta posesividad sobre nuestro duelo, como si cualquier intento en ese sentido (por nuestra parte o por parte de nuestros amigos bienintencionados) equivaliera a no dar importancia a nuestra pérdida, o incluso de quitársela a nuestro ser querido.

Nosotros somos los mejores jueces de cuándo debemos quedarnos en nuestro dolor y de cuándo debemos pasar a otra cosa. Lo importante es que aceptemos interiormente nuestra propia responsabilidad sobre las decisiones que tomamos. Y que reconozcamos que no es lo mismo estar de duelo por la pérdida de un ser querido que seguir queriendo a esa persona.

❋❋

Unas veces, lo mejor es que siga en mi duelo; otras veces no.

23 de noviembre

> Yo no sé si la personalidad humana sobrevive a la muerte física. Me contento con esperar y ver lo que hay tras la muerte, abierto a cualquier posibilidad. Si resulta que es un sueño eterno, también eso sería un regalo tras una vida plena.
>
> Elizabeth Watson

Esto no parece un gran consuelo cuando nos encontramos sumidos en un duelo reciente por la pérdida de una persona querida. Se nos ha arrancado una parte de nuestra vida y añoramos desesperadamente recuperar aquella relación.

No hay manera de saber en qué condiciones será posible recuperarla tras la muerte. Pero con el transcurso del tiempo vamos viendo que, aun en la ausencia física de la persona querida, nuestra relación sí vuelve a reanudarse, pues sentimos la influencia y la presencia de la otra persona de maneras amplias y sutiles.

En lo que se refiere a la posibilidad de que la muerte sea un sueño eterno, piensa en el día de tu vida en el que hayas estado más cansado y cuánto te apetecía dormir. ¿Es eso tan malo? Sobre todo, sabiendo que la esencia de quien eras acompañará a tus seres queridos durante el resto de sus días.

Como no tengo otra alternativa…, dejaré en manos de la vida lo que no puedo saber.

24 de noviembre

> [...] lo asombroso, o lo malo, es que estas privaciones nos traen la curación al mismo tiempo que nos provocan el dolor. Cuando hemos aceptado el hecho de la pérdida, comprendemos que el ser querido nos ocultaba todo un rincón de lo posible, que ahora es puro como un cielo lavado por la lluvia [...]. Quedamos liberados, y empezamos a buscar de nuevo, enriquecidos por el dolor. Y ese impulso constante hacia delante retrocede constantemente para tomar carrerilla. La caída es brutal; pero nos ponemos en camino de nuevo.
>
> ALBERT CAMUS

Es un cambio que no habríamos aceptado nunca de buena gana; y durante algún tiempo, ese «rincón de lo posible» no contiene más que duelo. No tenemos ningún impulso hacia cosas nuevas.

Pero una vez que ha transcurrido algo de tiempo y somos capaces de apartarnos un poco de nuestro duelo y de contemplar nuestra vida, sí que encontramos algo de espacio vacío donde estaba antes nuestra relación con nuestro ser querido.

¿Qué haremos con ese tiempo y con esa energía? Quizá se haya trasladado a otras cosas que ya estamos haciendo. O puede que haya llegado el momento de plantearnos algo nuevo. Podemos interpretar ese traslado de la energía que dedicábamos antes a nuestra relación con nuestro ser querido como un homenaje vivo a dicha persona. ¡Procuremos que valga la pena!

En mi vida se abre un capítulo nuevo. ¿Qué cosas nuevas pondré en él?

25 de noviembre

> Hay dentro de mí algo que se está despertando tras un largo sueño, y siento deseos de volver a vivir y moverme. Recupero algo de ánimo, una parte de ese agradecimiento inmenso a los que me quieren, un fuerte deseo de quererlos yo también. Estoy lleno de gracias a la vida. No es que me haya dicho a mí mismo que debo estar agradecido. Lo estoy, sin más.
>
> ALAN PATON

Es como recobrar la salud después de haber pasado por una enfermedad gravísima. Todo nos parece un regalo. El sol brilla más, el aire está más claro, los sabores de los alimentos son un asombro en la boca.

Si describimos este regreso a la felicidad, a la satisfacción profunda con la vida, calificándolo de «renacer», no exageramos. Pero renacemos en un mundo que es distinto en varios sentidos. Reconocemos algunas cosas del mundo que conocíamos: los mismos muebles, la misma población, la mayoría de la gente de antes..., pero todo está teñido de un color nuevo. Los cimientos se han desplazado, amenazando con hacer que nos derrumbásemos en el abismo, pero se han vuelto a enderezar después. Ahora que hemos capeado la tormenta, somos más fuertes.

Como nos parece estar en un mundo nuevo, el tiempo casi se ralentiza, como cuando éramos niños. Y nuestro agradecimiento por las maravillas de este mundo es casi tan hondo y tan sencillo como el de un niño; agradecimiento por un mundo bañado en nuestras lágrimas, y ahora tan límpido como un paisaje tras la lluvia.

❋❋

Salir de una pena profunda es renacer en un mundo nuevo.

26 de noviembre

> Y pasó al otro lado, y sonaron allí todas las trompetas para recibirle.
>
> John Bunyan

Si creemos en una vida tras la muerte, ¿qué imágenes asociamos con esa creencia? Las imágenes decimonónicas parecen poco creíbles... y poco interesantes. A Mark Twain no le hacían mucha gracia los «coros celestiales», y se preguntaba por qué nos imaginábamos que el cielo estaba lleno de esas cosas que tanto nos aburrían en vida. Coros celestiales..., nada de sexo... ¡Por favor!

La imagen de las trompetas que presentaba John Bunyan en su *Viaje del peregrino* también nos parece pasada de moda en cierto sentido.

Pero ¿qué tienen que ver las modas con todo esto? Son todo conjeturas, intentos de expresar lo que no podemos conocer.

En las imágenes más modernas se habla más de la luz...; un túnel, quizá, y después, ¡luz! Siempre hay calor. Siempre hay un amor maravilloso, inconcebible. Muchos ven la cara de sus seres queridos. Una figura de Dios o de algún otro ente religioso.

¿Quién sabe? Pero el sonido de las trompetas que reciben al guerrero espiritual triunfante no está nada mal. ¿Qué música tocarían? Tendremos que esperar para saberlo.

En mi fantasía, tiendo los brazos hacia los de mi ser querido, que me da la bienvenida.

27 de noviembre

Salí a buscar el jardín de mi madre, y encontré el mío propio.

ALICE WALKER

En los momentos de pérdida, nuestro legado (la sucesión de genes y de circunstancias que nos han dado el ser) adquiere en nuestra mente una importancia todavía mayor. O puede que todo lo que tiene importancia se vuelva más importante todavía por el modo en que la pérdida nos agudiza los sentimientos.

Podemos sentir un cariño renovado por nuestros antepasados, apreciando quiénes fueron y lo que nos han transmitido; no sólo rasgos físicos como el color de los ojos y la forma del cuerpo, sino dones como las dotes para las matemáticas, la afición a la jardinería o incluso los gustos en cuestión de comida. Siendo niña, yo sentía que se me reforzaban incomparablemente los vínculos con mi abuela cuando mi madre me decía: «Eres como mi madre. A ella también le gustaban las peras más que ninguna otra fruta». Este vínculo era tanto más fuerte porque yo me llamaba igual que mi abuela. Aquellas cosas me hacían sentirme como una compañera íntima de ella, a pesar de que había muerto cuando yo tenía dos años. Así reforzamos nuestros lazos de amor y encontramos consuelo en las redes de la historia, de las que forman parte nuestros seres queridos y nosotros mismos.

Me complazco en el rico tejido de familia y amigos que me aporta seguridad y agradecimiento en momentos como éstos.

28 de noviembre

> Se apagó la luz en las nubes bajas. La nieve que caía sorbió el crepúsculo. Las ramas, vestidas de silencio, me envolvieron con su paz. Cuando quedaron borrados los límites, de nuevo el asombro: que yo existo.
>
> DAG HAMMARSKJÖLD

Puede que, tras una pena honda, sensibilizados como estamos para los matices y los simbolismos de las vivencias, para los misterios a las orillas de la vida, seamos más capaces que en otras circunstancias de sentir una especie de latido que nos unifica con todo lo que existe.

Recuerdo una vez, algún tiempo después de una pena profunda, en el porche de una casa de montaña, una noche despejada de verano, sentí como si tuviera una conexión casi palpable con las estrellas que brillaban en el firmamento de la noche, por encima de las cumbres lejanas.

Esta ternura para con la creación es un don que nos ha costado muy caro, y puede que sea una especie de dilatación de la consciencia evocada por nuestra exploración del universo en busca de lo que hemos perdido: «¿Dónde estás? ¿Me recibes? ¿Me ves aquí, pensando en ti? Te quiero. Sé que lo sabes».

Y esta conversación imaginada con un difunto puede prolongarse más y más. Sin embargo, en la unidad de la vida, ¿cómo saber quién está hablando y quién escuchando?

❋❋

Guardaré silencio en mi alma y pensaré en mi amor.

29 de noviembre

Dios viene a nosotros. Pero, para que se cumpla esto de verdad, también nosotros debemos ir a Dios. Es una autopista con tráfico en ambos sentidos. A los seres humanos se nos invita a reunirnos con lo divino a mitad del camino.

WENDY WRIGHT

Como en cualquier otra relación personal, en nuestra relación con Dios debe haber un cierto interés, una cierta disposición, por ambas partes. No es que podamos imaginarnos a Dios (sea cual sea nuestro concepto de Dios) retraído, tímido o incluso petulante, esperando que le prestemos atención.

Pero si somos nosotros los que le damos la espalda para no verle, los que nos tapamos los oídos para no oírle, entonces será poco probable que lleguemos a ser conscientes de un Dios que está esperando la ocasión de consolarnos y de tranquilizarnos.

¿Qué nos dice todo esto a nosotros, los que estamos de duelo y ansiamos cualquier apoyo, cualquier atisbo de un Dios que nos quiere y que nos cuida en nuestra aflicción?

Quizá nos diga que, como mínimo, debemos aceptar la posibilidad de que Dios esté allí, esperándonos.

Y así como esperamos oír los pasos de nuestros invitados que llegan a nuestra puerta, para precipitarnos a abrirles y a darles la bienvenida, si alcanzamos algún estado de expectación y de fe, entreguémonos a esa posibilidad, ¡y ya veremos cómo marcha la conversación!

En toda relación personal deben participar ambas partes.

30 de noviembre

> Que te lleven al paraíso esos ángeles en los que yo no creo; que te acojan para llevarte al descanso eterno los mártires cuyos cuerpos se descompusieron hace mucho tiempo; y que los coros angélicos te conduzcan a esa ciudad santa y a esa luz perpetua que no existen.
>
> WILLIAM GIBSON

La razón tiene una tendencia a oponerse a la posibilidad de la vida tras la muerte. Vemos el cuerpo, desprovisto de pronto de vida, de espíritu. ¿Dónde ha ido a parar? No queremos engañarnos, ni siquiera para consolarnos. ¿Cómo puede vivir un espíritu sin las vestiduras que lo han revestido toda la vida?

No obstante, deseamos con mucho ahínco creer que hay algo más y que volveremos a vernos. Las religiones de la humanidad nos han trazado un marco sobre el que podemos montar nuestra fe. Tenemos relatos, intuiciones, esperanzas. Tenemos apariciones y sueños, y sabemos que ha habido vidas cambiadas por la fuerza de aquello que no se puede ver ni medir.

De modo que, para cubrirnos, manifestamos nuestra incertidumbre, nuestro escepticismo, y entonces, llega de alguna parte la chispa intuitiva de la fe, y los relatos; y nos ponen alas… ¡y volamos!

La fe es un don; puedo abrir las manos para recibirla.

1 de diciembre

> Recibe el nuevo día con veneración. No pienses en lo que será dentro de un año, ni de diez años. Piensa en hoy.
>
> ROMAIN ROLLAND

En cualquier época de la vida resulta difícil no preocuparse más de la cuenta por lo que tenemos por delante. Pero es doblemente difícil cuando hemos perdido a un ser querido. Tenemos que rehacer todos los planes y todas las esperanzas que teníamos puestas en un futuro en el que seguiría figurando esa persona. Aun en el caso en que la persona amada haya muerto ya anciana, también hay que adaptar el futuro. Si el que se ha muerto es nuestro padre o nuestra madre, la eliminación de esa barrera entre la muerte y nosotros tiene un significado propio que nos hace reflexionar. ¿Cómo será para mí el ser la generación mayor? ¿Cómo será dentro de diez años o de veinte, cuando yo sea «el viejo»? ¿Se ocuparán de mí los demás? Si el que ha muerto es un hijo nuestro, esa inversión de la secuencia del drama humano nos evoca todo tipo de presagios de dolor en un futuro que debería haber sido diferente.

Y mientras tanto, mientras nosotros nos estamos preocupando, inquietándonos y sintiendo autocompasión, se nos está escapando la vida. Aunque se trata de una disciplina rígida, y no podremos practicarla siempre, intentemos recibir cada día como un don nuevo, o como una prueba nueva, si se trata de un día de los malos. Pero, en cualquier caso, no enterremos la luz y la belleza de este día bajo las sombras de un futuro que ya lamentamos, a pesar de que sólo podemos hacer especulaciones acerca de cómo será.

Miraré a mi alrededor ahora mismo, en este momento, y veré lo que guarda para mí mi vida.

2 de diciembre

> Hay una fuerza de gravedad, una corriente interminable que no reconocemos pero que nos arrastra hacia más allá de todas las cosas y de todas las personas; y que, al mismo tiempo, nos hace ahondar en ellas con más profundidad y libertad.
>
> EDWARD J. FARRELL

Uno de los dones ambivalentes que nos aporta nuestro sufrimiento (y son ambivalentes porque son dones, pero no habríamos optado nunca por aceptarlos) es que nos amplía nuestra perspectiva. Nuestras molestias menores ya nos parecen intrascendentes. Las personas con las que no creíamos tener nada en común se convierten en amigos íntimos. El éxito profesional pasa a tener una relevancia secundaria en nuestra vida; lo que nos importa son las relaciones personales.

Nos sentimos conectados con nuestros amigos y familiares de manera más honda y agradecida, y al mismo tiempo tenemos la sensación de que todos vivimos en el misterio, de que estamos conectados con el cielo y con la tierra, con los ritmos del universo, con toda una gama de seres vivos, de modos que no comprendemos.

Quizá pueda dejar de aferrarme a la vida con crispación y confiar en que todo irá bien.

3 de diciembre

Yo empezaba a ir mejor, me parecía que iba mejor; pero hace unos días, me cayeron encima las fiestas.

UNA VIUDA, ANTE SUS PRIMERAS NAVIDADES SOLA

Siempre hay recuerdos que nos enganchan, que nos refrescan el duelo: cumpleaños, aniversarios, vacaciones de verano..., cualquier cosa que vivimos «por primera vez» sin nuestros seres queridos. Pero las fiestas de Navidad, o las de la Januká judía, cuando parece que todo el mundo está dispuesto a celebrar algo, se cuentan entre las temporadas del año más difíciles para los que han sobrevivido a una pérdida. Todos tenemos nuestra lista de las cosas que hacemos «de toda la vida»: ir a los servicios religiosos, poner el belén, encender las velas, compartir los platos y dulces tradicionales... Forman parte de nuestra identidad y de nuestra alegría de vivir juntos en el mundo; pero ahora ya no está una de las personas fundamentales con quien compartíamos esta alegría. ¿Es de extrañar que temblemos al pensar en las fiestas?

Las superaremos; y probablemente las superaremos mejor si tenemos ocasión de hablar de ello con otras personas que están sufriendo la misma pérdida. También puede ser útil tender una mano a otras personas para las que estas fechas también son difíciles (los pobres, los sin hogar, los que están solos), y así también daremos más valor a las fiestas en su sentido más profundo.

Sé que estas fechas serán difíciles para mí. Las viviré día a día. Cuando me aceche de cerca el duelo, lo reconoceré. Y también procuraré estar abierto a las ocasiones en que pueda sorprenderme la alegría.

4 de diciembre

> Hay ratos de oración que, aunque se pasen entre tedio y distracciones, todavía, gracias a nuestras buenas intenciones, son fructíferos para el corazón y lo refuerzan contra las tentaciones de todo tipo.
>
> FÉNELON

La tentación principal de los que estamos de duelo es la desesperación. Existen otras tentaciones: la de negar, la de idealizar, la de rechazar la ayuda y otras más. Pero la desesperación siempre ronda cerca, desde luego, y sobre todo en esta época del año en la que todos se están preparando para celebrar las fiestas y para las reuniones familiares. Y si estamos intentando mantener el corazón y la mente «encarrilados» hacia la sanación, en estas fechas nos encontraremos con dificultades añadidas: muchas distracciones y demasiadas cosas que hacer. Nos cansamos demasiado, y nuestra tristeza lo impregna todo, con lo que la carga resulta más pesada todavía.

Éste es un buen momento para escuchar las palabras de Fénelon, escritor y sacerdote del siglo XII. Podemos reconocer las dificultades de estas fechas, hacer lo que podamos por cultivar un poco de paz interior y confiar en que no perderemos el rumbo antes de que terminen de pasar estas semanas (a veces alegres y a veces tristes) y las cosas se tranquilicen.

❋❋

Entre la agitación de las próximas semanas, intentaré pasar unos minutos cada día en silencio y plegaria; será mi apoyo propio y particular contra el tumulto emocional y físico de estas fechas.

5 de diciembre

> Lo que nosotros llamamos luto por nuestros muertos quizá no tenga tanto de aflicción por no poder hacerlos volver como de aflicción por no quererlo.
>
> THOMAS MANN

¡Duras palabras cuando nos estamos debatiendo con todos los sentimientos que acompañan a la pérdida de un ser querido! Esta alusión a que la falta de ese ser tiene sus ventajas puede resultar enormemente ofensiva. Pero Mann está hablando de la ambivalencia que acompaña a cualquier relación personal, hasta a la más apreciada y amorosa.

¿Significa esto que no queríamos a la persona! ¡No! ¿O que si ésta pudiese volver a estar buena y sana, no querríamos en conjunto que volviera? En la mayoría de los casos, no. (¡Y también puede ser que la persona misma no quisiera volver!). Lo que quiere decir es que las ecuaciones que determinan las relaciones humanas son enormemente complejas, como vemos cuando nos miramos al espejo con sinceridad.

❋❋

Amar profundamente a una persona significa conocerla en sus puntos fuertes y en sus debilidades.

6 de diciembre

> Voy entrando de nuevo en el mundo, por piezas. Una fase nueva. Un cuerpo nuevo, una nueva voz. Las aves me consuelan volando; los árboles, creciendo; los perros, con el calor que dejan en el sofá. Las personas desconocidas, simplemente por hacer sus cosas. Esta recuperación del propio ser es como la lenta convalecencia de una enfermedad.
>
> TONY TALBOT

Cuando nuestro duelo estaba reciente, nos parecía que esto no podría llegar a pasar nunca, que jamás volveríamos a complacernos en las cosas pequeñas y corrientes de la vida. Entonces creíamos que nuestra percepción del mundo estaría dominada siempre por esta pérdida penetrante y abrumadora. Por ello, nuestra dicha es doble cuando empezamos a saborear una vez más, poco a poco, los encantadores procesos constantes por los que se mantiene la vida calladamente, día a día. Nuestra dicha es doble; en primer lugar, porque los dientes agudos de nuestra pérdida ya no están mordiendo nuestra consciencia constantemente, y en segundo lugar, porque somos conscientes de las cosas maravillosas que sustentan la vida a nuestro alrededor, como los petirrojos entre la nieve en invierno, o como el calor del fuego cuando entramos en casa después de pasar frío. Antes eran cosas que dábamos por supuestas. Después, ya no pudimos dar nada por supuesto. Y ahora, quizá podamos, incluso, relajarnos en el día a día y empezar a confiar de nuevo en la vida.

❋ ❋

Voy a abrir los ojos y voy a tender las manos a la belleza y a la maravilla del mundo.

7 de diciembre

No deberíamos afligirnos
por lo pasado ni por lo irreparable.

WILLIAM SHAKESPEARE

Ah, ¡pero sí que nos afligimos! Ésta es una de las razones del duelo: que lo pasado ya no se puede cambiar; que nadie nos puede ayudar a reparar lo sucedido.

Estas palabras de Paulina, personaje de *El cuento de invierno* de Shakespeare, comunican un mensaje tan poco aceptable como el de una persona moderna que, en su misma situación, nos dijera: «Ánimo. Ya pasó. Ya no puedes hacer nada por cambiarlo. Acéptalo, y sigue viviendo tu vida».

Ya es malo de suyo que oigamos estos consejos en boca de amigos bienintencionados. Pero es peor todavía cuando somos nosotros mismos los que nos obsequiamos con estos consejos y nos sentimos culpables si no somos capaces de llevarlos a la práctica.

Está claro que no queremos pasarnos el resto de nuestra vida compungidos y de duelo. Pero la manera más segura de evitarlo no es cegar los pozos de nuestro duelo e intentar marcharnos, sino afrontar nuestro duelo con sinceridad, viviendo su dolor y su rabia durante el tiempo que nos haga falta. Después, y sólo después, seremos capaces de incorporar a nuestra vida el sentido de nuestra pérdida y de seguir adelante.

Asimilar esta pérdida en mi vida es un proceso largo, y yo le voy a dedicar el tiempo y la atención que merece.

8 de diciembre

> Cuando pregunté al traumatólogo que me trató si era frecuente que las personas sufrieran fracturas tras la pérdida de un ser querido, me respondió inmediatamente, sin siquiera levantar la vista de mi pie lesionado: «Naturalmente. Pierden el sentido del equilibrio».
>
> LILY PINCUS

A veces, la reacción del cuerpo no es tan específica como estos casos en los que sufre heridas que se corresponden con una herida de la mente y del espíritu. Pero es bien sabido que nuestro cuerpo está más sujeto a las lesiones y a las enfermedades tras una pérdida grave. Por ello, nos conviene cuidarnos más de lo habitual: debemos prestar más atención a lo que comemos, tener cuidado al conducir cuando estemos cansados y procurar descansar algo más.

¿Sufrimos más accidentes porque estamos deprimidos y ya no nos importa tanto conservar la salud, ni siquiera conservar la vida? ¿Somos más descuidados porque tenemos la atención puesta en el duelo? ¿Hay algo en la química del duelo que afecte a nuestro sistema inmunitario y que dificulte a nuestro organismo la lucha contra las infecciones? Ahora se están estudiando más que nunca las relaciones entre mente y cuerpo, y todavía hay muchas cosas que no sabemos.

Pero sí sabemos que estamos corriendo un riesgo adicional; y, por consideración con nosotros mismos y con nuestros seres queridos, debemos cuidarnos lo mejor que podamos.

❋❋

Tengo muchas cosas por las que vivir, ¡y las viviré mejor si estoy sano!

9 de diciembre

Cuando todo está oscuro, cuando nos rodean voces de desesperación, cuando no vemos salida, entonces podemos encontrar la salvación en un amor evocado, en un amor que no son meros recuerdos del pasado, sino que es una fuerza viva que nos sustenta en el presente. En virtud de la memoria, el amor trasciende los límites del tiempo y nos brinda esperanza en cualquier momento de nuestra vida.

HENRY NOUWEN

Recuerdo que, siendo adolescente, vi a una amiga católica que rezaba el rosario, pasando cada cuenta sucesivamente mientras decía la oración correspondiente. Aquello me intrigó y me extrañó; era una manifestación de fe muy distinta de las propias de mi tradición protestante, en la que no hacíamos nada repetitivo ni de memoria, salvo rezar el padrenuestro todos los domingos.

Pero esa imagen de las preciosas cuentas del rosario se ha quedado conmigo, y a veces pienso que mis recuerdos preciosos son como esa sarta de cuentas. Aquella vez cuando hacía poco que mi futuro marido y yo habíamos empezado a salir juntos, y yo le dije que me iba a una ciudad lejana y él se creyó que quería decir que me marchaba para siempre. Esa cara que puso cuando me dijo «Es una mala noticia» es un recuerdo que sigo atesorando al cabo de cuarenta años. O aquella vez que mi hija, al leer una poesía que había escrito yo, me manifestó su orgullo preguntándome: «¿Puedo llevarla a la escuela y enseñársela a mi profesora?».

El amor que emana de mis recuerdos es eterno.

10 de diciembre

> Mientras seguía allí plantada, con las lágrimas rodándome por el rostro, sentí una especie de dicha por él, casi una alegría extraña, al saber que no tardaría en quedar liberado; y tuve la sensación de que él estaba ahora en el umbral de una gran aventura [...]. De modo que, de cierta manera extraña, mientras yo estaba allí de pie, despidiéndome de él, no fue sólo una ocasión de pena terrible, sino también un momento de luz.
>
> MARTHA WHITMORE HICKMAN

Era mi padre el que estaba acostado, muriéndose. Yo ya había previsto aquella pena. Pero aunque tengo fe en una vida después de la muerte, no había previsto aquel arrebato extraño de felicidad, aquella expectativa de aventura y de alegría. No lo había previsto para aquel momento. Por eso tuvo aquello tanto más de regalo, aunque sólo fuera pasajero.

Ninguno de nosotros sabe lo que hay al otro lado de la muerte; pero tenemos indicios en los relatos que se nos han transmitido, en nuestras experiencias propias, en los libros que cuentan experiencias próximas a la muerte, que nos brindan grandes esperanzas y promesas de que más allá de la muerte hay luz, una buena acogida y una paz y alegría inimaginables. ¡Cuánto consuelo nos pueden dar estos indicios en los días oscuros! Los repasamos como las cuentas de un rosario. «Sí –pensamos–. La esperanza está justificada. Todo saldrá bien al final».

En mis momentos de oscuridad, condúceme hacia la luz.

11 de diciembre

Por la noche durará el lloro, y a la mañana vendrá la alegría.

SALMO 30

Cuántas veces hemos pasado una noche en vela, con los pensamientos cargados de estrés, dando vueltas mentalmente a tal o cual problema, y todo ello multiplicado por la frustración que nos produce no ser capaces de hacer lo que deberíamos estar haciendo; a saber, dormir. Y después, al llegar la mañana, aunque quizá estemos cansados, las cosas suelen tener mejor aspecto.

El estado de duelo profundo es una aflicción mucho más esencial que una leve inquietud nocturna; pero sí que parece que el duelo nos pesa más en el corazón cuando todo está oscuro y en silencio. Es buena hora para llorar. A veces, es hora inevitable de llorar.

Después, llega la mañana. Y aunque la tristeza persiste aun siendo de día, quizá se modere un poco cuando vemos la luz del sol, cuando olemos el café del desayuno, cuando atendemos a diversas ocupaciones habituales.

Sin olvidar tampoco el significado simbólico de la noche y de la mañana: que, por muy oscura que sea nuestra tristeza, ¡es seguro que nos esperan días más luminosos!

Daré la bienvenida a la luz del sol en mi vida: me da calor, me ilumina y me trae esperanza.

12 de diciembre

> Aunque han muerto, y aunque ya no están, cuando llegamos a entenderlos de maneras nuevas, es como si ellos también llegaran a entendernos a nosotros; y, por ellos, también nos entendemos a nosotros mismos de maneras nuevas.
>
> FREDERICK BUECHNER

Esta danza delicada con las almas de los muertos tardamos en empezar a entenderla. Creemos que nuestra relación personal inmediata ha concluido, aunque sabemos que seguiremos recordando y seguiremos sumidos en el duelo.

Pero a medida que repasamos en la memoria nuestras vivencias con esa persona que se ha marchado físicamente, nos parece que su presencia física, en vez de estar confinada a aquel cuerpo que conocimos y que amamos, se dilata y nos rodea con su comprensión sencilla, con su solidaridad y con su amor.

De modo que emprendemos conversaciones de diversos tipos, que en muchos casos son diálogos sin palabras. Parece que llegamos a un entendimiento y a una apreciación mutua de las cosas buenas y de las dificultades que tuvimos en nuestra vida común. Somos capaces de sonreír con benevolencia al recordar todos aquellos roces y de gozar, más bien, del amor y de la paz presentes.

Querido amor difunto, sigue estando conmigo, como yo estaré contigo.

13 de diciembre

Siento una esperanza inmortal poderosa
que me levanta el espíritu triste
cuya carga es como una montaña.
Redimido de la muerte, del duelo y del dolor,
volveré a encontrarme pronto con mi amigo
en los brazos de Dios.

CHARLES WESLEY

Nuestras imágenes son fruto de nuestras experiencias. La imagen de un Dios que nos mece en sus brazos es una analogía antigua y frecuente, que expresa el amor como una necesidad primaria, como el de un padre o una madre que mece a un niño recién nacido. ¿Qué mayor seguridad podríamos concebir?

Si hemos sido padres, sabemos lo que se siente, y sabemos que el padre y la madre tienen el impulso de sostener en sus brazos al hijo recién nacido y desvalido, un impulso tan fuerte como la necesidad que puede sentir el propio niño de ser sostenido en los brazos. Si no hemos sido padres, al menos habremos presenciado esta ternura, esta atención mutua absoluta por parte de nuestros amigos y familiares. ¿Qué más podemos esperar que nuestro ser querido, que se ha adentrado en la muerte, sea acogido por un amor así de protector, así de universal; por un amor al que también nosotros tendremos acceso cuando nos toque marcharnos?

Encomiendo a mi ser querido en brazos del amor que todo lo abarca.

14 de diciembre

Bajo el toldo dorado de tu sol del atardecer, alzo los ojos hacia tu rostro con ilusión.
He llegado al borde de la eternidad, de la que nada puede desaparecer: ni la esperanza, ni la felicidad, ni la imagen de un rostro visto a través de las lágrimas.
¡Ay, hunde mi vida vacía en ese mar, sumérgela en la plenitud más honda! ¡Déjame sentir por una vez ese dulce tacto perdido, en la plenitud del universo!

RABINDRANATH TAGORE

Esta visión de una eternidad en la que nada se pierde nos puede resultar de gran consuelo. Pues si bien podemos haber quedado separados de nuestro ser amado durante algún tiempo, sentimos que todos formamos parte de la Unidad de la creación que todo lo abarca, y que cuando también nosotros crucemos el borde de la eternidad, conoceremos esa plenitud última donde reside nuestro ser amado, y donde residiremos nosotros también.

Esta esperanza, esta imagen del amor recobrado en el seno de la luz y el amor universales, forma parte de la cosmología de muchas personas y de muchas comunidades; ¡algo debe de haber de cierto en ello!

Puedo albergar la esperanza de encontrarme de nuevo con mi amor en la Unidad de la creación.

15 de diciembre

Bendice tú mis ojos.
Que mis ojos bendigan todo lo que ven.
Bendigo a mi prójimo;
que mi prójimo me bendiga a mí.

ORACIÓN CELTA

¡Qué vinculados estamos todos unos con otros, y qué necesitados estamos de nuestras bendiciones mutuas!

Mientras nos vamos abriendo camino por el día de hoy, podría venirnos bien hacer el esfuerzo consciente de bendecir en silencio a todas las personas con las que nos encontramos. A ellos no les hará ningún daño, sin duda, y a nosotros nos ayudará a acercarnos a ellas con un máximo de comprensión y de buena voluntad.

Y quién sabe. Es posible que ellos capten la energía de los pensamientos que les transmitimos, y que reaccionen con una sensibilidad y una bondad fuera de lo común. (No podemos contar con ello; y, si no da resultado, eso tampoco quitará validez a nuestro impulso. ¡Al menos, la buena voluntad total del mundo habrá aumentado mínimamente!).

Bendigo a mi prójimo. Que mi prójimo me bendiga a mí.

16 de diciembre

«Os haréis a la mar en calma –dijo–, y a veces habrá buen tiempo; pero no siempre. Os encontraréis con tormentas, y las superaréis. Os turnaréis para gobernar la nave con buen tiempo y con malo. No perdáis el valor nunca. Os espera a los dos un puerto seguro al final de la travesía».

DAPHNE DU MAURIER

La relación que se describe en este pasaje es un matrimonio largo y feliz; pero podría tratarse de cualquier tipo de relación entre personas que se quieren. Y ¿qué más podríamos esperar, recordando los altibajos, las calmas y las tormentas por las que pasa cualquier relación que sea larga e intensa; qué más podríamos esperar que saber que hemos pasado por tormentas y no nos han vencido, y que nos espera a los dos un puerto seguro al final de la travesía?

Es raro que dos personas que se quieren lleguen a puerto juntas. Suele llegar primero una de las dos. En nuestro caso, en la relación presente, vamos a llegar los segundos. Y no es mucho esperar que aquella persona a la que quisimos (y otros seres queridos que se nos han adelantado también) nos estén esperando en el puerto para darnos la bienvenida.

❋❋

Confiando en las estrellas que me guían y en las olas que me impulsan, navego hacia ese puerto donde me esperan mis seres queridos.

17 de diciembre

El valor supremo no es el futuro, sino el presente.

OCTAVIO PAZ

El presente ya es malo de suyo cuando tenemos encima un duelo reciente. Pero nosotros multiplicamos nuestra pena representándonos mentalmente todos los años y circunstancias del futuro en los que tanto echaremos de menos la presencia de nuestro ser querido. Esto es inevitable hasta cierto punto, e incluso puede ser útil, a modo de preparación y ensayo de lo que tenemos por delante y como manera de acostumbrarnos a nuestra pérdida considerando todas sus ramificaciones.

Pero al cabo de un tiempo debemos recordarnos a nosotros mismos que la vida se vive día a día; que es lo único que tenemos y que es lo único de lo que podemos estar seguros. *Sir* William Osler propone que vivamos nuestra vida en «compartimentos estancos de un día», como cuando el capitán de un barco, con sólo tocar un botón, cierra algunas partes de la nave en compartimentos estancos. Somos nosotros los que controlamos los botones de nuestras propias preocupaciones e inquietudes, y nos irá mucho mejor si centramos la mayor parte de nuestra atención en los momentos y en las horas de este mismo día que tenemos por delante.

Intentaré afrontar este día de manera paciente y productiva.

18 de diciembre

> Así pues, no es voluntad de Dios que, cuando tengamos un dolor, lo vivamos con pena y aflicción; sino que terminemos de pasar por él y nos mantengamos en esa delicia interminable que es Dios.
>
> SANTA JULIANA DE NORWICH

Eso es más fácil de decir que de hacer, ¿verdad?

A veces podemos sentir, a cierto nivel, que si dejamos nuestro duelo, estaremos descuidando nuestra tarea de llevar el duelo; que no estaríamos prestando a nuestro ser querido el respeto que merece, y que, de alguna manera, tampoco estaríamos dando la importancia suficiente a nuestro duelo.

Pero puede que podamos distanciarnos de nuestro duelo, al menos durante algún tiempo, y dejarlo, en cierto modo, «en manos del universo». Si toda la creación es una, ni el duelo ni la alegría se pierden nunca. Nosotros necesitamos respetar el duelo, pero nuestro ser querido no lo necesita. Ni tampoco Dios necesita que nosotros, en nuestro rinconcito del universo, restablezcamos el equilibrio del mundo a base de mantener la aflicción de nuestro duelo a la altura de nuestra pérdida.

Recuerda lo que se dice en las religiones tradicionales: «déjalo»; ponlo en manos de Dios. Haciéndolo así, alivias tu carga, confiando en que Dios sabe mejor que nadie lo que debe hacer con todo ello, y seguramente ya lo ha hecho.

❋❋

Si somos capaces de poner nuestra confianza en Dios, podremos regresar a la vida con confianza y con alegría, después de nuestro duelo.

19 de diciembre

> ¿Qué podemos hacer cuando mueren las personas, personas tan queridas y tan valiosas, sino hacerlas volver con el recuerdo?
>
> MAY SARTON

Una costumbre que se ha extendido en los últimos años, y que resulta francamente beneficiosa, es la de ofrecer a los asistentes (en el transcurso del funeral o en otro marco establecido) la ocasión de evocar en voz alta sus recuerdos del que ha fallecido. Habrá lágrimas. Puede haber risas. Habrá, sin duda, una sensación de enriquecimiento al evocar a la persona, al celebrar su carácter y su historia.

Este proceso perdurará en las reuniones de familiares y de amigos o en cualquier circunstancia en que alguien recuerda y cuenta una anécdota de la persona. Esto siempre anima. Hasta en el caso en que la persona no salga muy bien parada de la anécdota, ésta nos evocará la personalidad y su vida, complejas y queridas, de ese ser al que echamos de menos.

Por el contrario, uno de los errores más desafortunados que cometen los que sobreviven a la persona querida es el de no volver a hablar nunca de ella, movidos por el dolor. Este silencio, lejos de reducir el dolor, hace que se acumule, y puede provocar una amargura que se extienda a toda la vida.

Así pues, hablemos. Recordemos. Claro está que no todas las reuniones con la familia y los amigos han de dedicarse necesariamente a los recuerdos. Pero tendemos más a pecar de estar callados.

¡Sé que hablar de un ser querido es una buena medicina!

20 de diciembre

> Cuando digo «Tengo miedo», no te preocupes, corazón mío. Todos tenemos miedo cuando estamos en una sala de espera. Pero debemos superarlo [...]. Todo esto parece muy duro y muy serio. Pero ahora que ya he luchado contra ello, ya no lo es. Me siento feliz, muy dentro de mí. Todo va bien.
>
> KATHERINE MANSFIELD

Katherine Mansfield escribía a su marido, y hablaba de la propia muerte inminente de ella y de su miedo.

Los que lloramos a nuestros seres queridos nos quedamos, en cierto sentido, en la sala de espera, sin saber lo que es pasar al otro lado. Pero si vemos que el que está a punto de pasar ha perdido todo el miedo y, después de una larga lucha, tiene confianza en que todo irá bien, no cabe duda de que esto nos sirve a nosotros mismos para perder el miedo también. Y nos eleva la esperanza respecto de lo que hay al otro lado de la puerta, cuando nos llamarán a entrar al misterio.

Tras la lucha y el miedo... viene la paz.

21 de diciembre

Soñé que caía por una trampilla... a horrores subterráneos.

HOYT HICKMAN

Siempre estará presente la circunstancia de la pérdida, el recuerdo de su llegada y de su dolor, la posibilidad, cada vez menor pero siempre existente, de que en cualquier momento nos veamos hundidos de nuevo en ese dolor.

Hay un sentido en el que no querríamos que esto fuera de otra manera. Si nos quitaran toda la vividez de nuestra pérdida, podrían despojarnos también de la intensidad de nuestra relación con nuestro ser querido.

Al principio, estamos cayendo constantemente por la trampilla. Era una imagen que me volvía una y otra vez (y a mi marido también) en los primeros años de afrontar la muerte de nuestra hija.

Pero podemos volver a subir, o recuperar el equilibrio después de que se haya abierto la trampilla. Y descubriremos, con el tiempo, que tenemos un cierto grado de elección al respecto; que podemos optar por pasar o no pasar tan cerca de la crisis emocional. No siempre es mala idea dejar de pasar cerca de ella. Y cuando descubrimos que podemos elegir, es una buena noticia.

❋❋

Aun viviendo este dolor, agradezco la intensidad de mi amor a la persona que he perdido.

22 de diciembre

> Me duele cada uno de los huesos de mi cuerpo, con un dolor agotador y pertinaz, y las articulaciones me piden a gritos un linimento cálido, un aceite con miel que me cubra y me bañe y entre en sus superficies oxidadas. Lo quiero todo: somníferos, drogas, néctares, elixires...; cualquier cosa que me transforme, que me cambie, que me haga olvidarme de mí misma aunque sea por un segundo.
>
> CAITLIN THOMAS

¿Te suena? Ojalá pudiésemos salir de nuestra piel, estar en la conciencia de otro. Ojalá pudiésemos olvidarnos de esta pérdida terrible, aunque sólo fuera un ratito.

Pero cuando sí que nos olvidamos, ya sea durante el sueño o con alguna otra distracción, la vuelta es tan dolorosa que nos parece que aquel respiro temporal casi no ha valido la pena.

¿Qué haremos?

Tener cuidado. Cuidado de no hacer nada que nos destruya, como puede ser abusar del alcohol o de los tranquilizantes. Cuidado con nuestra salud y con nuestra seguridad en general.

Y, después, aguantar el dolor, sabiendo que, aunque ahora nos parezca increíble, se aliviará.

Recuerdo una cosa que me dijo mi hijo una vez. Fue poco después de que su hermana hubiera muerto en un accidente, y todos los de la familia estábamos terriblemente afectados. Dentro de su aflicción, bebiendo de algún lago de sabiduría al que tenía acceso, mi hijo dijo con calma: «Tendrá que pasar tiempo, pero volveremos a sentirnos bien».

❋ ❋

Tendrá que pasar tiempo, pero volveré a sentirme bien.

23 de diciembre

Los recuerdos alimentan el corazón y la aflicción mengua.

MARCEL PROUST

En esta época del año, tan llena de recuerdos y, para la mayoría de la gente, de reuniones familiares, nuestro duelo nos parece a veces prácticamente insoportable. Y el duelo se suele agudizar de manera especial los días de fiesta.

Pero al cabo de un tiempo empezamos a apreciar el recuerdo de aquellas ocasiones que celebramos todos juntos, aquellos días de ambiente festivo y de disfrutar unos con otros. Si nuestro ser querido tenía un papel especial en los ritos de estas festividades, los que pasamos a desempeñar ese papel podemos sentir una vinculación especial con el que ya no está.

Así pues, los recuerdos «alimentan el corazón», suavizan los bordes cortantes del duelo y, hablemos de ello o no, tienden sus brazos para consolarnos y para reunirnos a todos como una sola familia en el gran río humano de la vida.

En mi recuerdo, puedo volver a vivir con mi ser querido y a alegrarme.

24 de diciembre

En Navidad volvimos a adornar
de acebo la lumbre de Navidad;
la nieve callada cubrió la tierra,
y nuestra Nochebuena llegó en calma.
El árbol brillaba de escarcha;
ningún viento azotaba la comarca;
pero toda aquella calma la cubría
la sensación callada de algo perdido.

ALFRED TENNYSON

Las festividades se cuentan entre los momentos más difíciles para los que hemos perdido a un ser querido. Están llenas de ritos familiares, de recuerdos acumulados a lo largo de los años.

A veces nos sentimos con libertad para hablar de ello; de hecho, cuando el duelo está reciente, no hay manera de *no* hablar de ello.

Pero cuando ha pasado cierto tiempo, cuando el duelo está en un segundo plano, aunque sin haber llegado a asimilarse en nuestra vida, estas fechas pueden ser más difíciles todavía: el dolor sordo de la ausencia, mientras todos se esfuerzan por estar alegres.

Un año, que fue el primero en que intentamos celebrar la Navidad como de costumbre, esa tristeza callada se cernía sobre nuestros intentos de estar alegres y de mantener una conversación chispeante. De pronto, casi como si hubiésemos oído una orden silenciosa, nos reunimos en círculo, nos rodeamos con los brazos y reconocimos nuestro duelo. Después, pudimos seguir celebrando la Navidad.

En estas fechas encontraré la esperanza, y también encontraré el duelo.

25 de diciembre

Donde hay un gran amor, siempre hay milagros.

WILLA CATHER

Todas las religiones tienen sus milagros. Para los cristianos, el milagro de la vida de Cristo, de su muerte y de su resurrección; para los judíos, el éxodo de Egipto y el maná en el desierto; para los musulmanes, la ascensión de Mahoma de Jerusalén a los cielos.

Y tenemos nuestros milagros propios de amor: nuestras historias familiares de reconciliaciones, de recuperaciones sin explicación médica y que se atribuyen a la fe de una persona. Es posible que en nuestras comunidades de fe veamos otros milagros de amor: los desposeídos a los que se da un hogar; los hambrientos a los que se da de comer; los vínculos de entendimiento y de alegría mutua que salvan las distancias culturales y de raza. Y en nuestra sociedad, en general, vemos con frecuencia cómo se ofrece generosamente alimentos, ropas y cobijo a las víctimas desconocidas de una catástrofe.

Hay defectos, claro está, tanto en las relaciones personales como en las labores de ayuda internacional. Los demás no siempre son sensibles ante nuestras necesidades…, ni nosotros lo somos siempre ante las suyas. Pero si tenemos en cuenta que cada uno de nosotros habitamos en nuestro propio mundo personal y privado, quizá debamos calificar de milagro el hecho de que nos llevemos tan bien como nos llevamos. Así pues, en estas fechas de celebración y de nostalgia, alcemos la copa o pronunciemos para nuestros adentros un ¡viva!, aun dentro de nuestra tristeza, por los dones del amor que encontramos en cualquier parte: en personas desconocidas, en nuestros seres queridos, y también en nuestro propio corazón.

Voy a abrir mi corazón al amor que me rodea.

26 de diciembre

> El tiempo nos lleva de nuevo a nuestra alegría tranquila en la presencia espiritual de aquellos a los que queremos, de manera que aprendemos a recordar sin dolor y a hablar sin atragantarnos con las lágrimas. Pero pasaremos el resto de la vida sujetos a pequeños recordatorios repentinos que nos volverán a echar encima la antigua pérdida, de manera abrumadora.
>
> ELIZABETH WATSON

Esos «pequeños recordatorios repentinos» (y los grandes también) nos acosan especialmente en esta época del año en la que las familias están celebrando las fiestas. Nosotros nos habíamos creído que ya nos iba bien, y ahora volvemos a llorar como si la pérdida hubiera sucedido ayer mismo.

Tenemos que armarnos de valor. Si la pérdida es reciente, es comprensible que la tristeza sea abrumadora. Si tuvo lugar hace ya algún tiempo y nos parecía que habíamos pasado ya por lo peor, es posible que en estas fechas no tarde tanto en volverse a imponer la «alegría tranquila», que la presencia espiritual no tarde en regresar de esa manera suya, callada e infinitamente preciosa.

Nuestra vida transcurre a temporadas, del mismo modo que nuestro duelo. Hay temporadas largas y temporadas cortas. Pero si perseveramos en nuestro propósito de estar presentes en el momento, y sabemos que este momento dejará paso a otro, podremos tener la seguridad, en estos momentos de dolor renovado, de que las cosas irán a mejor.

Cuando me siento más afectado por el duelo, quiero conservar en algún lugar del corazón la promesa de que me sentiré mejor.

27 de diciembre

El amor es el latido de todo lo vivo.

PARAMAHANSA YOGANANDA

Sentimos en nuestro interior esa fuerza generadora misteriosa que nos permite tender la mano al necesitado desconocido, así como a aquéllos de los que dependemos para que nutran y compartan nuestra vida. Nuestra necesidad de amar a los demás es tan constante como los latidos de nuestro corazón. Por ello, construimos una red vital de apoyo y ayuda mutua, y en esa red se desenvuelve una buena parte del sentido de nuestra vida.

Y entonces nos quitan uno de los elementos principales de la red. Y nuestra vida queda en un bucle cerrado. Todo el sistema se desorganiza.

Pero la energía sigue estando allí. El amor no es una cualidad finita ni limitada, así como la energía que se puso en marcha en la creación no se puede encerrar, ni guardar ni gastar por completo. Ese amor que entregábamos generosamente a aquel que ya no está sigue dirigiéndose hacia esa persona. Pero, en nuestra pena, nos parece que el amor se dilata y reconocemos, con ternura y con solidaridad, que todos estamos vinculados los unos a los otros: vida con vida, fragmento con fragmento, amor con amor.

El mismo amor que me vinculaba al que ya no está nos vincula a todos, unos con otros.

28 de diciembre

> «Pero, abuelita, ¿es verdad que todo está bien? ¿Es verdad?». Una pregunta de trascendencia absolutamente cósmica, formulada por una niña pequeña, con el camisón puesto y un cepillo de dientes en la mano, que percibe que lo no familiar rodea a lo familiar [...]. Debo darle respuesta, mirándole a esa cara tan seria que levanta hacia mí: «Sí, Lena; todo está bien».
> Y las dos niñas y yo subimos a la cama con dosel para cantar canciones y contarnos cuentos.
>
> MADELEINE L'ENGLE

«¿Es verdad que todo está bien? ¿Es verdad?». Ésta es nuestra pregunta más esencial, aunque pueda adoptar formas y matices distintos en diversas ocasiones. Es la pregunta que se encuentra detrás de todos nuestros escarceos con la teología y con la ética, detrás de nuestros sueños angustiados, detrás de nuestros miedos y de nuestras esperanzas junto al lecho de los seres queridos, cuando afrontamos el misterio de la muerte.

No tenemos manera de conocer todos los detalles del modo en que todo «está bien». Pero si podemos confiar en que detrás de los misterios y los dilemas de la vida está un Creador que sabe lo que pasa y que nos desea lo mejor, es un buen principio.

¿Y después? ¿Qué mejor que cantar y que contarse cuentos?

Confiaré en que la vida que me rodea y me sustenta me guiará hasta el final de esta travesía.

29 de diciembre

En los momentos oscuros, el ojo empieza a ver.

THEODORE ROETHKE

Cuando nos adentramos en la oscuridad, al principio nos cuesta trabajo ver nada. Después, los ojos se nos acostumbran a esta falta de luz y, poco a poco, empezamos a ver; y seguramente vemos cosas que se nos habrían pasado por alto estando a plena luz.

Con el sufrimiento pasa algo parecido. No es que nos parezca preferible. No es que nos guste para nada. Pero al cabo de un tiempo, en contra de nuestra voluntad, en contra de nuestra opinión, nos damos cuenta de que hemos adquirido algo de sabiduría con todo este dolor. Se nos potencia el sentido de lo que tiene importancia y de lo que no la tiene. Ya no nos alteran tanto las cosas pequeñas. Podemos emplear nuestro tiempo de diversas maneras. Quizá nos replanteemos lo que nos estamos exigiendo a nosotros mismos y descartemos algunas cosas. Tras la muerte de mi hija, fue una verdadera revelación para mí darme cuenta de que yo no tenía por qué responsabilizarme de que se guardaran las formas sociales en cualquier situación en la que me encontrara. Hay cosas peores que los silencios incómodos. Descubriremos, probablemente, entre otras cosas, que nos sentimos atraídos hacia los que viven un duelo reciente. Nosotros estamos especialmente capacitados para acompañarlos, de manera que empiecen a ver entre su oscuridad.

Los que hemos estado a oscuras empezamos a ver.

30 de diciembre

> Sé que mis hijos están preocupados por mí; pero yo estoy bien, y me alegro de que me dejen pasar unos días a solas de cuando en cuando. Su madre les enseñó a ocuparse de mí, y yo veo en todo esto la mano de ella. Supongo que debería considerar que es ella, que se ha quedado para velar por mí.
>
> Terry Kay

Cuando muere un miembro de la familia, los supervivientes afrontan la tarea delicada de cuidar los unos de los otros, llenando el vacío que ha dejado el ser querido que ya no está.

Hay cuestiones evidentes, como la de encargarse de los documentos y de las cuestiones económicas. Hay otros que son difíciles de juzgar, como es el grado de consuelo y de presencia que necesita la persona que se ha quedado sola; y hace falta algún tiempo para encontrar el equilibrio. Es importante reconocer las buenas intenciones, y también es importante hablar, con amabilidad, cuando la balanza se desequilibra demasiado a un lado o a otro.

En este toma y daca de quién se porta mejor y con más prudencia con quién, se nota vivamente la ausencia del ser querido.

¿Por qué estamos haciendo todo esto si no? Pero es posible que también esté en ello la presencia del ser querido en nuestras atenciones mutuas, en la ternura con que intentamos cubrir su ausencia insustituible.

Intentaré acoger las reacciones de los demás ante mi pérdida con sinceridad y con amabilidad.

31 de diciembre

Ha caído la oscuridad. La nieve está azul oscura, y el mar, casi negro. Es la hora para un poco de música.

MAY SARTON

¿Qué haremos en lo más profundo del invierno, de la noche más oscura?

Reconocer el frío y la oscuridad, el misterio de un mar negro, misterioso, que parece infinito..., ¡y ponernos a cantar!

O, por decirlo de otra manera: «Es mejor encender una vela que maldecir la oscuridad».

Uno de los rasgos gloriosos de los seres humanos es su capacidad de aventurarse, de ver más allá de lo inmediato que los rodea, de dar una nota de esperanza y de riesgo en un mundo que a veces es amenazador.

Así pues, que esta Nochevieja, que este paso al año nuevo, que este hito que tiene un aura de tristeza, porque entro en un nuevo año sin mi ser amado..., que esta Nochevieja sea para mí un momento que pueda celebrar con música. Y, si soy capaz (si no ahora, más tarde), quiero oír en mi corazón la voz de mi ser amado, que se eleve junto a la mía para sumarse a todas las demás de este planeta en un Aleluya, por las vivencias que hemos compartido y que seguimos compartiendo incluso ahora, y por el modo en el que estamos unidos mutuamente, en gratitud y en amor, más allá del tiempo y más allá de la muerte.

❁ ❁

Feliz Año Nuevo. Aleluya. Amén.

Acerca de la autora

Martha Whitmore Hickman ha escrito más de veinte libros para niños y adultos. Entre sus títulos para adultos se cuentan *The Growing Season, Fullness of Time* y *I Will Not Leave You Desolate.* Algunas de sus obras para niños son *And God Created Squash, When Andy's Father Went to Prison* y *Eeps Creeps, It's My Room.*

Hickman es natural de Massachusetts (Estados Unidos), y se licenció en la Universidad Mount Holyoke, siendo aceptada por su historial académico en la prestigiosa sociedad Phi Beta Kappa. Aporta a sus escritos su experiencia adicional como esposa, madre y abuela, además de haber ejercido de editora y de maestra. Vive actualmente con su marido en Los Altos, en el estado de California.